行動改造大腦
行為如何形塑我們的思考

Mind in Motion
How Action Shapes Thought

芭芭拉‧特沃斯基——著

Barbara Tversky

朱怡康——譯

Mind in Motion
How Action Shapes Thought

Barbara Tversky

目　錄
Contents

本章討論我們對身體的內在視角，這種視角是行動和感覺形塑的，有別於我們對世界其他事物的外在視角，後者是由外觀形塑的。鏡像神經元將別人的身體對映到我們自己的身體，讓我們能透過自己的身體了解其他身體，在行動上與其他人協調。

I. 身體及其部分
II. 統整身體：行動與感覺
III. 了解別人的身體
IV. 鏡像神經元
V. 運動共鳴
VI. 協調人我身體
VII. 補記：其他心中的心，其他身體中的身體

在這一章裡，我們討論人如何辨認、分類和了解環繞我們的人、地、物。我們看到：很多日常分類就像共同特徵的箱子，它們把自己跟其他分類的特徵箱區

隔開來，即使那些分類離它們很近亦然——但未必總是如此。所以對於各分類所共享的面向和特徵，我們必須想得更深。

3 此地，此時；那裡，那時：環繞我們的空間 ⋯⋯⋯⋯⋯⋯⋯ 71
Here and Now and There and Then: The Spaces Around Us

在這一章裡，我們檢視身體周遭的空間和辨識方位的空間用哪些方式表現在心和腦，並提出這本書的假設：空間思考是抽象思考的基礎。

4

轉換思考
Transforming Thought

在這一章裡，我們先區分思考的表徵和思考的轉換，再分析空間轉換和它們的好處（很多！），然後談空間能力，以及如何獲得這種能力。

I. 表徵和轉換

II. 心像旋轉

III. 兩種視角：內在視角與外在視角

IV. 創造圖像：在心中畫圖

V. 動態圖像：一步步漸進完成

VI. 空間能力

　　VI.1 測量空間能力

　　VI.2 空間能力對哪些領域有益？

　　VI.3 習得空間技能

VII. 空間能力的範圍

VIII. 意義

PART 2　世界裡的心
THE MIND IN THE WORLD

5

身體說的是另一種語言
The Body Speaks a Different Language

這章討論的是身體的動作（尤其是手的動作）如何變成姿勢／手勢，從而影響我們自己和別人的想法，並建立起合作的基礎——社會黏著。

I. 手會說話

II. 手的比畫

III. 手勢的種類

6

點、線與觀點：言談和思考裡的空間 ·············· 149
Points, Lines, and Perspective: Space in Talk and Thought

在這一章裡，我們會討論線性語言如何描述空間和使用觀點，不論是內在的、以身體為中心的觀點，還是外在的、以世界為中心的觀點。在內在觀點部分，我們會看到一件令人驚訝的事：有些時候，採取別人的觀點比採取自己的觀點更自然。

I. 說話和思考
II. 談論和思考空間
　　II.1 觀點

7

框、線和樹狀圖：對其他幾乎一切事物的談論和思考 163
Boxes, Lines, and Trees:
Talk and Thought About Almost Everything Else

本章討論的是：簡單的幾何形式如點、框、線和網，用哪些方式捕捉對於空間、時間、數字、觀點、因果和其他一切事物的思考。

I. 談空間

在這章裡，我們討論把想法放入世界的方法——亦即人如何透過在空間中布置標記，從而創造出超越此時此地的意義。我們在這一章會反覆穿梭古今，從中學習設計的原則，以及人如何運用思考工具表達他們對空間、時間、數字、事件、因果和故事的想法。本章也將特別討論漫畫，它是一種極具創意的創作，用滑稽的方式講故事。

9

Conversations with a Page: Design, Science, and Art

在這一章，我們透過畫圖結合藝術和科學。我們會談到：人會把想法放到頁面，以眼睛、手和標記進行一場沒有言語的對話，藉由這種方式去看、去想、去釐

清和創作。接著我們離開頁面回到心，揭示創意的關鍵。

10 世界是圖示 ·················281
The World Is a Diagram

我們在這一章會看到：我們在空間裡的行動設計世界；設計創造抽象模式，這些模式不但吸引眼睛注意，也傳遞資訊給心；動作抽象化為手勢，作用在思考上，模式則化成圖示傳遞想法。空間裡的行動創造抽象，這個螺旋稱做「spraction」。

獻給心永遠在動的阿莫斯（Amos）

楔子 — 空間中的動：思考的基礎

Prologue | Moving in Space: The Foundation of Thought

生物不會三思而後行，牠們直接行動，透過行動來認識世界，再形成思考的內容。
——菈麗莎・麥克法夸爾（Larissa MacFarquhar），〈安迪・克拉克讓人視野大開的幾個概念〉（The mind-expanding ideas of Andy Clark），《紐約客》（*The New Yorker*）

萬物永遠在動。物理學家告訴我們：如果你書桌裡顫動的量子一起移動，桌子會跳離地板。連看似不動的植物也一直在動，它們生長、搖曳、向光、開花、凋零。它們非動不可，不動只有死亡。空間為運動設下兩項根本限制，而這兩項限制也反映在思考之中：一是遠近——近的地方比遠的地方容易到；另一個是重力——向上比向下費力。

思維（thought）也永遠在動，而且有時很難掌握。念頭（idea）總是一個飄過一個，稍縱即逝，但我們知道這個東西叫「念頭」。掌握它的唯一辦法，就是停住它、把它具體化為某種靜態的東西。我們用空間和時間從滔滔奔騰的流裡切出實體：人、地、物、事。我們定住它們，將它們化為言語和概念。我們把持續變動的東西變成靜態的東西，好讓我們能用我們的心處理它們。

如果「空間裡不斷有動」是既定事實，是已經發生的一切的背景，也是將來會發生的一切的背景，則空間裡的動無疑是思考的基礎。空間裡的動在

語言之先，正如思考以空間裡的動為本。

我們在空間裡的動會改變空間、改變自己，也會改變別人。我們以行動創造事物，又讓這些事物在空間裡改變自己和別人。它們改變我們的想法，也改變別人的想法。我們創造的事物（像我現在寫的話）也會留在空間裡，改變我們不認識、甚至根本想像不到的人的想法。

我們不只停住空間和時間裡的東西，還會為了認識它的結構而研究其形式和外觀。我們的身體有結構，我們的行動和反應有結構，世界有結構，世界過去發生的事件有結構，我們的語言也有結構。我們找出部分，觀察這些部分怎麼連結成整體，還有它們結合之後能用來做什麼，又不能用來做什麼。我們查考模式、關連、循環、外形、分支。我們還在很多地方創造結構，在行動中、在交談中、在社群中、在科學中，也在藝術中（繪畫、雕刻、電影、舞蹈、詩歌、戲劇、歌劇、新聞、小說和音樂裡，都有結構）。是結構將部分合而為一，沒有結構，這些部分就變成一片散沙。有時候，為了看看會發生什麼事，為了改變原本的樣貌，或是為了找出新結構，我們會故意拆解、甚至摧毀結構。玩挑竹籤（Pick Up Sticks）是如此，重新布置家具是如此，調整公司架構是如此，從亂數表上選音符是如此，變著順序跳房子是如此，革命是如此，去世界各地惹是生非也是如此。

作文是線性的，一個字接著另一個字。敘事有線性結構，由時間驅動；理論也有線性結構，由邏輯引導——理論上是如此。喬治‧培瑞克（Georges Perec）《生活：使用指南》（*Life: A User's Manual*）一書的結構是空間——是一棟公寓建築和迷宮——不是時間。雖然文章是線性的，但讀者不受文章的線性掌控，他們能前後跳動。雖然說話是線性的，一個字接著另一個字，但這不足以阻止說話者自己岔題，也不能阻止聽的那一方岔題打斷說話者。那麼，我們的想法又是什麼結構呢？想法往往是在心裡說話，可是它們很少是直線，有時甚至同時朝很多方向飛馳。音樂在時間上是線性的，在樂器上則是

空間的，它們在不同的時間進入樂章，以不同的速度、在不同的位置、演奏不同的音符。繪畫的構圖不是線性的，但有中心與邊緣──直到波洛克（Pollack）和羅斯科（Rothko）之前都是如此。結構是複雜的，它一再被完成、拆解、再完成。

答辯、戲劇、布道、競選演說，跟音樂一樣，在凡常與崇高、邏輯和情緒間轉折。故事成為帶著訊息的寓言，遊走在感性、理性、靈性、期盼、渴望與快樂之間。它們變換節奏，緩而沉，疾而輕。敘事亦如是。

西式正統庭園必須設計得完美對稱，筆直的小徑穿過花圃和細心修剪的樹木之間，一切安排得井然有序，不能越雷池一步。中式庭園不同，小道左彎右拐，上下起伏，講究曲徑通幽，讓每個轉角的新景致帶你更進一步；一切既不清楚、也不明確，山重水複疑無路，柳暗花明又一村。

寫書會讓你（或我）思考結構。這本書有它的結構，但你不必照著走。你不妨把它當中式庭園一遊，不必把它當西式庭園逛。這本書的主旨是討論我們如何思考空間，還有我們如何運用空間來思考。這是這本書的兩大部分。它基於一個大膽的假設：空間思考（spatial thinking）植根於對空間和空間中的行動的感知，是所有思考的基礎。請注意：是基礎，不是全貌。請試著描述朋友的臉、你喜歡的地方，或是對你來說很有意義的一件事，記憶和畫面也許歷歷在目，但言語就是無法精確刻畫出來。再試著想想摺衣服、調整客廳裡的家具、小時候的家有幾扇窗，或是鍵盤上X的位置──你也許感覺到眼睛在動？或是身體在動？光用言語是做不到的。

令我遺憾的是，這本書既然把焦點放在空間、行動和思考，我就不得不割捨很多卓越的研究成果。我有幸能與很多不同領域的人共事──心理學家、電腦科學家、語言學家、神經學家、生物學家、化學家、設計師、工程師、藝術家、藝術教育者、博物館教育者、科學教育者，以及出於任何原因對空間思考感興趣的人──希望他們也會對這本書感興趣。至於這趟中式庭

17

園之遊，有些人也許會想從頭逛到尾，有些人也許想隨意走走，看一些、略過一些。我想說的是：你們不必每棵樹、每朵花都看。

以下提要是給有特定興趣的人參考的。

關於基本要點，以及感知和行動如何形塑我們對生活空間的思考，請見第一章（身體的空間）、第二章（環繞身體的空間）和第三章（探索的空間）。

關於空間思考和空間能力的多樣和變化，請見第四章。

關於姿勢反映及影響思考的方式，請見第五章。

關於空間和其他幾乎一切事物的討論和思考，請見第五、六、七章。

關於設計和運用認知工具、地圖、圖表、標記、圖示、圖解、視覺化、說明書、漫畫、簡圖、設計和藝術，請見第八、九、十章。

我認識也欣賞的藝術家吉迪恩‧魯賓（Gideon Rubin）講過，他總是會讓畫作留在未完成狀態。他的畫以懷舊老照片為本，就是你會在爺爺奶奶的相簿裡看到的那種，取景穩重、幸福洋溢、男女老少全盯著鏡頭的照片。魯賓刻意不畫五官，所以在你看著（其實是感覺著）畫中人時，你會發現：原來光從身體姿勢、衣著和背景，就能得知這麼多資訊。你看著背景和他們的衣著，才發現由於你往往只看他們的臉，平時都忽略了這些東西。當然，你可以給他們填上奶奶的臉或表姊的臉，但你會發現自己忘了他們年輕時的樣子。很多觀眾很努力要為他們填入五官，甚至認為真的看出了他們的臉。

天下沒有完成的事，藝術如此，科學、歷史、政治或許更是如此。

不過，這本書倒是完成了。或者該說，我非放手不可。

沒有補助幾乎不可能做研究，我有幸得到國家衛生基金會（NSF）、海軍研究辦公室（ONR）、國立精神衛生研究院（NIMH）、空軍科學研究辦公室（AFOSR）和約翰‧坦伯頓基金會（John Templeton Foundation）的支持。多年以來，我也有幸直接、間接受到很多學生、朋友和同事所啟發。你們大多不知道我在寫這本書，也還沒看過內容。容我先為我所遺漏、誤解和錯誤呈現

的致歉，我想寫但未能寫進的還有太多。用英文字母排序列出各位的大名著實令我遺憾，你們每一位都給了我獨一無二的幫助，每一位都材高知深、無與倫比，更無可取代：馬內什・阿格拉瓦拉（Maneesh Agrawala）、潔瑪・安德森（Gemma Anderson）、米瑞兒・貝川可特（Mireille Betrancourt）、戈登・鮑爾（Gordon Bower）、強納森・布瑞斯曼（Jonathan Bresman）、傑瑞・布魯納（Jerry Bruner）、大衛・布萊恩（David Bryant）、史圖・卡德（Stu Card）、丹尼爾・卡薩桑托（Daniel Casasanto）、羅貝托・卡薩提（Roberto Casati）、茱莉葉・周（Juliet Chou）、伊芙・克拉克（Eve Clark）、赫伯・克拉克（Herb Clark）、東尼・柯恩（Tony Cohn）、麥可・丹尼斯（Michel Denis）、蘇珊・愛普斯坦（Susan Epstein）、伊芳・艾瑞克森（Yvonne Eriksson）、史帝夫・費納（Steve Feiner）、菲莉絲・法蘭克爾（Felice Frankel）、南希・富蘭克林（Nancy Franklin）、克里斯丁・福瑞克薩（Christian Freksa）、蘭迪・葛利斯特爾（Randy Gallistel）、蘿潔・傑爾曼（Rochel Gelman）、黛德蕾・詹特納（Dedre Gentner）、約翰・蓋洛（John Gero）、瓦樂瑞雅・賈丁諾（Valeria Giardino）、蘇珊・高登－米都（Susan Goldin-Meadow）、派特・漢拉罕（Pat Hanrahan）、艾瑞克・亨尼（Eric Henney）、布莉潔特・馬丁・哈德（Bridgette Martin Hard）、茱莉・海瑟（Julie Heiser）、凱西・赫曼威（Kathy Hemenway）、雅薩德・雅瑪歷安（Azadeh Jamalian）、丹尼・康納曼（Danny Kahneman）、安德蕾・康托維茲（Andrea Kantrowitz）、T・J・凱勒赫（T. J. Kelleher）、大衛・克什（David Kirsh）、史蒂芬・克斯林（Stephen Kosslyn）、平姆・雷維特（Pim Levelt）、史帝夫・列文森（Steve Levinson）、伊莉莎白・馬許（Elizabeth Marsh）、卡婷卡・馬遜（Katinka Matson）、蕾貝卡・麥可金尼斯（Rebecca McGinnis）、茱莉・莫理森（Julie Morrison）、莫理斯・莫斯可維奇（Morris Moscovitch）、林恩・納德爾（Lynn Nadel）、珍・尼瑟爾森（Jane Nisselson）、史蒂芬・平克（Steven Pinker）、丹・沙克特（Dan Schacter）、羅傑・謝帕德（Roger Shepard）、班・史奈德曼（Ben Shneiderman）、艾德・史密斯（Ed

Smith）、諏訪正樹（Masaki Suwa）、荷莉・泰勒（Holly Taylor）、赫伯・特雷斯（Herb Terrace）、安東尼・瓦格納（Anthony Wagner）、馬克・溫－達維（Mark Wing-Davey）、傑夫・札克斯（Jeff Zacks）。

　　當然還有阿莫斯，雖然我們共度的日子不夠，但他的聲音至今伴我左右。還有孩子們，我的第二大粉絲，我能聽見他們應和著他，大喊：「媽，加油！」像我看他們足球賽時對著他們喊一樣。

PART

1

心裡的世界
THE WORLD
IN THE MIND

1 身體的空間：空間中的行動

The Space of the Body: Space Is for Action

本章討論我們對身體的內在視角（insider view），這種視角是行動（action）和感覺（sensation）形塑的，有別於我們對世界其他事物的外在視角（outsider view），後者是由外觀（appearance）形塑的。鏡像神經元將別人的身體對映（map onto）到我們自己的身體，讓我們能透過自己的身體了解其他身體，在行動上與其他人協調。

　　我們從皮膚開始，這道富有彈性的薄膜裹住我們的身體，把我們和其他東西隔開，畫出明確而重要的界線。我們的行動全都在皮膚外的空間進行，而我們的生活依靠這些行動。每個媽媽都很樂意告訴你：人還沒出生就有很多動作。誰知道在我們體內生長的這些好奇小動物為什麼愛「踢」？（也許是為了換個更舒服的姿勢？）還有，為什麼他們在時機不對時特別生龍活虎？——其中一個在我博士學位口試時拚命動，擠得我衣服一塊塊鼓起。

　　好在身體能做的遠遠不只是踢。它最後能做出各式各樣的動作，種類多得驚人。多項行為若要協調得當，就必須持續統整從各種感官接受到的大量資訊，並調和幾十條肌肉的動作（抱歉一開始就講得這麼拗口！）雖然皮膚封住身體，也把我們與周遭世界隔開，但完成這些動作需要與世界產生無數互動。換言之，我們無法真正與周遭世界分隔開來。我們對身體的概念奠定在這些互動上。

　　從外來看，身體就像其他類似物體：桌子、椅子、蘋果、樹木、狗或貓。我們之所以嫻熟於快速辨識這些常見物體，主要是透過觀察外形、輪廓及原

型定向（prototypical orientation）。反過來說，物體的輪廓是由它們的部分構成的，腿和身體構成狗或桌子，主幹和篷構成樹。辨識物體的能力寓於大腦很多區域，臉在一處，身體在一處，景象又在另一處。這些區域在我們看到它負責辨識的事物時，會活躍起來（會「亮」），看到其他類別的東西時不會。

以物體（和臉）來說，有些視角（view）比另一些好。上下顛倒的桌子或樹比直立的難認，狗的背面照或腳踏車的俯瞰圖也比側面角度難認。好的視角能顯出那個物體的特徵。原型狗有四條腿（跟原型桌一樣），有水平、長形、筒狀的身體，有左右對稱的頭，頭上有眼睛、鼻子、嘴巴，還有從兩邊伸出的耳朵。狗的最佳視角能顯出這些特徵。最能顯出物體特徵的視角，就是能讓我們迅速認出它是什麼東西的視角，也是我們公認把這些物體呈現得更好的視角。以很多物體來說（如狗或桌子），最佳視角是直立、四分之三側視。在很多例子裡，如果視角夠好，輪廓或外形能讓人一眼認出那是什麼。

I. 身體及其部分

正準定向（canonical orientation）的輪廓有助於辨識物體，也有助於辨識身體——從外認識它們時是如此。不過，我們對身體尤其具有內在視角。這種親密的內在視角有很多好處。舉例來說，我們不可能知道猩猩、椅子或狗的內在視角，當然也不可能知道蟲子的內在視角（也許卡夫卡除外）。可是我們知道站直和跌坐的感覺，也知道爬梯、爬樹、雙腳跳、單腳跳、扣扣子、綁鞋帶、哭、笑，還有豎起拇指表示「我沒事」的感覺。更重要的是，我們不只知道做這些動作的感覺，也知道做這些動作的**意義**——立正站好、頹然坐倒、哭和笑都有意義。重點是：我們能把別人的身體和行動對映到我們自己的。換句話說，我們不只能透過辨識別人的身體來認識它們，也能藉由內化（internalize）來了解它們。

在此之前，我們先將自己的身體對映到大腦，對映到攤在我們頭頂兩耳

之間的「侏儒」（homunculus）──大腦皮質（見〈圖1.1〉）。皮質層有其厚度，高低起伏如城垛，皮質層下是演化上較為古老的腦部區域。大腦在外觀上像個大胡桃，它也像胡桃一樣，從前到後分成不完全對稱的左右兩半（或半球）。整體說來，右半球掌控身體左半邊，也接收左半身傳來的訊號，左半球反之。兩個半球又各自裂成幾塊高原狀的「腦葉」（lobe），腦葉之間由山谷狀的「腦溝」（sulcus）分開。討論大腦皮質很難不用地理詞彙，大地和大腦的「高原」、「山谷」和「地層」的形成無疑有類似之處。這些皺摺製造出更多地貌，對大地很重要，對大腦也很重要。從各種感覺系統（sensory system）

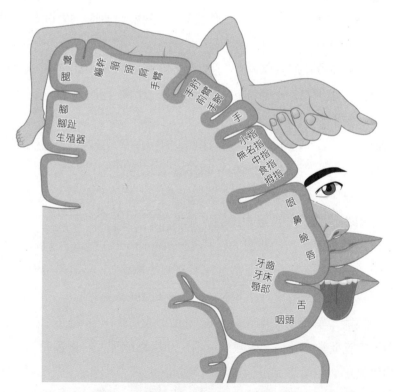

圖1.1 ｜ 體覺侏儒（sensory homunculus）。

傳來的訊號，有一部分被導向大腦皮質的各個腦葉，例如視覺訊號傳往頭部後方的枕葉，聲音訊號傳向耳朵上方的顳葉。不過腦葉極其複雜，每一個都有很多區、很多層、很多連結、很多種細胞、很多功能。值得注意的是，連每一個神經元都能特化，專門追蹤臉的特定視角或螢幕背後移動的物體，而大腦中有幾十億個神經元，最新估計是八十六億個。

沿大腦中央溝展開的「侏儒」其實有兩組，一組對映身體傳來的感覺（sensation），一組對映發送給身體的運動（motor）。左半腦那組對映右半身，右半腦那組對映左半身，體覺侏儒（sensory homunculus）和運動侏儒（motor homunculus）彼此相對。運動侏儒位置較前（「前」的專業講法是「anterior」或「frontal」），朝向眼睛和鼻子。它控制發送的訊號，告訴肌肉怎麼動。體覺侏儒的位置偏向頭部後方（「後」的專門術語是「posterior」或「dorsal」，後者源於拉丁文的「尾巴」），負責帶回我們身體反應的多種感覺訊號，如姿勢、痛覺、壓力、溫度等等。兩組侏儒長相奇特，頭大得不成比例，舌頭肥大，手也很大，可是軀幹和四肢很細。

我們很難不注意到一件事：皮質比例全然不同於我們的身體比例。皮質反映的，不是這些身體部位的大小，而是接收和傳送到這些部位的神經元數量。也就是說，相對於頭和手所占的身體比例，這些部位的皮質神經元較多；相對於軀幹和四肢的所占的身體比例，這些部位的皮質神經元較少。神經連結越多，代表感覺面的感覺敏感度（sensory sensitivity）越高，也代表動作面的動作表現（action articulation）越多。只要想想臉部、舌頭和手需要表現多少動作，又需要接收多少感覺回饋（sensory feedback）來調控（modulate）這些動作，一定能了解皮質「地產」為何如此不成比例。舌頭必須協調錯綜複雜的動作，才能進食、吸啜、吞嚥、說話、呻吟和歌唱（其實還有很多動作，我讓你們自己再想看看）。嘴巴可以笑、噘嘴、撇嘴、吹泡泡、吹口哨和親吻。手可以打字、彈琴、拋球、接球、編織、摸狗狗、呵寶寶癢。相較之下，腳

趾好像沒什麼用，我們平常不太注意到它——直到踢到桌腳。功能的重要性完勝實際大小，我們對此深深牢記，或著該說，這點深深刻在我們腦子裡。

事實上，不只大腦知道重要性勝於大小，這件事也融入我們的言談和思考之中。我們透過實驗室研究看出這個現象。我們先收集各種語言中最常命名的身體部位。齊夫定律（Zipf's Law）告訴我們：越常用到的詞彙越短，例如co-op、TV、NBA。我們的假定是：如果很多語言都給某個身體部位命名，代表這部位可能對不同文化都很重要。我們發現最常被命名的七個部位是：頭、手、腳、手臂、腿、前胸（front）、後背（back）。這些名稱都很短，而且都很重要，即使和其他有用的部位（如手肘、前臂）比較起來，也是如此。我們請一組學生依重要程度為這些部位排序，再請另一組學生依它們的大小排序。結果發現：重要程度的排序，反映出執掌該部位的皮質區域大小，而非該部位本身的實際大小——頭和手都不特別大，但很重要；背部和腿部雖然大，但沒那麼重要。

我們接著想問的是：哪個身體部位能更快被人認出？是大的？還是重要的？我們用兩種方式實驗。第一個實驗是讓人看幾組身體的圖片，每張姿勢不同，各自標記一個身體部位。你可能認為人當然會更快認出大的部位。為公平起見，我們在那個部位中間標記一個點，讓受試者可以快速看到它們，不受這些部位的大小影響辨識速度。另一個實驗是先讓人看某個身體部位的名稱，再放一張特定部位有標記的身體圖片。兩個實驗各有一半的組別是標記同一個部位，另一半是標記不同的部位，受試者則需盡快回答「同」或「不同」。這不是什麼難事，答錯的很少，我們感興趣的是回應時間：回答重要的部位較快？還是回答大的部位較快？你可能已經猜到了：回答重要的部位較快。

重要性勝於大小，這點在「名稱－身體組」展現得甚至比「身體－身體組」更強。名稱是一串字母，不像圖片有大小、形狀等具體特徵，所以名稱

比圖像抽象。同樣地，與物體名稱的連結，要比與物體圖像的連結來得抽象。物體名稱喚起的是功能、重要性等抽象特徵，物體圖像喚起的則是具體、可感知的特徵。

第一個值得一記的一般事實是：與名稱連結，要比與圖像連結來得更抽象。

提醒大家：我們研究中採用的身體部位都是較重要的，而不是大家熟悉但較不重要的（如肩膀或腳踝）。不論是頭（head）、手（hand）、腳（foot）、臂（arm）、腿（leg）、前胸（front）或後背（back），這些部位的名稱有很多延伸用法，這些用法常見到我們不太會察覺它們其實源於身體部位。我在這裡只列出一些：head of the nation（國家元首）、lost his head（失控）；right-hand person（左右手）、on the one hand（另一方面）、hands down（輕而易舉）；foot of the mountains（山腳）、cold feet（卻步）；arm of a chair（椅子扶手）、arm of the government（政府部門）；the idea doesn't have legs（這主意行不通）、shake a leg（趕快！）、break a leg（祝好運！）；up front（直白）、front organization（傀儡組織）；not enough backing（奧援不足）、behind the back（背地）。請注意：有些延伸用法跟身體部位的外觀有關，例如「椅臂」和「椅腳」；還有些用法則與身體部位的功能有關，例如「元首」和「行不通」。而當然，其他身體部位也有延伸用法，例如說某人成了笑柄（the butt of a joke），或是什麼事都參一腳（have their fingers into everything）。另外，很多地方都宣稱它們是「世界之臍」——把它們全逛一遍，大概得花上好幾個月。我們肚子上這個奇怪的點，是曾經連結我們與母親的生命線的遺跡。只要你開始注意這些想像用法，你會發現它們隨處可見。

我們藉由各式各樣的感覺認識空間，也透過同樣的方式認識身體。我們看見自己的身體，也看見別人的。我們聽見自己的腳步聲、拍手聲、關節扭動聲，還有嘴巴講出的話。我們不只透過皮膚表面感受到溫度、質地、壓力、

快樂、痛苦、四肢的位置，也透過本體感覺（proprioception，亦即從內感受到的身體感覺）感受到它們。我們不用看就知道自己的手和腳在哪，我們感覺得出自己失去平衡或快要失去平衡。光想想直立或走路需要多少感覺系統精密協調，就令人頭暈，更不用說投籃和翻跟斗了。我們不是生來就會這些動作的。

　　寶寶要學的很多，而且學得很快：他們的大腦每秒創造出幾百萬個突觸（synapse，亦即各神經元彼此間的連結）。不過，他們的大腦也同時大刀闊斧刪除突觸，否則每個東西都連到另一堆東西，延伸出千變萬化的可能性，這樣一來大腦會亂成一團，失去焦點，沒辦法強化重要連結、削弱不相干的連結，沒辦法在這些可能性中做選擇，也沒辦法組織資源以採取行動。最重要的是，刪減能讓我們快速認出東西，快速接住掉下的茶杯，而非燃燒的火把。但這個過程是有代價的：我們可能錯把土狼當狗，或是把沉重的石頭錯當橡膠球。

　　這帶出我們的**第一條認知定律：好處必有代價**。從諸多可能性中挑出最好的一個，可能需要耗費龐大的時間和精力，可是我們通常沒有那麼多時間精力，去檢視和思考所有可能性。這個人是朋友還是敵人？那隻動物是狗還是土狼？拋過來的如果是球，必須趕快接住；飛過來的如果是石頭，必須盡快閃開。生命說起來就是一連串交換，而這裡的交換是考慮種種可能性和有效、及時地採取行動。這條定律和所有心理學定律一樣，也是過度簡化的，底下還有小字印刷的但書。無論如何，這是非常基本的定律，我們還會一次又一次談到它。

II. 統整身體：行動與感覺

　　記住這點之後再看看五個月大的嬰兒的行為，會更感驚奇。嬰兒仰躺時（現在我們認為該讓他們這樣躺），常常很快注意到自己的手，饒有興味地盯

著它們。他們專注地盯著自己的手，彷彿那是全世界最有趣的東西，似乎不知道自己看得這麼入迷的東西是自己的手。他們可能無意間動了動手，然後盯著它看，不知道是自己讓它動的。如果你把指頭或撥浪鼓放在他們手上，他們會捉住它不放（這是反射動作）。但當你的手或撥浪鼓從他們的視線中消失，他們不會左顧右盼盯著找。視線、感覺和行動就這樣漸漸統整起來，從身體頂端開始，手最先。幾週之後，他們學會伸手抓東西，有時可能意外抓到自己的腳。這些身體柔軟的小東西開始玩自己的小短腿，有時還把腳吃進嘴裡。把手裡的東西放進嘴巴是很自然的動作，只不過他們一開始並不知道那是他們自己的腳。

　　嬰兒一開始沒有連結。他們不會把看的、做的和感覺到的連在一起，也不會把身體各部位連在一起。我們常以為人當然能把自己看到的和感覺到的連在一起，但嬰兒來到世界時並沒有這些連結，這種連結是花好幾個月慢慢學來的。說到底，最先連結起感覺的是行動。換言之，輸出（output，即行動）透過回饋迴路得知輸入（input，感覺）並加以統整。連結感覺有賴於行動：做、看、感覺，感覺你此時行動的回饋。

　　不只嬰兒需要透過行動調校感知（perception），我們大人也是如此。有實驗讓人戴上稜鏡看世界，受試者看到的事物不是上下顛倒，就是兩側扭曲。他們的舉動強烈凸顯出我們藉「行動調校感知」。這類實驗讓我們看到：人會適應透過扭曲的鏡片看世界。這類實驗中最早為人所知的，是喬治‧斯特拉頓（George Stratton）在19世紀末做的。他當時還是研究生，後來創立柏克萊大學心理學系。斯特拉頓那時製作了幾種以不同方式扭曲視線的稜鏡，並親自試戴好幾個星期。他一開始覺得暈眩、想吐、動作笨拙，但漸漸適應。一週過後，上下顛倒的世界似乎變正常了，他的行為也是。事實上，當他拿下稜鏡，他又一次感到暈眩和笨手笨腳。在他之後，大家又做了很多次稜鏡實驗，用過各種扭曲視線的稜鏡。很多科學博物館都有稜鏡，你可以自己去

試試，或是上網買來戴看看。史丹佛大學有位教心理學導論的老師很會講課，他會找橄欖球明星球員來課堂上，讓他戴上稜鏡，再拋球給他——他當然會笨手笨腳的，不像在球場上那麼叱吒風雲，全班看了都覺得有趣。眼見為憑，多有說服力！走錯步、伸錯手、反應遲鈍，全是因為要適應稜鏡世界。

令人吃驚的是：光是看而不行動，並不會改變感知。如果一個人既不走路，也不伸手拿東西，只是坐在輪椅上被人推，東西也由別人遞過來，他就不會適應稜鏡。光是坐著的人，他拿掉稜鏡後行動如常，不會暈眩，也不會笨手笨腳。

既然行動會改變感知，那麼不難想見：行動也會改變大腦。我們已經用很多方法多次證明這一點，不論在猴子或人身上都是如此。基本作法是這樣：先讓人或動物具備充分的工具使用經驗，再檢查職司身體感知的大腦區域，看看它們是否延伸到身體之外，把工具含括進來。舉例來說，猴子很快就能學會用手耙把搆不到的東西拉過來（尤其是取用點心）。當牠們熟練之後，在手有動作時會追蹤手部附近的大腦區域，會開始把手耙也納入手的範圍。由於這些發現實在讓人興奮，大家後來變著方式在很多物種上複製了很多次。基本發現是：使用工具的經驗若很豐富，不但會擴大我們意識得到的身體意象（body image），也會擴大我們大部分意識不到的身體基模（body schema）。

豐富的工具使用經驗，會將身體意象擴大到納入工具，這不僅證明我們開玩笑的話（像是「手機和電腦幾乎成了我們身體的一部分」）的確有幾分道理，也讓你希望有些人能多多增加使用後背包的經驗，讓它成為他們身體基模的一部分，別老是在轉身時讓它撞你一下。人使用後背包的功力總是不如用手掌握工具，實在是憾事一件。

對行動的證據足以讓我們宣告認知第二定律：行動形塑感知（Action molds perception）。有些人進一步說感知是為了行動。的確，感知會為行動

服務，但也僅止於此。見到和擁抱我們所愛的人自有其樂，聆聽我們喜歡的音樂自有其樂，欣賞讓我們感到昇華的藝術品，也自有其樂。我們會為見到的、聽到的、感覺到的事物賦予意義，看到一度遺忘的玩具對我們有意義，聽到阿公阿媽的聲音對我們有意義，嘗到某種味道對我們有意義（對普魯斯特〔Proust〕來說，是瑪德蓮蛋糕的味道）。這些證據足夠我們說：行動形塑感知。

我之前講過：皮膚圍繞也封住身體，把身體和世界其他部分隔開──其實沒那麼簡單（別忘了我說過定律都有但書，而且但書往往還有但書）。舉例來說：我們很容易上當，把橡膠假手當成自己的手。

有個經典實驗是這樣：請受試者坐在桌邊，左手放在桌下，擺到視線之外。桌上放一隻橡膠假手，擺在左手原本的位置。接著，讓受試者看實驗人員用水彩筆輕搔橡膠手，在此同時，實驗人員也用同樣的水彩筆、同樣的節奏搔受試者看不到的真手。令人驚訝的是，大多數受試者會開始認為看得見的那隻手（假手）是自己的手。他們覺得見到的就是自己感覺到的。雖然行動本身沒有參與製造幻覺，但本體感覺回饋（proprioceptive feedback）似乎才是關鍵。受試者的真手和橡膠假手都固定不動。造成幻覺的似乎是感覺統合（sensory integration）──將同時見到的和感覺到的統合起來。

如果人會把橡膠手當自己的手，那麼，當他們看到橡膠手面臨威脅，他們應該也會感到警覺。後續實驗證明了這一點。我們先照上述程序進行，同時搔受試者看不見的真手和他們看得見的假手，讓他們覺得橡膠手是自己的手。然後，實驗者作勢要用銳利的針刺橡膠手。在此同時，實驗者測量受試者大腦的特定區域（已知對預期性疼痛、同理性疼痛和焦慮會有反應的腦區）。結果發現：在實驗者作勢用針刺假手（但沒有真刺）的時候，越是認為橡膠手是自己的手的受試者，處理預期性疼痛的腦部區域（左側腦島〔insula〕，左前扣帶迴皮質〔anterior cingulate cortex〕）越活躍。

關於人的身體基模為什麼會延伸到工具，卻似乎無法延伸到後背包，橡膠手現象還提供了另一個解釋。受試者之所以會把橡膠手當成自己的手，是因為他們同時「看到」和「感覺到」──看到別人搔橡膠手的時候，也有人搔他們的真手。可是後背包不一樣，我們看不到後背包，也看不到讓我們的後背或肩膀感到壓力或重量的是什麼東西，於是我們也無從推知後背包造成多少壓力。

III. 了解別人的身體

現在來談談我們對別人身體的了解。我們對別人身體的感知與了解，與我們自己身體的行動和感覺息息相關。更重要的是：串起我們身體與別人身體的，是大腦和神經系統的結構。我們還是從嬰兒講起。拿一歲寶寶來說，即使是這麼小的孩子，也已經開始了解別人行動的目的和意圖──至少能了解「拿」（reaching）這種簡單行動的目的。你也許好奇：我們要怎麼知道寶寶在想什麼？畢竟他們沒辦法告訴我們（當然，並不是有辦法說自己在想什麼就一定可靠）。了解嬰兒在想什麼的方式，常常跟了解大人在想什麼的方式一樣：注意他們在看什麼。行動透露的東西有時候比言語更多。

研究者最常用來推測嬰兒想法的辦法，是透過「視覺習慣化」（habituation of looking）這種方式。它以兩個概念為本：第一，人會注視自己在想的東西，即使是嬰兒也是如此（或著該說：嬰兒尤其如此）；第二，新東西會攫取注意和思考。典型作法是讓嬰兒看某個刺激（stimulus）或事件。在我要講的這個實驗裡，研究者先讓嬰兒看某人伸手拿某物的影片，同時仔細觀察嬰兒多注意看這件事。然後再放一次影片，再觀察一次嬰兒的反應。研究者會不斷呈現該刺激或事件，直到嬰兒失去興趣，移開視線──亦即，直到嬰兒**習慣**該事件。在嬰兒習慣之後，研究者會稍加更動前一個事件，再讓嬰兒看更動後的新事件。他們的更動方式有兩種：一種是更動行動目的，換掉影

片中人要拿的東西；另一種是更動達成目的的方法——改變拿取的方式。我們感興趣的是：哪種變化更吸引嬰兒目光？是拿的目標被更動的？還是拿的方法有改變的？

如果嬰兒知道重要的是目標，而非達成目標的方法，更吸引他們目光的，應該是目標被更換的影片，而非方法有變化的影片。10個月大的嬰兒對這些變化無動於衷，看兩種影片的態度一樣。兩種變化對他們來說都是新的，他們對目標改變的興趣，不比達成目標的方法改變更大。但僅僅兩個月後就不一樣了：12個月大的嬰兒更會去注意目標改變的影片，而非達成目標的方法改變的影片。短短兩個月，嬰兒便遠比之前更加認識目的導向的行為。

我們還有很多證據支持一歲嬰兒了解「行動－目標」的對應關係。這些實驗在嬰兒看別人伸手拿目標時，追蹤他們的眼球運動。值得注意的是：即使在手拿到目標之前，一歲嬰兒的眼球運動就已跳向目標，這代表他們預期伸手是為了目標。

更令人印象深刻的或許是：更早之前（才3個月大的時候），如果嬰兒做過類似動作，他們更可能知道別人行動的目的是什麼。3個月大的嬰兒手還不穩，運動控制（motor control）還不好，伸手和抓東西常常失敗。聰明的實驗者給他們戴上貼著魔術貼的連指手套，然後在他們前面放個玩具。他們試過夠多次之後，有魔術貼的小手總算拿到玩具。實驗發現：在看到別人「伸」和「抓」時，有用這種方式練過「抓」東西的嬰兒，比沒練過抓東西的嬰兒更能預期別人想幹什麼。

這項證據很值得注意，它讓我們知道：嬰兒能了解別人行動背後的意圖。當然，他們無法了解別人所有的行動和意圖，可是伸手取物是重要而常見的舉動，他們可以了解，而這類舉動無疑還有很多。他們之所以能了解別人的意圖，部分是因為他們曾以同樣的意圖做同樣動作。此外，我們接下來

也會看得越來越清楚：大腦這種結構本就善於了解觀察到的行動——透過鏡像神經元。

IV. 鏡像神經元

　　1980年代末，在賈柯莫・里佐拉蒂（Giacomo Rizzolatti）主持下，義大利帕瑪（Parma）的一群神經學家有了驚人的發現。他們將微電極植入彌猴的前運動皮質區的個別神經元（位置在額下回〔inferior frontal gyrus〕和頂下小葉〔inferior parietal lobe〕），打算和往常一樣，記錄這些個別神經元在牠們活動時的狀態。他們發現，猴子做特定動作時（例如抓和拋），單一神經元會放電。而值得注意的是：在動物看到另一個動物（在這個案例裡是人）做相同動作時，同樣的神經元也會放電。他們將這些有趣的神經元稱做「鏡像神經元」（mirror neuron）。鏡像神經元將「做出特定動作」和「看到這個動作」連結起來。這項特別的發現意味的是：行動和感知會由特定神經元自動連結起來，不經任何中介。不同行動由不同的神經元編碼（encode），以猴子來說，是抓、拋和撕。你會同時看到行動，並觀察到這些連線的神經元放電。從更廣的層面來說，這項發現告訴我們：行動鏡映（action mirroring，有時稱為運動共鳴〔motor resonance〕）是了解行動之本。「看」被對映到「做」，「做」也被對映到「看」。我之所以了解我看到你在做的動作，是因為做這個動作的回聲在我自己的行動系統裡引起共鳴。當然，那只是回聲，我沒有真的去做我看到的事——這是好事，否則我們會困在永無止境的模仿迴圈裡。鏡像神經元管的是模仿中「了解」的部分，而非「做」的部分。

　　當然，這些發現後來又複製了很多次，它們帶來很多驚喜。這些發現非常吸引人，大家也無可避免地有時過度詮釋了它們。鏡像神經元管不管得到模仿、學習或記憶呢？帕瑪研究團隊已經花了不少氣力澄清：「看」不是「模仿」，「了解」也不是「做」。要是這麼簡單，我們豈不個個成了鋼琴家、籃

球明星或雜技演員？不過，運動共鳴是真實存在的。換句話說：看到別人的動作，會活化我們大腦的相關運動區域，甚至相關的肌肉。

在人類身上做這些實驗是有疑義的。我們不會隨便在別人身上的個別神經元植入微電極。但有些時候，為了某些病人的健康和福祉，我們必須記錄個別細胞在大腦警戒時的狀況，治療頑固型癲癇（intractable epilepsy）就是如此。破壞引發癲癇的大腦組織往往能控制病情，可是在處理之前，神經外科醫師必須先確認手術位置，確保不會傷害到掌管核心功能（如語言）的大腦部位，而確認方式就是在電極不致造成傷害的可疑部位植入電極（有時也在其他部位）。研究從這些病人身上取得的單一細胞紀錄之後，我們發現人腦多處部位有鏡像神經元的證據。舉例來說，我們發現在人觀察或做動作時，個別神經元會回應；在人看見或表達臉部情緒時，個別神經元也會回應。

身體的動作在質上就與其他物體的動作不同，一項關鍵差異是：身體是自行驅動的，亦即，身體能做違反重力的動作，例如單靠自己憑空一躍（籃球和葉子都沒有這種本事）。連小孩子都能分辨某個移動路徑是出自生物的，還是出自沒有生命的物體，而且分辨得很好。光看移動路徑無法判斷一個東西有沒有生命，這一點連小孩子都知道，不過重點在於：不論是我們還是小孩子，卻都很善於光憑能輕易觀察到的移動路徑，就猜出某個移動的東西有沒有生命。這有時候實在令人驚嘆：從表面上可以感知到的特徵，竟能看出「有沒有生命」這麼深刻的根本特質。我們之前提過物體可以透過輪廓被認出來，接下來談談其他例子。

V. 運動共鳴

前面講過：如果嬰兒做過某種動作，再看到同樣的動作時，他們更能了解它的意義。大人也是一樣。做特定動作的經驗，會調控我們對別人做出相同動作的感知。我來介紹一個有趣、讓人興奮、甚至有點惹議的實驗。研究

者找來巴西戰舞舞者、芭蕾舞者和素人，讓他們在掃描儀裡看巴西戰舞和芭蕾的標準動作，同時觀測他們的腦部活動。結果發現：受試者看到自己專精的活動時，與鏡像系統有關的網絡裡的腦部活動更活躍（包括前運動皮質、頂葉內側溝〔intraparietal sulcus〕、右頂上小葉〔right superior parietal lobe〕和左後顳上溝〔left posterior superior temporal sulcus〕）。

這項實驗所顯示的更寬闊的意義，我們現在已不陌生：我們藉著體現（embody）感知——在自己的身體上模擬這些行動——來了解看到的行動。不論是「運動模擬」（motor simulation）、「運動共鳴」或「體現」，這些名稱或多或少都在說同一個現象。

運動模擬的意義，不只是了解動作而已，它還影響我們對動作的預測和預期，例如判斷一次射籃會不會成功。有個實驗請來職籃球員、體育記者和職業籃球教練，請他們預測罰球能不能命中。教練和體育記者對籃球賽都有豐富的外在經驗（即看球經驗），而且能從各種角度觀賽。職籃球員則不但有看球經驗，還有內在經驗。他們知道射籃是什麼感覺，而且很有可能已經培養出直覺，很能判斷自己投出的哪顆球能命中。職籃球員精通射籃，甚至常被稱為射籃機器。

你大概猜到結果了：不論是職籃球員、體育記者或職業籃球教練，在預測哪顆球能命中時，都表現得非常亮眼。儘管如此，職籃球員的判斷能力還是高出一籌，豐富的內在經驗讓他們比教練和體育記者預測得更準。這項實驗會在投籃的不同階段停住影片（從開始投球到球很接近籃框），再請受試者猜。令人印象尤其深刻的是：即使球還沒離手，球員仍很能預測這一球會不會命中！這代表球員對投籃背後的身體運動學有內在的運動認識（motor understanding），而這種認識讓他們更善於預測動作的結果。球員的運動經驗比教練和記者多，這使得他們預測更準。與其他證據和我們接下來要講到的證據合起來看，這說明一件事：我們會把看到的身體動作，對映到自己身體

的動作系統。對動作的感知透過運動認識來獲得意義。運動系統更發達的專家，能從他們看到的動作中感知到更多意義。

回到1970年代，瑞典心理學家貢納爾‧約翰森（Gunnar Johansson）做了一項實驗：他讓受試者身著黑衣，在他們的關節、頭、肩膀、手肘、手腕、臀部等主要部位貼上亮點，然後拍攝他們走路、跑步、跳舞和一系列常見的動作。這個光點影片（point-light videos）實驗成了典範，後來被套用、改編、模仿了很多次。你上網就能看到很多令人著迷的片段。如果只看靜態圖像，每個光點身體都像是一群隨機的點，看不出是什麼東西。但一旦這組光點開始動，你馬上能看出那是人的身體，而且立刻能看懂它是在走路、跑步或跳舞，還能看出它是男性或女性（從肩膀到臀部的比例）、快樂或悲傷、精神充沛或疲憊、沉重或輕快。

時間拉近一點，另一群研究者也用這個典範進行實驗，想知道我們多有辦法從光點影片認人。他們找好幾對朋友來實驗室，請他們穿上黑衣，在他們的頭和關節貼上亮點，拍攝他們跳舞、跑步、拳擊、走路、打乒乓球和其他十種活動的樣子，幾個月後再邀他們回實驗室看這些影片。每看一段影片，研究人員會請他們認認影片裡的人是誰。結果或許並不令人意外：他們善於透過朋友的動作認出他們，拙於認出陌生人。看跳舞、跳躍、打乒乓球等動作較大的影片認人，又比看走路和跑步認人容易得多。真正令人驚訝的是下一個發現：參與者最會認的是自己！除了舞者、模特兒和練瑜伽的人之外，大多數人不會花多少時間盯鏡子看自己的動作（參與這個實驗的人也是一樣）。既然如此，為什麼我們最會認的是自己呢？我們明明應該很常看到朋友的動作，但很少或從來沒有見過自己打乒乓球或跳躍的樣子，為什麼我們更會認的是自己而非朋友？跟前面舉的例子一樣，這種令人驚艷的能力似乎與鏡像系統（運動共鳴）有關。我們的理論是：在參與者看這些人的動作影片時，他們的鏡像系統與他們見到的動作產生共鳴，像是在試這些動作的

尺碼一樣。於是，在他們看到自己的動作影片時，那些動作完全合身。他們覺得舒適、自然、像自己。

VI. 協調人我身體

魚成群而遊，鳥成列而飛，兵結陣而行。蜜蜂採集蜂蜜，螞蟻合作築巢。籃球員在球場上彼此協調，拳擊手在擂臺上交錯進攻，即興表演者在舞台上相互鋪墊，車站裡的通勤者穿梭四面八方——最重要的是：他們不會撞在一塊，也沒有一個人能主導方向。生物快速協調彼此行動的方式很多，尋求協調的原因也很多。別人光是在場就會影響我們的行為，連協調都不需要。在候車室是這樣，在公車上找位子是這樣，排隊買票也是這樣。完全陌生的人做的事一模一樣，進門、上車，在走道對面坐下，或是站到你後面。除非你的心思完全不在那裡（也許在玩手機或講電話），否則你不可能沒意識到有別人在，而對方在場會改變你的行為。

在排隊、等車、找位子這類情境裡，你和陌生人在同一時間、同一地點、做同樣的動作。如果你們都有很多空間，你們並不需要協調行動。但如果車上或候車室人很多，你們就必須協調，為彼此和彼此的東西騰出空間。走在空蕩蕩的街上並不需要和別人多做協調，表演結束時鼓掌也是一樣。但值得注意的是：行人傾向讓腳步一致，觀眾也傾向讓掌聲一致。

也許，群體尋求一致可以組織個體的行動、減輕個體的氣力，像鳥成列而飛一樣。當我的腳步或掌聲與其他人一致，我就不再需要那麼注意自己的。以人類來說，即使完全陌生的人，也會不由自主地配合節奏。節奏深植於我們的身、心、呼吸、大腦和行動——走路時、說話時、思考時、跳舞時、入睡時、清醒時，無時不離。我們的節奏組織起我們的身體，讓我們的身體同步，也把我們和別人的身體組織起來，讓彼此同步。

我們和寶寶玩遊戲也會練習到這些技巧（不過我們應該不是為了這個而

跟他們玩）。寶寶說「啊」，我們說「啊」，他們又說「啊」。我們輪流做同樣的事。然後我們稍稍改變回應方式，他們說「啊」，我們說「啊——哈」。我們滾球給他們，他們滾回來。我們一起拍手，或輪流拍手。我們的遊戲無意間訓練了合作行動的要素——同步，輪流，模仿，娛樂，一起留心，一同認識——而我們（還有他們）以為自己只不過在玩而已。我們的確是在玩——同時一起做某件事就是這麼讓人開心。

在人類身上，協調很快便轉為合作。才14個月大的寶寶，要是看到大人想拿他們拿不到、但離自己滿近的東西，寶寶會把那個東西拿給大人。這種社會理解和社會行為都值得注意，因為它們不需透過語言或其他明示的協調活動。其他靈長類如猴子和類人猿，也能被引出合作行動，以達成共同目標。標準的實驗測試是讓牠們一起拉繩，把堅果或香蕉拉到可以拿到的地方[1]。我們發現：大象、海豚都會合作，而且和狗一樣，經常和人類合作。的確，麥克·托瑪塞羅（Michael Tomasello）實驗室的研究已經顯示：合作是道德行為的起源。我們需要合力完成某些事，而事成之後，我們必須（或者說，應該）分享成果。小孩子如果得到超過自己應得的份，他們會把自己的份分給別人。

在合作行為的另一端是另一種挑戰：在合作過程中，受試者必須持續協調，並持續改變協調。為研究這種協調，我們把從不相識的學生兩兩分成一組，請他們協助實驗。我們在桌上擺了電視架各部分的零件，還有一張電視架完成之後的圖片，請他們看圖組合一台。在此之前，我們已經做過不少組合電視架的實驗，我們知道學生一個人就能完成這件事，沒有指引也做得到。我們甚至有點懷疑：難道他們在學校都學過怎麼組電視架嗎？

果不其然，各組學生成功組合出電視架。雖然各有法子，但都組合得正

1　譯註：這種實驗測試叫「cooperative pulling paradigm」，可參見：https://reurl.cc/Y1j1Da

確又有效率。組電視架跟走路或拍手不一樣，它有很多步驟，不只需要雙方合作，也需要他們做不同的動作。我們發現：各組學生往往自動擔任起不同角色，而且自有默契，甚至不必經過口頭溝通。一個負責**抬重**，一個負責**固定**。抬重的人穩穩扶好一個部件，讓固定的人把另一個部件接上去。組合過程的每一步，兩個人合作都比一個人埋頭苦幹效率更佳，而為了完成每一個步驟，他們做的事必須互補。非常有趣的是：雖然組合的動作並不對稱，又必須兩個人一起做，但這麼多的協調竟然不需言語、不需明確溝通，就能自動達成。更耐人尋味的是：每個人都知道對方需要什麼，而且經常能猜到對方的下一步。例如抬重的人若看出固定的人馬上需要哪個零件，會主動遞過去給他；固定的人拿了下一個部件，抬重的人就把主要部件扶好，方便對方固定。凡此種種，猶如舞蹈。

這麼錯綜複雜的互動竟能幾乎不靠言語溝通，也沒有明確規劃，似乎挺令人驚訝。不過想得更深一點，我們似乎不需要對此太過訝異。管弦樂隊需要指揮，但弦樂四重奏不用。即興爵士樂跟即興喜劇都能優美協調，不需樂譜、劇本或指導。共同行動的核心是共同的認識，是彼此都清楚任務的主要目標、次要目標，還有完成目標所需的程序。拿組電視架來說，程序是一連串對部件的動作，依序把每個部件裝到正確的結構上，並用恰當的結合方式固定。對任務目標的共同認識是在每個分工者心裡（mind）。我們心裡其實有很多事件基模（event schema），亦即對於任務的行動順序的表徵（representation），而這些任務又需要靠完成一組小任務來完成（例如整理床鋪、洗碗、組裝家具等等）。這些表徵讓人可以解讀正在發生的動作，可以預測接下來要做什麼，可以給人一步步完成這些任務的指引。

透過觀察腦部活動，我們可以看到追蹤合作行動的一部分過程。從腦電圖（EEG，electroencephalogram）和功能性磁振造影（fMRI）都能看出：分工者不只在共同任務上用心，他們也用腦。令人驚訝的是：分工者會一直把對方

的任務放在心上，即使這樣做會妨礙他們自己的表現、拖慢他們的速度、讓他們更容易犯錯。

雖然任務的表徵在分工者心裡，但完成任務的程序，則有賴於物質世界中的物體和分工者。分工者必須把整體目標和程序記在心裡，用它們來指引自己的行動。為了準備自己的行動，人必須在彼此一步步行動時好好觀察。換句話說：為了合作，分工者必須即時一同保持注意。以這種進行中的合作任務來說，一同注意未必需要一同注視。請想想鋼琴家和小提琴家合奏的時候，他們眼睛看的是不同的樂譜，手演奏的是不同的樂器。他們一同注意的是一起創造的音樂。節奏是規模最小的共同行動的最基本要求，也是層次最高的共同行動的基礎。

對話也需要方方面面的互補協調。對話伙伴的要務是合作創造意義，這種合作多半是直接的、仔細的，甚至是套過招的。不過，對話伙伴其實不只會協調交談內容和時間，也會協調行為，儘管這乍看之下似乎與對話並不相關。他們會彼此協調動作，翹腳或不翹腳，前傾占據畫面或後退讓出舞台。這種彼此模仿的現象叫「同步」（entrainment）。他們採用彼此的遣詞用字，甚至口音。他們學對方的表情、視線和身體動作。雖然這些行為看似與交談不相關，但其實相關——它們有助於「社會黏著」（social glue），能增進相互了解，進而提升溝通和合作品質。當我們用同樣的詞語、做互補的行動，我們能了解彼此，也更喜歡彼此。

更廣闊一點思考，雖然互動本身就很重要，它們也是學習動作和行為的機會。模仿別人動作的傾向當然有助於我們學習。我們透過觀察別人的行動，來協調自己的行動、計畫自己的行動，也藉此學習新的行動。請想想你上次身處不熟悉的情境裡是什麼情形，也許是在機場、政府機關、博物館、外國，甚至是過馬路。你當時是不是先看別人都怎麼做？想知道自己該怎麼做，看別人怎麼做也許是最有效率的方式。小孩子就是這樣，他們看著哥哥

姊姊學，連無關緊要的小動作都要模仿。

VII. 補記：其他心中的心，其他身體中的身體

這一章（其實是這本書）從我們自己講起，也許很自然地，從我們包裹在皮膚裡的身體講起。雖說皮膚把我們和世界上其他東西隔開，但從生命之始，我們就在空間裡移動，也在空間裡行動。我們與周遭事物互動，與空間本身互動，也與我們在空間裡遇見的事物互動。這些行動從身體裡、也從身體外造成感覺。而我們身體的這些行動和感覺，形塑了我們對自己身體的概念。

世界從不是靜態的。我們不斷在這個世界裡行動，並適應它。這也難怪對我們在世界裡的互動最重要的身體部分，就是我們的腦與心中最突出的部分。我們與外在世界裡的事物怎麼互動，會改變我們感知世界的方式。在我們一生中遇見與互動的事物裡，最重要的無疑是其他人的身體。我們透過自己的身體了解其他人的身體和行動，從鏡像系統開始：看別人的動作，會在我們自己的大腦引發該動作的部位引起共鳴。人之所以能把自己的行動與其他人協調，不只是因為我們了解其他人的動作，也是因為我們了解彼此在做什麼，這取決於節奏，取決於一同注意，取決於手邊的任務，取決於我們周遭的事物。鏡像系統中介也反映各式各樣的動作：手的動作、腿的動作、臉的動作，還有姿勢。模仿是內在的（internal），但它會外溢到實際行為。我們模仿彼此的身體動作和臉部表情。鏡映（mirroring）指的是別人的身體內化到我們的心，我們的身體也內化到別人的心。

而其靈性隱喻是：我們都是別人的心的一部分，他們也是我們的心的一部分。這不只是比喻，實際情況就是如此。基礎生物學告訴我們：身體裡每個細胞的DNA都是獨一無二的——但令人驚艷的新研究已推翻了這點。遺傳學家已經找到零星微嵌合（microchimerism）的證據。微嵌合是不同DNA

在我們體內不同位置的殖民地。如果我們身上有別的DNA，我們又是誰呢？雖然這類研究才剛剛起步，可是我們已經知道：嬰兒的DNA會在懷他們的母體身上殖民；移植器官的DNA會在身體的其他部位殖民；很多人有還在子宮就消失的雙胞胎手足，而我們身上可能帶有他們的DNA。換言之，別人不只在我們心裡而已，我們真的是其他人的一部分，他們也是我們的一部分，即使在皮膚包覆之內都是。

2 環繞身體的泡泡：人、地、物

The Bubble Around the Body:
People, Places, and Things

在這一章裡，我們討論人如何辨認、分類和了解環繞我們的人、地、物。我們看到：很多日常分類（category）（如椅子和狗）就像共同特徵的箱子（bin），它們把自己跟其他分類（如地毯和蛇）的特徵箱區隔開來，即使那些分類離它們很近亦然——但未必總是如此。所以對於各分類所共享的面向（dimension）和特徵，我們必須想得更深。

我們不只活在思考的世界，也活在物（things）的世界。
——弗拉基米爾·納博科夫（Vladimir Nabokov）

　　圍繞我們身體周遭的是手或視線所及的人、地和物。它們對我們的感知、行為和思考有立即影響。在我們還來不及用文字描述的短短一瞬間，我們就知道自己在哪裡（家裡、市場或公元），就知道旁邊是什麼（椅子、桌子、購物車和一袋袋食物，或是樹和鞦韆），就知道身邊是什麼人，就知道他們在做什麼（做晚餐、購物或盪鞦韆）。我們知道他們是什麼樣的人，從他們的臉和身體，我們感覺得出他們的感覺和健康狀況；從他們的衣著和行為，我們可以判斷他們的社會和經濟地位。我們很善於猜測別人的年紀、性別，甚至政治傾向。我們把太多內在的東西表現到外在。我們自動而迅速地吸收

周遭事物。除非我們蒙上眼睛、捂上耳朵，否則不可能不分辨它們。雖然我們判斷得不一定對，但對的頻率還是高得出奇。

我們並非天生就有這麼強大的能力。新生兒必須學會看物體和邊邊角角的根本元素，必須學會把它們連結起來，構成可以用來辨識人和物的形狀。他們必須學會分辨和辨認臉孔、物體和景象。嬰兒在最早幾個月不用語言學這份本領，只用看的。這發生得很快，快到父母往往錯過，除非他們知道該注意什麼。這種學習多半發生在大腦逐漸成熟的時候。天生失明、成年後才得到視力的人不知道自己看到的是什麼，這種結果令人驚訝，往往也令人極度失望。好在天生失明的人現在已經少很多，年紀較長獲得視力之後，若能加上訓練和經驗，還是能得到部分視覺能力。

這個人是誰（who）？那是什麼東西（what）？這是哪裡（where）？這些都是非常基本的問題，基本到大腦有專門區域辨識它們。事實上，臉孔、身體、物體、景象──每一個有好幾個腦區負責辨識。視網膜接收湧入的資訊，雖然是上下顛倒的，但上下顛倒對大腦來說不難處理，難的是了解視網膜上的東西是什麼，這項任務艱鉅得多。資訊基本上是一群沒有意義的像素，它必須被裁成形體和背景。這項任務包括找出邊邊角角，並連結它們。形體和背景都需要詮釋，都需要賦予意義。這需要把視網膜傳來的資訊傳送到大腦不同部位，也需要把所有感官傳來的資訊送到大腦不同部位。接著，大腦不同部位對不同感官送來的資訊進行不同計算。這些計算專門創造與我們生活有關的不同意義，專門處理各式各樣的臉孔、地方和事物。

分辨什麼時間（when）和為什麼（why）又更難。這兩項任務無法輕易從感官輸入（sensory input）計算，它們的處理方式與計算顏色和形狀不同，甚至與計算臉孔、物體和景象也不一樣。雖然少數人超級有條不紊，能記得生命中許多事件的確切日期和細節，但大腦並不會在事件上蓋日期章。而即使是這些或許令人羨慕的人，他們的記憶也是建構的，事件的時間戳是象徵地

加上去的，用的是常規格里曆（Gregorian calendar）的文字和數字。釐清為什麼又更複雜，很多事有很多可能解釋，給科學家、政治分析家和諮詢專欄作家提供無窮無盡的差事，也給伴侶和國家之間製造無數爭執。為什麼呢？因為我們用來建構什麼時間、尤其是為什麼的機制並不完美，常帶有偏見，所以我們的判斷和解釋也帶有偏見，無法完美。

I. 物（things）

在世上所有的重要實體（entity）和知識構件（components of knowledge）中，物是最簡單的。然而物有很多，該怎麼認識它們呢？其中一個方法是給它們分類，可是，該分到哪一類？我們先看看文學大師波赫士（Jorge Borges）提到的一種分類：

> 以下是動物王國的一種分類法，出自中國古代一部名為《天朝仁學廣覽》（*Celestial Emporium of Benevolent Knowledge*）的百科全書。那古老的書頁上寫道：動物分為（a）屬於皇帝的；（b）抹藥防腐的；（c）馴化的；（d）乳豬；（e）人魚；（f）傳說中的；（g）流浪狗；（h）歸入此類的；（i）躁動如瘋子的；（j）不可勝數的；（k）用駝毛細筆描繪的；（l）其他；（m）弄破花瓶的；（n）遠看如蒼蠅的。

這些分類很有想像力，但沒什麼用。好的分類能把大多數東西歸入各自獨立的類別，而非部分重疊的類別。好的分類應該容易辨認。好的分類應該能提供資訊，應該能讓我們看出它們好在哪裡。好的分類應該能把數量龐大的不同事物減到可以處理的數目。辨識和分類物體的關鍵是形狀（shape）：物體有形狀，而視覺系統偏向於（is biased toward）找出它們。看到物體擋住物體時，視覺系統會找出邊、串起點。

　　爸爸媽媽從寶寶出生第一年就開始跟他們玩命名遊戲，指東西、拿東西，給寶寶注意的任何東西貼上標籤。嬰兒和小孩學單字快得驚人。據估17歲的人認得八萬個詞。換句話說，如果嬰兒從一歲生日開始學單字（說「一歲」只是敘述方便起見，他們早在會說話前就開始了），就是一年學五千字，或是一天14個字。這種速度比命名遊戲快得多，小孩子不用教就會注意東西的名稱。這種驚人的學習速度還只是學事物的標籤而已。如果知道以下事實，你或許會更加驚訝：在我們、嬰兒和兒童學習和認識的東西裡，我們其實只有給其中一小部分貼上標籤——人、地、物、情緒等等。

II. 層級組織

II.1 基本層

　　嬰兒會叫身邊的東西「蘋果」、「香蕉」、「汽車」、「公車」、「上衣」、「鞋子」等等，學名稱不會從「加拉蘋果」或「水果」、「豐田車」或「運輸工具」、「針織衫」或「衣物」這種標籤開始。用較抽象或較專門的標籤稱呼一般事物，在日常情境中顯得奇怪。舉例來說，如果我說我載你一程，因為我買了一輛 Tesla X，那叫炫耀。如果我說我買了一台運輸工具，那是我在耍白痴。如果我要你把那隻「畜生」而非那條「狗」放出來，我可能暗指那條狗既野又兇，不可愛也不友善。語言裡對這些東西有更抽象和更專門的標籤，不是沒道理的，可是日常生活更偏向中間層級——「蘋果」、「汽車」、「上衣」的層級。有趣的是，這些標籤往往比更普遍或更專門的標籤更短，也更常出現（再次符合齊夫定律：越常用的詞越短）。這種指稱事物的預設的、中性的方式——小孩子最早使用的層級，「蘋果」和「汽車」的層級——叫**基本層**。更普遍的層級——「運輸工具」、「水果」和「畜生」的層級——叫**上位層**（superordinate level），更專門的層級的層級——「Tesla」、「加拉蘋果」和「可卡犬」的層級——叫**下位層**（subordinate level）。

　　基本層在很多意義上很特別。基本層的物體（如蘋果、桌子、槌子、腰帶）通常形狀相同，所以容易辨認，它們的次分類也一樣好認（如加拉蘋果和五爪蘋果、皮帶和布腰帶、晚餐桌和咖啡桌）。次分類裡的東西則是以形狀以外的特徵來區分（例如顏色、質料或大小）。除非有夠好的理由，否則人不需要注意下位層事物之間的細微差異，以及賦予它們的多如牛毛的標籤。拉高到上位層看，我們發現：不同種類的**水果**、**家具**、**工具**和**衣物**之間，並沒有共同的形狀。相反地，它們的形狀五花八門。香蕉和蘋果、西瓜形狀不同，飛機和汽車、卡車形狀不同，上衣和褲子、腰帶形狀不同。我們能認出幾個蘋果或幾把槌子合起來的形狀，但把幾種水果或交通工具合到一起，就只是一團無法辨識的不規則形。

　　基本層不只在感知上優先，在行為上也優先。我們對各種蘋果、各種腳踏車、各種毛衣所做的事是一樣的，可是對甜瓜和蘋果的行為不同，對汽車和腳踏車的行為不同，對帽子和毛衣的行為也不同。**水果**、**運輸工具**和**工具**和**衣物**共同具備的不是特定形狀或行動，而是更普遍的東西——功能或用途。**水果**是拿來吃的，**運輸工具**用來代步，**工具**則用來修建或修復。這些屬性跟果皮和果肉、車輪和車門、槌柄和槌頭不一樣，它們是看不到的。所以，學會這些更普遍的、以共同功能為本的分類，要花更多時間。人通常要到學齡階段早期，才能真正了解**工具**、**運輸工具**等上位層詞彙的意義。

　　基本層分類（如**蘋果**、**桌子**、**上衣**）大小適中，不算太抽象，也不算太具象。它們位於中間，不像**家具**、**工具**、**水果**等以功能區分的分類那麼普遍，也不像**餐桌**、**十字螺絲起子**、**紅玉蘋果**等以各種特徵來區分的分類那麼專門。當然，較普遍的稱呼有時候是夠的，例如我要給屋子添購**家具**；我要給沙拉加點**水果**；我要給車庫準備**工具**。叫專門的稱呼有時候也是必要的，畢竟十字螺絲只能用十字螺絲起子，接待貴賓必須穿正式服裝，烤蘋果派就該用翠玉蘋果。基本層標籤是多用途名稱。

　　基本層分類不只好認，也提供豐富的資訊。那個東西是什麼樣子？是什麼組成的？在我們的生活中有什麼功能？我們怎麼對它？比方說這是一個蘋果：它是水果，是紅色或綠色的，長在樹上，有果皮、果肉、果核，可以吃，甜、脆、多汁。不管它是加拉蘋果或富士蘋果，都是如此。這是一件上衣：它是衣物，穿在上身，有讓頭、兩臂和軀幹穿過的洞。不論顏色、質料或價格，只要是上衣就有相同的部位和功能。

　　基本層物體的關鍵特徵，往往能從該物體的外形上明顯看出，亦即，能從它們的組成部分明顯看出，例如：椅子的椅座、椅背、椅腳；毛衣的袖子、領口、衣身；狗的腿、身體和頭。基本層物體的這些部分，是它的基本特徵，能顯出其特色。這些部分既是感知的線索（讓人能辨認出物體），也是功能的線索（顯示出它們會做什麼、我們能用它們做什麼，以及我們與它們的互動）。部分構成感知與行動的橋樑。椅子有椅座、椅腳和椅背。椅座、椅腳和椅背看起來各不相同，用途也不一樣。椅座的大小和高度是用來坐的，椅腳支撐椅座，椅背讓人的後背有地方靠。椅子**承擔起**坐。毛衣的袖子、領口、衣身看起來各自不同，各由身體不同部位使用。狗也一樣：腿、身體、頭等不同部位各有用途。我們也是一樣。

　　物的數量遠多於我們賦予物的名稱。基本層是為世界裡的東西命名，以這種方式指稱東西，無疑有益於學會分辨出它們。不過，我們能分辨的東西遠多於我們能命名或描述的。這些名稱對一般對話通常夠用，但眼睛接收到的顯然更多。眼睛能分辨香蕉多熟，能看出毛衣纖維軟軟的還是刺刺的，能看出椅座高度是否合適、桌子堅不堅固，能分辨螺絲起子跟螺絲合不合，以及判斷某件上衣跟寶寶合不合身。眼睛能認出數不清的物體的成千上萬個特質——重要，但並不容易給予名稱的特質。即使能給予它們名稱，認識仍先於名稱。

III. 人

　　人跟物體一樣也有形狀，形狀有部分，包括臉和身體在內。很難不強調臉和身體在我們生活裡的重要性。這個人是誰？是朋友或敵人？年長或年輕？生病或健康？是本地人還是外國人？喝醉或清醒？富裕或貧窮？現在有什麼情緒？在想什麼？在做什麼？下一步可能會做什麼？光從外表、表情和身體，就可以得到這麼多重要資訊，甚至更多。內在透露於外在。我們現在來談談這些資訊。由於我們的行為需要靠這類資訊指引，因此必須很快消化它們。事實上，我們吸收這些資訊的確很快，但迅速不保證精確。請想想認知第一定律：**好處必有代價**。

　　這裡的好處是速度。在非洲草原需要速度，在暗巷需要速度，在明亮的街道上也需要速度──你得在須臾之間判斷有沒有危險該躲？分辨對方是該打招呼的朋友，還是會把你的微笑當成邀請的陌生人？一模一樣的雙胞胎常會產生這種問題。有一次有個朋友不跟我打招呼，我本來有點生氣，後來才想到那是他的雙胞胎兄弟，他當然不認得我是誰。我們每一件事都得在迅速和精確間權衡，關鍵是找出最適點（所有的權衡都是如此）。這需要你評估兩種錯誤的代價。以我的例子來說，一邊是錯向不認識我的雙胞胎兄弟熱情招呼，一邊是不跟朋友打招呼。錯將土狼當狗代價龐大，錯將狗當土狼代價較小。

III.1 這是誰？臉孔

　　請試看看：在派對上向某人描述同時在場的另一個人，但先不告訴他們那個人是誰。除非那個人有獨特的特徵（染螢光頭髮或眼鏡款式奇特，但這種情況很少見），否則這並不容易。一般說來，每個人都有眼睛、鼻子、嘴巴和耳朵。我們有不錯的名稱描述這些部位，但這些名稱無法幫助我們分辨

人與人的臉。相反地,對於有助於我們分辨人與人臉的特徵(眼睛、鼻子、嘴巴、耳朵的細微差異,五官分布的細微差異,還有神情),我們並沒有夠好的名稱。我的三個孩子和我們夫妻一樣,都有雙「碧」眼。雖然我們五個人的五雙眼睛各有不同「碧」法,我絕不會弄混,但只有一個「碧」可以描述。不過,儘管我們幾乎不可能描述個別的臉,我們卻能認出成千上百張臉。這種差異十分有力地說明:認臉的基礎不在語言。要分辨不同的人的臉,我們通常不會在描述臉孔上多花力氣。相反地,我們給每張臉冠上名字——與那個人的家族有關、但和那個人的外貌無關的名字。每個人的外貌各有特色,他們的名字卻與外貌脫節。為什麼有那麼多人說他們絕不會忘記任何一張臉,卻老是記不住名字,這種脫節是部分原因。

認臉跟認物體基本上是不一樣的。哪張臉是誰的很重要,坐哪張椅子或用哪根槌子通常不怎麼重要。椅子和槌子都可以替代,但人不是(不論這樣是好是壞)。我們能藉由輪廓認出椅子、長頸鹿、上衣或香蕉,卻無法透過輪廓認臉。每張臉的輪廓或多或少是一樣的。認臉取決於輪廓之內的東西,但不只是五官而已。因為,同樣地,我們都有五官(features),狗和猴子也有。認臉的關鍵是眼、鼻、口等內五官(internal features)的特質,以及它們的相對位置。這份工作並不容易,但擠在大腦皮質底下的梭狀回(fusiform gyrus)善於解決這項問題。雖然其他大腦區域如枕葉臉孔區(OA,occipital face area)和顳上溝(fSTS,superior temporal sulcus)也會回應各種類型的五官(也就是孩子們愛開玩笑的那些類型),但梭狀回對正常的五官特別敏銳。

關於記臉,我們再來看另一個有趣的事實。記臉的能力只針對臉,獨立於其他能力。這種能力不管過了多久都很穩定,而且似乎無法訓練。或許並不令人意外的是,記臉跟遺傳關係很大。認臉能力會隨年齡增長,在青春期尤然(10到20歲),到32歲時到達顛峰。

雖然辨認每一張臉對我們生活非常重要,但不是每個人的大腦都分得出

或認得出不同的人。猜猜布萊德・彼特（Brad Pitt）、奧立佛・薩克斯（Oliver Sacks）和查克・克洛斯（Chuck Close）有什麼共同點？對啦，他們都很有名，而且都很有天分，但他們之間最特別的共同點是：他們都有 *prosopagnosia*。這個字有點拗口，得多練幾次。沒錯，這是希臘文：*prosopon* 是希臘文的「臉」，*agnosia* 的意思是「不知」──*prosopagnosia* 指的是「臉盲症」，這是梭狀回出問題的結果。臉盲症的人感覺得到自己在看別人的臉，可是認不出來對方是誰。悲哀的是，有些人甚至認不出自己的另一半。如果你懷疑某人有臉盲症，千萬別認為他們是針對你，因為是他們的大腦出了問題。臉盲者回應臉孔的神經迴路，與毫不費力就能認出不同臉孔的人的神經迴路，大相徑庭。

　　認不出別人的臉不只讓人尷尬，也是嚴重問題。於是臉盲者培養出互補機制，一方面分析和記住關鍵特徵，另一方面也注意其他具有個人特色的面向（像聲音、體型、衣著）。好在大腦驚奇不斷──就算沒辦法認臉，仍無礙於察覺別人的情緒狀態。這個現象十分耐人尋味。難道說，辨認身分和辨認情緒是在大腦不同區域分別計算的？

III. 2 臉和情緒

　　如果合作是我們這個物種成功的關鍵，情緒就是合作的關鍵。要與你合作，我必須信任你、喜歡你、從正面看待你。雖然對情緒的看法莫衷一是，但有一點大家都同意：情緒可以簡單分為正面和負面兩種，喜歡或不喜歡會快速表現在行為上。正面情緒讓你趨近，負面情緒讓你迴避。情緒來得很快，由表情、身體和聲音表達出來。情緒也很快就能被認出來，而且不容易壓抑。康明斯（e e cummings）[1]有首名詩一開頭就寫「既然感覺先行」，這份

1　譯註：這位作家以名字小寫為風格。

洞見後來獲得研究支持，也為我們貢獻了認知第三定律。人見到隨機而無意義的形狀時，就算還不知道這些形狀是否熟悉，對它們還是有直覺。即使他們認不出它們，他們對看過的形狀感覺依舊更正面。辨認和情緒是分開的系統，兩者互通訊息緩慢。情緒的本質（正面或負面）是迅速提煉出社會黏著的精髓（趨近或迴避）。這個基本面向借用了化學詞彙：價（valence）。在化學中，價是分子結合的基礎；在心理學裡，價是人的結合。情緒價（emotional valence）是還原劑，是底線。**認知第三定律：感覺先行。**

　　情緒不只在我們身上來得快，別人感覺出來也很快。情緒具有感染力，跟呵欠一樣，連狗都會受到感染。值得注意的是，相對於不熟悉的人，狗在較熟悉的人打哈欠時更容易受感染，這是社會同理（social empathy）強有力的證據。人和狗似乎都會受別人的壓力感染，舉例來說，聽到嬰兒在哭，我們和狗都會產生壓力反應——皮質醇升高。不只情緒有感染性，情緒狀態（如壓力）也有。如果體驗別人的情緒是同理的起點，如果情緒有感染性，那麼我們似乎內建了同理能力。請注意我特別給這幾句話加上「如果」和「似乎」，因為不是每個人在每個時候對每種情緒都是如此，強度也不一樣。

　　你還可以試試另一件事：去街上對一張張朝你走來的臉笑，他們很可能也會報以微笑。我跟很多人一樣，陽光強的時候會瞇眼，而瞇眼讓我看起來像是在笑。我經常沒注意到自己在笑，所以老是好奇，為什麼有那麼多迎面而來的人衝著我笑。

　　既然情緒在社會互動中角色吃重，無怪乎各方對情緒的看法十分分歧。前面講過，人喜歡分類，甚至需要分類，畢竟世界上的東西實在太多。有個看法廣獲推崇，它認為：基本情緒只有小小一組——憤怒、恐懼、厭惡、悲傷、快樂和驚訝（這個觀點被動畫片《腦筋急轉彎》〔Inside Out〕擬人化，從此深入人心）；這些情緒能從臉部表情辨認，舉世皆然；作為社會訊號，它

們在其他物種上也能找到演化史證據；基本臉部表情，可以透過明確可辨的特定肌肉活動辨別出來。研究者在世界各地做過實驗，拿定格在這些表情的照片給人看，結果發現：人判斷這些情緒很快，而且就算經過思索也不會判斷得更好。這是強有力的證據：判斷基本情緒就像認人和認東西一樣，是直接而不經中介的。

也有人同意情緒表達得快、也能快速辨認出來，但他們認為情緒跟食物風味一樣，有無數種幽微的變化。他們認為這麼複雜的情緒很難命名，分辨它們必須視脈絡和文化而定。我們可以、也的確同時經驗一種以上的情緒：厭惡與驚訝，悲傷與憤怒，恐懼與快樂。我們可以、也的確同時表達一種以上的情緒。情緒表達在臉上，也表達在身體，而且身體表達的情緒可能蓋過臉部表達的情緒，這種情況並不少見。

有人認為味道有五個基本分類：甜、酸、鹹、苦，以及最近加上的鮮（帶著清甜和肉味的美味）。有人認為還該加上第六或第七種。我們現在來揭破一個都市傳說：很多人以為這些基本味道是由舌頭不同部位感覺的，實則不然。更重要的是：這些味道是結合在一起出現的，一開始並無法勾起人能嘗出的千變萬化的味道，巧克力愛好者、品酒師、醬料師、咖哩愛好者對此都能作證。

分辨類別比分辨連續體（continua）容易得多。東西分門別類之後變得很簡單，不需多費心思去記。判然有別的分組，要比細膩萬千的漸進變化好認。我們在世上感覺到的究竟是少數基本分類，還是千變萬化的變奏？有一個很簡單的特質把這點凸顯得很清楚：顏色。

有證據顯示，基本色彩的核心（或最佳範例）受到跨文化所認同，它們的名稱或多或少是有系統地進入語言（但先後仍有爭議）：先是暗和亮，接著加入紅色，然後是綠色和黃色，再來是藍色，接著是褐色，然後是紫色、粉紅色、橘色或灰色。在顏色這例子裡，證據顯示我們對基本色極為

敏感。但除了基本色之外，我們也認得出很多顏色的細膩色度，而它們的名稱既不明確易懂，大家也沒有共識。拿好幾代的小孩用過、念舊的大人也愛用的繪兒樂（Crayola）蠟筆來說，他們給蠟筆加了這幾種顏色：**甜瓜色**（melon）、**桃心花木色**（mahogany）、**海牛色**（manatee）、**野藍色**（wild blue yonder）、**苦甜微光色**（bittersweet shimmer）、**莊嚴紫山色**（mountains' majesty），還有**青澀黃**（unmellow yellow），最後一個跟**雷射檸檬色**（laser lemon）其實不太好分。

回來說情緒，艾克曼－弗理森（Ekman-Friesen）六情緒（+/−）是：憤怒、恐懼、厭惡、悲傷、快樂、驚訝。不過，我們的臉、身體、話語、聲調表達的情緒，遠遠超過這六種著名的基本情緒，而且表達得非常清楚（艾克曼最近也承認這點，並擴大情緒清單）。請想想同情、憂慮、煩躁、失望、哀慟、疑心、焦慮、驕傲、滿意、無聊、敵意等等，這份清單很長，但只是詞彙。描述情緒未必能簡單而直接，評估情緒不僅取決於臉部表情，也取決於它們如何在臉、身體和聲音上浮現又消失。而如前所述，評估情緒也必須依賴更大的脈絡和文化。

電影圈也知道這點。蘇聯早期導演庫里肖夫（Kuleshov）拍過一段影片[2]。他剪接一位知名電影男星面無表情的鏡頭，再接到三段鏡頭後面。那三段鏡頭分別是一碗湯、一個孩子躺在棺木裡，還有一位漂亮女人躺在沙發上勾引人。儘管觀眾看到的是同一張臉，但隨著排列方式不同，他們把同一個表情解讀成飢餓、悲傷或受誘惑。這種效應有時可以複製（唉！很多效應都是如此），有時不行，但很多其他研究顯示：我們從臉部（不論是靜態的臉或動態的臉）解讀情緒的時候，會隨文化、聲音、話語、身體、他人和情境做調整。雖然因素好像很多，但這毫無疑問並不完整。

2　譯註：影片請見：https://reurl.cc/pd19Xe

III.3 眼睛是靈魂之窗？

有些老諺語也許沒說錯，例如眼睛是靈魂之窗。如果你想知道自己解讀臉部表情的能力多好，你可以試試「眼中之心」（Mind in the Eyes）這個五分鐘測驗（做過這個測驗的人已成千上萬）。[3]它會讓你看只有真人的眼睛和眉毛局部的照片，請你憑眼部判斷他們是四種情緒狀態裡的哪一種。平均而言，教育程度較高的表現得比教育程度較低的好；女性表現得比男性好，但只差一點點；神經正常的人又優於情況特殊、從而情緒辨識能力受影響的人（例如亞斯伯格症〔Asperger〕、思覺失調症〔schizophrenia〕、厭食症〔anorexia〕患者）。完成這項測驗並自願提供基因資訊者超過89萬，分析之後我們發現，從眼部辨識情緒確有基因基礎。另一份研究也顯示：雙胞胎的表現比非親屬的表現接近。這項結果為遺傳因素更添證據。

為什麼和眼睛有關？我們還有很多東西要學。事實上，眼睛會透過審視世界來學習。眼睛睜大可以納進大範圍的資訊；眼睛縮小可以觀察得更加敏銳，但範圍較小。瞇眼對我們近視的人來說再自然不過。兩種都試看看。新研究發現：眼睛的資訊收集功能與情緒表達有關。恐懼和驚訝這兩種情緒雖然相反，但都會讓人眼睛睜大，廣泛收集資訊。與睜大眼睛有關的情緒還有敬畏、疑惑、怯懦、期待和好奇。另一方面，厭惡和憤怒兩種情緒雖無關連，但它們都會讓人縮小眼睛，集中目光看清厭惡或憤怒的對象。與縮小眼睛有關的情緒還有煩躁、不悅、懷疑和驕傲。讓人看嘴部表情與眼部表情不一致的照片，他們對情緒狀態的判斷會依據眼部，但這種效應會隨不一致程度而略微減少。

3　譯註：https://reurl.cc/5l5KpR

III.4 臉和特質

有一系列實驗既令人驚訝又讓人不安。實驗是這樣：只讓學生看好幾組臉的照片一下，就請他們判斷哪個人比較能幹。那些照片是先前89位州長候選人的照片。實驗者會問學生是否認得他們任何一個，如果認得，就不計入數據。

令人印象深刻的是：被認為更能幹的那些人真的更容易勝選，機率約百分之55到58。依實驗要求，學生們必須很快下判斷，可是在複製實驗裡，雖然改成要受試者仔細思考再判斷選舉結果，但他們反而預測得較不準。能幹與否的判斷不只符合實際選舉結果，也準確預測了2006年超過百分之68的州長選舉，以及百分之72的參議員選舉。不只在美國如此，在其他國家也是如此。

從臉來對能力或優秀與否進行快速的社會判斷（對這些特質的判斷正好相關），對我們的生活似乎有廣泛影響——這種判斷與判決、聘僱與否、薪水和軍階相關。我們的大腦似乎內建能自動作出這些評估，在我們似乎沒有明顯意圖、只是隨意做事時，大腦自動作出判斷。

這是令人驚訝的部分，接下來談談令人不安的部分：這些判斷是無效的。「無效」的意思是說：受試者判斷更能幹或更優秀的那些人，其實未必更能幹或更優秀。這些判斷得不到實際作為證明。好在還是有好消息：其他資訊可以扭轉這些偏見。請注意：這些實驗依據的是靜止的臉。可是在實際生活中，如果要對一個人做出重大決定，我們可以期待能得到更多資訊，不只是一張臉而已，而其他資訊可能改變帶有偏見的判斷。然而，我們還是應該切記這項事實，並加以警惕：在學術實驗室裡讓受試者對靜態的臉迅速做出判斷，的確能預測其他人的投票決定，似乎也能預測其他改變人生的決定（如聘僱、升遷等等）。

III.5 身體與情緒

身體也會表達情緒，而且比臉占優勢——因為身體更大。身體能做出更大的表達，也能從更遠的距離被看見。在正常情形下，身體和臉是合作的，有如一體。但為研究之故，實驗者把相片中的身體和臉分開再結合，讓受試者推測他們的情緒狀態。在臉和身體一致表達相同情緒時，受試者推測得更正確；在臉和身體不一致、表達出不同情緒時，受試者的判斷更側重於身體。

在臉和身體衝突時，身體表達的情緒會推翻、甚至逆轉臉部表達的情緒。看網球選手對決尤其明顯。網球選手對得分或失分通常反應激烈。在得分的身體動作配上失分的表情時，受試者認為選手的反應是正面的。反之亦然：在失分的身體動作配上得分的表情時，受試者覺得選手的反應是負面的。在身體和臉表達的情緒有衝突時，我們的印象會以身體為準。在這種時候，光看臉部、不看身體，即使是拉近來看，都難以可靠認定選手的反應是正面或負面。在這種情況中，臉部透露出的是強度，不一定是情緒價。

我們不能因此小覷臉部表達情緒的能力。畢竟網球賽需要強而有力的身體動作，而且是在眾人面前較量，所以判斷選手情緒時，側重身體甚於臉部是自然的。可是，網球賽只是展露情緒的諸多情境之一。很多人與人相會的場合是面對面站著或坐著，氣氛或是緊張，或是輕鬆，這時情緒就主要顯露在臉部或聲音，較少表現在身體其他部位。人的溝通通常冗長而不厭其煩，之所以如此，至少有部分原因是為了減少錯誤。這樣一來，即使你在鬧烘烘的餐廳裡漏掉部分訊息，你還是可能從其他部分得到足夠資訊。情緒就像很多表達和溝通一樣，會不厭其煩地表現在表情、聲音和身體上，甚至同時展現在每個模式裡。所以盲人可以從說話語調和用字得知情緒，聾人也能從表情和身體了解情緒。

III.6 身體與行動

身體的作用不僅止於表達情緒。我們在第一章講過，身體姿勢創造無數溝通。我們在第一章也講過，身體在世界中行動，做各式各樣需要做的事。當然，大腦也有參與其中：外紋軀體模組區（EBA，the extrastriate body area），亦即枕顳側皮質（lateral occipitotemporal cortex），選擇性回應身體和身體部位，但不回應表情和其他東西（如物體和動物）。值得注意的是：運動中的身體的靜態照片（如擲標槍的照片），也會活化回應實際動作的部位——中央顳葉／上顳葉皮質（MT/MST，medial temporal/medial superior temporal cortex）。可是，靜態姿勢的照片不會活化這塊區域。這項證據有力地指出：運動中的身體有特殊地位，與靜態的身體有異。

身體傳達行動，也傳達行動的意圖，而且傳達得十分詳盡。有一組研究是這樣做的：讓受試者看另一個人伸手拿積木的影片，但拿積木的目的分別是拿給自己、拿給別人，或是搶先另一個人拿到。影片會停在手真的拿到積木之前，再請受試者猜影片中人的意圖。雖然身體的動作只有細微不同，受試者卻能可靠分辨這三種可能性。影片中人的視線方向、手的形狀和手的動作，顯然透露出三種不同意圖。

在做三明治或洗碗這些正常的連續動作裡，在行動者的手伸向下一步要用的物體之前，他們的頭和眼睛會先轉向那個目標。在行動者已經準備進行下一個動作時，他們的手常常還忙著完成前一個動作。因此，行動者的頭和眼睛會顯露他們的意圖，並為他們下一步會做什麼提供良好線索。

人無分長幼，都懂得迅速辨識表情，也都會快速解讀視線方向和手的行動，並運用這項資訊推測與了解其他人在想什麼、做什麼，或想要做什麼。這又是一個不需言語就能溝通的例子，而且是很重要的一個。光看身體傳遞的訊息，別人就能得知你的意圖，甚至依這份意圖採取行動。

IV. 地點：行動和事件的場景

現在大家通電話時，第一個會問的問題似乎是：「你在哪裡？」知道某人在哪裡，就能讓我們得知他們的很多現況。很多時候我們到了遠方，也會打電話給上一次跟我們在那裡的朋友。不過，地點畢竟跟物體、臉和身體不一樣。地點跟物體、臉和身體一樣的是：大腦有特定部位處理場景（scene）——海馬旁空間區（PPA，parahippocampal place area），以及最主要的後壓部複合體（RSC，retrosplenial complex）。

我們周遭的場景往往充滿著人。我們總是嵌在某個場景裡頭。場景是行動的環境（setting），我們大多數行動都發生在特定場景。場景既給行動限制，也讓行動得以進行——部分是透過場景裡的物體進行。場景裡有很多物體，通常也有很多臉和身體。場景是我們生命中所有事件和人生故事的環境和背景，不論日常瑣事或人生大事。因此，場景提供的資訊尤其豐富。我們在餐廳裡看見的和做的，遠不同於我們在郵局、教室或客廳裡看見的和做的。場景和物體一樣有基本層。學校、商店、家、公園、海灘、森林都是基本層，聚合部分、物體和行動。有些場景在戶外，有些場景在室內——**戶外**和**室內**是含括基本層分類的上位層。

我們對場景的記憶就像對臉的記憶一樣特別，特別到多年以來不斷有爭論：人到底能記得多少場景的圖片？有人說可以記住一萬張。一般說來，人辨認圖片的能力確實出色，辨認逼真圖片的能力甚至更加出色。但不論是認哪一種圖片，人認圖的能力都遠遠勝過認字的能力。不過但書來了：我們通常是用兩種方式測驗對場景的記憶。一種是讓受試者看兩兩一組的圖片，一張是看過的，另一張是新的，請受試者挑出舊的、熟悉的那張。另一種測驗是讓受試者一張一張看圖，其中半數是舊的，半數是新的，隨機混和，請他們依序判斷每一張是**舊**的或**新**的。由於新的圖片通常和舊的很不一樣，所以

分辨新舊其實很簡單。但當圖片更相似，辨識準確度自然下降。想想一模一樣的雙胞胎多不好分，你一定懂。

IV.1 改變視盲

有個現象或許看似弔詭：我們往往太偏向於找出場景裡的重點，以致於忽略細節。我們常常不會注意場景裡的一些特徵變了，甚至連重大特徵改變時都是如此，這個現象叫「改變視盲」（change blindness）。網路上有很多例子，你可以自己試看看。有些例子是讓你很快看兩張圖，場景一樣，都是在都市、湖邊或機場，裡頭有很多東西，兩張圖中只有一個重要特徵不一樣（例如大噴射機的其中一個引擎沒了，或是汽艇的電池不見了）。看的人常常感覺到某個東西變了，但很少發現變的是什麼，甚至重複看兩張圖片很多次仍看不出來。

改變視盲在實際生活裡也會發生。有個實驗令人印象深刻：請一位二十多歲的男大學生向校園裡的路人問路，在路人指地圖解釋怎麼走的時候，讓其他幾個人拿著大門板穿過他們中間。趁這個時候，問路的學生變魔術似地移形換位，跟其中一個拿門板的二十多歲男學生換位子。結果注意到換了個人的路人不到一半。沒錯，前後兩個人都是年輕男性，身材相仿，服裝類似；沒錯，路人當時是在看地圖，而非看學生的臉，但這樣的結果還是令人吃驚。改變生活情境裡的某個重要特徵，但受試者沒發現，這種招數已多次證明有效。在環顧四周時，我們見到的是充滿細節的世界——但也只是如此而已。我們看而不記。反正，只要我們還能看見這個豐富的世界，我們就能參照查考。不必記，它就在這。我們只需要知道自己身在何處就好。

改變視盲再次說明認知第一定律：好處必有代價。這裡的好處是快速跳向意義。如果我知道意義是什麼，我就知道會出現什麼，還有該怎麼做。代價是忽略細節。公園裡有運動場，運動場上正舉行比賽，所以我最好繞過去。

至於運動場邊有沒有垃圾桶？有沒有路燈供夜間照明？都跟此時此刻不相關。我要幫這個在校園裡迷路的陌生人找路，我得專心看地圖解釋給他聽，我們之後不會再碰面了。快到商店街了，我最好小心人潮擁擠，除非我要修鞋或送洗衣服，否則管他有沒有修鞋店或乾洗店。我們一大群人正在登機，引擎對飛機來說當然很重要，但對我不重要——至少現在對我不重要。

V. 區分類別比區分幅度容易

世界上不只有分類，還有連續體，連續體是物體不同的幅度（dimension）。食物不只是甜或酸，每種食物甜和酸的程度各有不同。人不只有高個子或矮個子，身材高矮是相對的。在這一章裡，我們已經看到心為生活中重要的人、地、物分類多快。這些分類有很多是多重決定的（overdetermined），亦即：類別中的個體有很多特徵相同，而且跟其他類別在很多特徵上不同（馬鈴薯和番茄，椅子和地毯，橄欖球場和雜貨店，海灘和郵局）。特徵是成串出現的，它們高度相關。常見分類（如「家具」和「衣服」）裡的個體通常有很多特徵相同，而且這些特徵沒有出現在其他分類裡。「鳥」有羽毛，生蛋，會飛——這些特徵「狗」一項也沒有。我選的還是比較接近的例子，出自同一個上位層的例子。「樂器」之間的共同點就難認得多（「蔬菜」之間也是一樣），它們彼此各有特殊特徵，重疊的特徵少得多。分類的特點是：分類裡的東西具備很多相同特徵，又在很多特徵上跟別的分類不同。這讓分類能同時兼具速度和準確。分類也讓很多預期和推論比較不易失誤。刀子要小心；杯子用來喝；椅子用來坐；蘋果拿來咬；足球用踢的。分類式思考（categorical thinking）讓進行日常活動更容易、也更流暢。我們一旦知道某個東西屬於哪一類，對它就知道了很多，對它能做什麼、還有我們能用它做什麼，也知道了很多。分類管用得不可思議。我們用分類來整理我們的東西，也整理我們的思緒和生活。

　　不過，生活裡有些重要的東西無法清楚嚴密地分門別類。共同點和獨特特徵並不會畫線分格。相反地，雖然不同類別的東西可能在重要特徵上不一樣（在分類基礎上不同），但它們在其他方面可能別無不同。可是我們還是保留分類式思考。拿國籍來說。國籍這個分類極具意義，與我們的生活密切相關。它在某種程度上，能讓別人推論我們是什麼樣的人，也讓我們能推論別人是什麼樣的人。北方國家人民的飲食、居住和衣著，很可能與赤道國家的飲食、居住和衣著不同。由於適應不同氣候的關係，他們甚至可能會有演化差異。瑞典北方人的飲食相當仰賴放牧動物的奶，於是他們發展出成年後仍能消化奶類的基因。中國人的飲食以農作物為主，所以他們仍舊乳糖不耐。不過，瑞典人和中國人都有頭、手和腳，都吃、笑、穿衣、成長、組成家庭、工作，也都喜歡有朋友相伴。

　　國籍也許能讓我們對相關特徵做出一些推論，甚至做出不錯的猜測。但世界上的人在很多方面既相同又不同，很多特徵其實跟國籍無關。我們的其他分類也是如此，尤其是我們生活中最重要的東西的分類——對人的分類。小孩或成人；都市或鄉村；政治人物或記者；民主黨或共和黨；小熊隊球迷或白襪隊球迷；基督徒或穆斯林；窮人或富人；女性或男性。大家認為這些分類非常重要。投票選擇和敬拜方式也許是重要特徵，可是，同一類別的人彼此之間還有很多不同，不同類別的人之間也有很多相似之處，而且不相關的特徵可能比少數相關的特徵重要得多。不過，分辨細膩的、漸進的幅度變化，的確比大而化之地分門別類困難得多。明辨幅度需要考慮的東西太多，分類就簡單多了。但請小心認知第一定律：**好處必有代價**。

　　瑞典卡羅林斯卡學院（Karolinska Institute）的漢斯‧羅斯林（Hans Rosling）[4]，這位備受敬愛的醫生和全球衛生教授，看到大家對世界的狀態有

4　編註：台灣已翻譯出版漢斯‧羅斯林與人合著的《真確：扭轉十大直覺偏誤，發現事情比你想的美好》與《我如何真確理解世界：漢斯‧羅斯林的人生思辨》。

很多誤解，甚至連傑出的世界政治和經濟領袖也不例外，他感到相當愕然。他在TED演講中說了近期世界經濟發展的故事，這些變化令人驚艷，精采得像是一場激烈進行的足球賽。這段影片很快就在網路上竄紅。人對經濟和社會發展的很多誤解來自分類式思考，尤其是把世界分成貧富兩半，以為窮國缺乏電力、教育、乾淨的水或醫療照顧，而富國不但全數皆備，還擁有更多。世界上的國家非窮即富，沒有中間地帶。錯！高教育程度的人嚴重高估世上貧窮的比例，沒跟上最新發展，錯把60年代的世界實況當成21世紀的世界現況。他們也沒看到窮有程度之別，不能簡單分成「窮」和「不窮」。羅斯林用兩種方式幫助大家看見幅度，而不囿於分類。首先，他把世界分成四類而非兩類，用級數（level）來區分，凸顯幅度的變化，不把世界框進兩個僵固的類別。其次，他使用生動的描繪，把世界人口畫成人形，每個人形代表10億，總共7個人形。富裕級數以圖片呈現，顯示每個級數的人怎麼取得用水、怎麼在世界上移動、怎麼煮食，還有吃的是什麼。第一級的生活確如我們對赤貧的印象：一日所得1到2美元，步行到河邊用桶子取水，自耕自食，收集柴火煮飯。可是到2017年，全球70億人裡只有10億人在這個級數，不像大多數受過教育的人以為的那麼多。第二級的30億人每天賺4美元，以腳踏車代步，用燃油罐煮食，耕種所獲多於所食，吃的東西不乏變化；更重要的是：包括女生在內，孩子們能上學。第三級的20億人每天賺16美元，有自來水和電力供應，以摩托車代步。他們可能需要做多份工作，但孩子能上中學。至於第四級，我想我們很熟悉了，因為我們就是第四級這10億人。請注意升級關鍵是移動方式，從世上某個地方到另一個地方的方式：從步行到腳踏車、機車，再到汽車。

羅斯林用兩種深具說服力的方式，修正分類式思考和誤解，而這兩種方式都深植於空間認知（spatial cognition）。第一種是運用數量不大的級數取代二分分類。四個分類很適合短期記憶，雖然記住多項細微遞變很難，但我們

記得住四個。第二個方法是運用讓人眼睛一亮的圖像，幫助大家了解層級內容和數字。羅斯林的方法也許也能用到別的地方，協助我們在生活其他領域消除誤解，進行幅度式思考。

我們還能從羅斯林的分析中學到另一課：經濟流動和空間移動相關。在空間中移動不但能開啟經濟可能性，也能開啟學習更多空間途徑的機會，開啟與新觀點相遇的機會，開啟認識新的人、地、物的機會，開啟學習與這些人、地、物互動的機會。簡言之，在空間中移動讓我們有機會提升讓生命更值得的各種福祉。

VI. 心智蓋過感知：不確定、假設與確認偏誤

回來談我們對周遭世界的感知。各種改變視盲的例子告訴我們兩個重要現象：第一，我們以為自己收入眼底的是生動、清晰、一致而完整的世界圖像；第二，其實我們並非如此。在很多例子裡，立即印象依據的是推論，而非感知。如果是廚房，會有流理台和冰箱；如果是教室，會有桌椅和黑板。看似合理的推論，暫時取代我們對每個領域的直接認識。由此我們可以導出認知第四定律：心智能蓋過感知。

換句話說，心裡以為的能推翻實際感知到的。用更具綜合性的方式說，假設能蓋過感知。我們先來看一個令人驚訝的實驗，關於人對常見物體的感知。這個實驗是很多年前作的：讓學生看一些常見事物模糊、失焦的相片，請他們猜看到了什麼。實驗者邊讓相片逐漸對焦，邊請學生不斷猜測。另一組人則是看對焦的相片。當然，你會認為邊看邊猜的那組能更快認出相片裡的東西，甚至在完全對焦之前就能認出——實則不然。看模糊照片的人往往會對自己在看的東西產生錯誤假設，而錯誤假設妨礙他們認出該物體。研究人員推測，看的人一直照自己最初的假設，詮釋他們看到的東西。

跟很多感知現象一樣，「假設壓過事實」這種現象不只發生在認知

（cognition），也發生在感知（perception）。我們抱持的假設（或推測、信念），會扭曲我們對事實和所見的詮釋。我再舉另一個例子（當然，相關例子還有幾十個可講）。這個經典實驗是這樣：問普林斯頓（Princeton）和達特茅斯（Dartmouth）的學生，對兩校之間的一場橄欖球賽有何看法。那場球賽打得粗暴，有很多次罰球和幾次嚴重受傷。被問到誰先開始讓比賽如此不堪時，百分之86的普林斯頓學生認為是達特茅斯開頭的，但這樣認為的達特茅斯學生只有百分之36。同樣地，雖然有百分之93的普林斯頓學生認為，這場球賽打得粗暴又骯髒，但只有百分之42的達特茅斯學生這樣認為。後來再讓他們看這場球賽的影片，普林斯頓學生判定達特茅斯隊犯規的次數，竟超過達特茅斯學生判定次數的兩倍。看到這樣的結果，我們無可避免會以為，他們看到的比賽不是同一場。

從這個研究之後，還有很多研究顯示：我們的起點（我們的觀點或假設）會扭曲我們自己的感知。我們很容易注意到支持我們假設的證據，但對於反駁我們假設的證據，就不會那麼注意。在我們發現反證時，我們可能對它七折八扣，用「異常」把它解釋過去。我們常常會犯**確認偏誤**（confirmation bias）——**每個人**都是如此。我們積極尋找能確認我們假設的證據，忽視反駁我們假設的證據，而且即使在那個假設與自己無關時，也是一樣。收集能證明某個主張為真的證據，似乎是了解這個主張的關鍵步驟。比方說遠遠地看，那個人是我們多年沒見的堂哥嗎？身高對，髮色對，身材也對。我們聽說朋友遇到很奇特的事、看到政治人物的新聞、讀到科學新發現——那是真的嗎？我們會先找跟那個堂哥的長相一致的證據，或是符合那個消息的證據。在我們對一項主張稍具信心之前，我們沒辦法開始反駁它。以尋找確認證據為起點，是有道理的：如果根本找不到任何確認證據，那個假設就該拋棄。可是，我們不該為尋找確認證據盲目，不去找可能推翻這項假設的證據，或是在遇到這些證據時輕忽錯過。這樣做結果堪慮。

在檢視過幾十個證明或反駁確認偏誤的實驗之後，有位學者這樣總結：

最後，我認為確認偏誤無所不在，而且很強。我也檢視了我認為能支持這個主張的證據。好思辨的讀者當然會想到一種可能：你這樣做本身就是確認偏誤在發揮作用。我很難排除這種可能性；要是我這樣做，等於否定我認為是一般規則的規則是有效的。

我們自然而然會尋找對自身假設的支持，自然而然會忽視反證，這種傾向在感知中隨處可見。感知如此，思考亦然。**認知第五定律：認知反映感知。**

我們會一次又一次地回到這個主題。空間思考反映在抽象思考、社會思考和認知思考之中，反映在對行動動機的思考之中，也反映在對藝術和科學的思考之中。不論領域為何，思考就是思考，而空間思考是我們存在的核心。拿食物放進嘴巴，在世界裡找路，完成生活中必須完成的日常瑣事，整理自己的東西，在世界上移動。我們遠遠不是完美的空間思考者，我們沒辦法感知一切──世界上東西太多，事情也發生得太快──所以我們依靠可靠的推論。我們沒辦法保證自己的推論和判斷正確無誤，因為我們的大腦和身體並沒有內建客觀測量工具。

因此，我們必須依賴機制，只不過它們既不完美，可能也會扭曲真實。我們在身體和身體周遭空間的表徵裡看到這點，在更廣大的世界的表徵裡還有更多偏誤。但即便如此，我們的空間思考能力還是比抽象思考能力好得多，我們的空間思考經驗也遠多於抽象思考。抽象思考本身就困難得多，好在它常常能以某種方式對映（be mapped onto）到空間思考。空間思考便透過這種方式，代替和支撐抽象思考。

VII. 人、地、物

我們周遭圍繞的，是對我們生活最重要的人、地、物。它們構成我們的生活事件的背景。我們從不認識的人裡分辨出認識的人，從他們的表情和身體來猜測他們在想什麼、做什麼、有什麼感覺。我們懂得怎麼和周遭物體互動——它們會讓我們知道該怎麼做。我們知道在身邊這些地方可能有哪些物體、可能需要採取哪些行動。大腦有辨別人、地、物的專門區域，我們稍稍一瞥就能認出它們，連眼睛都不用動。腦和心都喜歡分類。分辨分類比分辨幅度容易得多。令人驚訝的是：分類帶有非常多的意義，光從表面都能得到很多資訊。臉和身體顯示出身分、情緒、意圖、動作和溝通。「物」帶有環境賦使（affordances）——它們能為我們做什麼？我們又能用它們做什麼？「地」告訴我們它們是哪裡，還有我們能在它們裡做什麼。意義不需語言便可傳達，而且傳達速度快到言語跟不上。我們用這份意義來了解正在發生什麼，還有自己的行為該怎麼協調。我們也用這份意義來想像從未出現的情境。正如意義可以不靠言語傳遞，思考也能不靠言語進行。理查・費曼（Richard Feynman）小時候就得到了這份洞見：

> 我是在法洛克威（Far Rockaway）長大的，有個朋友叫伯尼・沃克（Bernie Walker）。我們都在家裡弄個「實驗室」，做各式各樣的「實驗」。大概是十一、二歲的時候吧，有一天我們正討論什麼事，我說：「思考不過是在心裡跟自己說話罷了。」
>
> 「是嗎？」伯尼說：「你看過車子的曲軸吧？奇形怪狀的？」
>
> 「知道啊。所以咧？」
>
> 「好喔。那你現在告訴我：你跟自己講話的時候，是怎麼形容它的？」
>
> 我就這樣跟伯尼學到：思考既可以是言語的，也可以是視覺的。

3 此地，此時；那裡，那時：
我們周遭的空間

Here and Now and There and Then:
The Spaces Around Us

在這一章裡，我們檢視身體周遭的空間和辨識方位（navigation）的
空間用哪些方式表現在心和腦，並提出這本書的假設：空間思考
是抽象思考的基礎。

I. 我們周遭的世界

　　認識我們周遭的空間似乎不難——只要看它一眼就行了。它就在眼前。
可是我們的頭一直在動，眼睛一直在動，身體也一直在動。隨著視線和身體
移動，我們周遭豐富的世界不斷在變。即使我們一時見不到它，還是認得那
個雖然現在不在眼前、但曾經在我們視線之中的世界。我們知道它在哪裡，
也知道它裡頭有些什麼。你也許不用看都知道你的背後現在有什麼。坐椅子
的時候，你不會回頭確認椅子的位置；上下樓梯時，你不會一直盯著腳看；
回家拿你忘在櫃子裡的雨傘時，你不必翻箱倒櫃，只需伸手一掏——因為在
這些時候，你依仗的是心中的世界，而非眼中的世界。當我走在曼哈頓中城，
有人問我卡內基音樂廳該怎麼走（我真的被問過！），我忍住開玩笑說「勤
練就進得去」的衝動，跟對方解釋方向，儘管我從那裡根本看不到卡內基音
樂廳。心中世界跟眼中世界不一樣，心中世界像骨架，不像眼中世界那麼精
確又細節豐富。「什麼東西在我們周遭世界的什麼地方」這種感覺，是以心

理空間框架（mental spatial framework）的形式記在我們心裡。在我們移動時，這個框架跟著更新；當我們的經驗擴大，它也跟著擴大。

　　心創造也承載好幾種空間框架（spatial framework）。跟書架、櫥櫃、火車網和道路網等實際生活框架一樣，心理空間框架的格式能一用再用，對它們的規劃也能一改再改。心理空間框架能用來儲存和組織概念（idea），任何一種概念，不限於地點或地標概念。認知第五定律「認知反映感知」的必然結果是：空間心理框架能組織概念。任何概念都可以。

　　空間框架是三維的，位在這個基本框架中心的是你，或者說是你的「線條人形」（stick figure）。空間框架是以身體為中心的框架，代表的是身體周遭與身體有關的東西，而不是與整個外在世界有關的東西。心創造出心理空間框架，創造出想像的人形（從身體前－後、頭－腳、左－右三個軸延伸出去），並把身體周遭的東西掛在這些延伸出去的軸上。當身體移動、轉身，心理空間框架也跟著更新。它跟著你變化。

　　你在你的空間框架的中心，也知道你周遭與你身體有關的一切，可是，這不代表你不能跳出自己的空間框架而進入別人的，也不代表你無法採取別人的視角，恰恰相反——正因為我們很能記得自己周遭的東西，我們也很能跳進別人的框架、很能採取不同的空間視角，即使那與我們習以為常的相悖。我們只要把不同的東西掛在這前－後、頭－腳、左－右的框架，就能進入不同世界。正因如此，即使你不在辦公室、也不在家裡，你還是能向別人解釋從你辦公室到你家要怎麼走。

　　空間框架讓我們能採取純屬想像的視角。在你隨著小說內容在心裡上演情節時，心就是在做這樣的事。我們能將讀到的文字在心中搬演，其實正證實了我剛剛提出的強烈主張。讀到這裡的你當然感到好奇：證據呢？證據就在實驗裡。

　　我們從兩個答案有交集的問題開始。我們想知道環繞身體的世界在心中

的模型，我們也想了解只由文字創造的心像（mental imagery）的本質，亦即你閱讀時在心中上演的戲。在這個實驗之前，對心像的研究大部分從圖片著手，而非文字。對心像的研究大多把焦點放在東西、動物、物體等等的視覺圖像（visual image），很少把焦點放在空間想像（spatial imagery）。可是天生失明的人可能空間想像出色，卻毫無視覺想像。研究由語言創造的空間心理模型，比研究由圖像創造的心像更有挑戰。我們為實驗而寫的故事雖然不如暢銷書那麼精采，但能發揮效果。我們描繪了好幾種環境（博物館、歌劇院、建築工地等等），先把「你」放進裡面，再把其他虛構人物擺到裡頭。每則敘事都把「你」放在泡泡中間，你的上、下、前、後、左、右都有東西。

　　以下是我們其中一則敘事的開頭。雖然我在這裡有標出重要物品，但在實驗受試者讀的時候，它們並沒有標出來。

　　你在歌劇院裡跟人談得熱絡。你今晚來這裡和上流社會幾個有趣的人碰面，與他們相談甚歡。你現在站在寬敞、高雅的包廂欄杆旁邊，位置正可俯瞰一樓。你正後方眼睛高度是一盞裝飾華麗的燈，接在包廂牆上。接在牆上的燈座有鍍金。在你正前方，一面大銅匾就鑲在包廂旁邊的牆上。那是獻給設計這座歌劇院的建築師的，上面除了他的浮雕像之外，還有短短幾句介紹他的話。你右手邊的架子上放著一束美麗的花⋯⋯

　　受試者認識環境之後，我們讓各種版本的敘事輪番上陣，請他們在那個地方倒立、在地上滾等等。他們不必筋骨多柔軟，畢竟這只是想像。值得注意的是，他們認識環境並無困難（更複雜的環境也招架得住）。想像自己在裡頭移動，並在移動的同時知道身邊有哪些東西，對他們來說也不是難題。每個動作做完之後，我們會問他們哪個東西現在在身體哪個方向。現在前面

是什麼？你頭部上方是什麼？你的右邊是什麼？小事一樁。即使他們是在想像空間裡移動，他們還是很容易知曉周遭有什麼東西，很少出錯。我們更感興趣的是：他們多快能掌握各個方向的東西？我們的敘事對位置保持開放，東西的位置是用擲硬幣決定的，但我們猜測：人對身體某些方向的東西掌握得更快。雖然我們有問他們是怎麼做到的，但他們回答得模模糊糊，很多時候還自相矛盾。無論如何，身為科學家，我們相信他們的資料能說明他們的心如何運作，而這些資料確實透露不少訊息。

進入資料之前，我們先談談理論。如果空間思考跟數學思考一樣，那麼每個方向應該是等位的（equipotential），人對身體的每個方向應該掌握得一樣快。可是空間思考跟數學思考不一樣，所以人對身體的有些方向會掌握得比其他方向快。至於哪些方向更快？就取決於身體的不對稱、世界的不對稱，還有身體之於世界的位置（alignment）的不對稱。身體有三條軸，每條軸在感知和動作上都與彼此大不相同。「前－後」和「頭－腳」這兩條軸明顯不對稱，在感知和動作上都是如此。當然，「前－後」似乎更為重要，因為它分開易感知、易操作的世界，以及看不見、難互動的世界。我們的眼睛朝前，耳朵和鼻子也是。手和腳也是。除非你是技法爐火純青的魔術師，否則我們的手和臂更熟悉在身體前方做事，而非在背後做事。同樣地，後退走比向前走笨拙。我們的頭雖然可以轉動，但有其限度，如果你想看後面的東西，就非得整個身體轉過來不可。因此，不論是接收資訊或做出動作，不論是感知或行動，都是不對稱的——偏向前方。排在「前－後」軸之後的是「頭－腳」軸。「頭－腳」軸更不對稱，但不像「前－後」軸那麼強烈。我們的頭有非常多感知器官（眼、耳、鼻等），位在身體頂端。在空間中移動是由腳控制的，大多數人不會花太多時間用手走路。最後是「左－右」軸。大體而言，我們的身體左右對稱：兩隻手，兩條腿，軀幹對稱，臉孔對稱。的確，世界上大多數人是右撇子，而不論世界上慣用左手還是右手的人更多，

慣用手都很重要。但抬重物需要用兩隻手和兩條手臂，走路需要兩隻腳和兩條腿。在一切條件相等的情況下，人認得最快的，應該是位在最明確、也最顯著方向的物體。

可是一切條件並不相等。純粹從身體論身體的話，最快的應該是「前－後」，「頭－腳」次之，「左－右」最慢。然而身體位在世界之中。世界雖然也有三條軸，但只有一條不對稱──受重力擺佈的「上－下」軸。重力當然給身體設下龐大限制，影響我們的外型、影響世間萬物的外型、影響我們的行動、把我們拉向地面，也讓上坡比下坡更費力。在我們直立而非躺在沙發、賴在床上的時候，我們第二明顯的軸──「頭－腳軸」──是與重力一致的。在「頭－腳」軸與重力一致時──在我們直立的時候（提醒：這裡是在想像裡直立）──我們最快掌握的，是上方和下方的東西，接著是前方和後方的東西。最容易弄混的是「左－右」軸，最慢的也是。可是在我們躺著翻滾時，沒有任何一條身體軸與重力一致，這時我們反應最快的是前方或後方的物體，接著是頭或腳的位置的東西，最慢的是左邊或右邊的東西。

II. 變換視角

既然這種實驗方式管用，我們決定進一步發揮。我們又寫了一些敘事，但這次是把東西放在無生命物體（如冰箱）周遭，而非人的周遭。受試者採取冰箱的視角並無困難。我們的故事現在有兩個泡泡，把不同的東西放在兩個不同角色周遭，再請受試者分別採取任一角色的視角。受試者非但沒有把哪個東西在哪個角色旁邊弄混，而且在角色方向改變時，他們還是能知道哪些東西在哪裡。我們請受試者採取圖示中線條人形的視角，又把荷馬·辛普森（Homer Simpson）玩偶擺在他們眼前。對他們來說還是不難。雖然有些版本的時間模式略有差異，但都在可預期範圍，也是可以預測的。我們的重大發現是：人能輕易在想像中採取很多不同視角，甚至是冰箱的視角，連眼前

有荷馬‧辛普森的玩偶都應付裕如。

　　不過，這些研究和發現都是在想像之中。我們接下來要問的是：當參與者處在就在四周的真實環境時，會有什麼結果呢？答案要視環境是全新的或已經認識的而定。人第一次進入新環境時（該環境是在實驗室裡仿造的），需要看看哪個東西在哪裡，才有辦法回答前面是什麼、上面是什麼、左邊是什麼等等。在看的時候，答得最快的是跟他們觀察位置最近的東西。處在新環境時，他們最快回答的是正前方的東西，然後是90度的東西、頭上的東西、腳下的東西、左邊或右邊的東西，最慢的是背後的東西。不過，人認識環境很快，馬上不用看也知道哪些東西在哪裡。他們這時答得更快，模式也和靠語言認識環境的人吻合：「頭－腳」最快（因為不對稱加上重力），「前－後」次之（因為不對稱），「左－右」最慢。

　　這個例子再次證明認知第四定律：心智能蓋過感知。即使答案就在眼前，我們也不一定會看。記憶蓋過感知。有時候，在心裡找資訊的速度，快過在世界裡找資訊。

　　環繞線條人形物體框架的泡泡是可以移動的。它不但不會把我們關在自己此時此地的視角裡頭，還能讓我們進入另一個時刻和另一個地點。只要我們能把物體和地標掛上合適的附加物（appendage），它就能讓我們換上各式各樣的視角，不論是想像的或現實的。它讓我們能換上正前方另一個人的視角，即使那與我們的衝突。我說一個能證明這點的實驗。我們讓受試者看一張像〈圖3.1〉這樣的照片（姑且叫照片中這位年輕人派翠克）：派翠克坐在桌前，他的右手邊是一瓶水，左手邊是一本書，他注視著書。

　　他的左手手掌朝下，停在書上。我們問受試者：「相對於水瓶來說，他把書放在哪裡？」我們感興趣的是他們會答「左」（從派翠克的視角來看），還是答「右」（從他們自己的視角來看）。很多理論家和一般民眾都說（或以為），人會以自我中心的視角為主，因為採取別人的視角不甚自然，耗費的

圖 3.1 ｜「相對於水瓶來說，他把書放在哪裡？」

精神也比較多。在直覺上，這種看法確實有說服力，畢竟我們是透過自己的眼睛看世界、從自己的身體體驗世界，我們習於採取自我中心的視角。雖然虛擬實境讓我們有機會從別人的視角、別人的自我看世界，但即使在那種時候，我們採取的還是單一視角。然而，儘管理論和直覺都做此想，很多人也言之鑿鑿，但更多受試者採取的是派翠克的視角，而非自我中心的視角。答「左」的人比答「右」的人多，好像他們置身於派翠克的位置，而非自己的位置。由於分辨左右較為困難──受試者其實經常出錯──因此他們自動顛倒左右的作法，更令人印象深刻。關鍵似乎是動作。在問題裡沒提到動作時（「相對於水瓶來說，書在哪裡？」），雖然還是有很多受試者採取配翠克的視角，但人數比之前少。如果畫面裡沒有派翠克，大多數受試者會採取自己的視角。在 64 位受試者中，雖然還是有兩位似乎採取相反的視角，但我們認為他們比較可能是左右弄混了。

　　光是看別人的動作，就能引導我們採取他們的（空間）視角。我們第一

77

章介紹過的鏡像系統研究顯示：看別人的動作會在觀看者的身上引起共鳴。換句話說，內化別人的動作是我們內建的能力。不過，轉換視角不只是如此而已，它更是把你自己放在行動者的位置。看別人的動作之所以能引發視角轉換，關鍵原因有二。首先，我採取你的視角，可能是為了了解你的動作，好讓自己能做出同樣的動作。我們藉著觀察、甚至模仿別人，而學到很多不同動作，從網球發球到操作售票機都是如此。第二，我採取你的視角，可能是為了了解你的動作，好讓自己準備好相應的動作。你拋東西給我？那我伸手去接。你丟東西打我？那我最好躲開。

III. 攤平框架：地圖

雖然以身體為中心的框架是可以移動的，但它有它的限制，而演化很久以前就已注意到這項嚴重限制。以身體為中心的框架，把物體和地點放在相對於你——框架中間的線條人形——的位置，而不是放在相對於彼此的位置。以身體為中心的框架是自我中心的。如果要用更開闊的方式思索空間，我們必須把自我拿出空間，形成他中心表徵（allocentric representation）。自我中心的身體中心框架有其用處，它能讓你在移動時知道哪裡有什麼，讓你能採取別人的視角，讓你能想像其他視角和其他地方。可是對於呈現物體和地點（相對於彼此）在哪裡，它並不是有效率的方式。當然，我們能知道物體和地點相對於彼此在哪裡，大鼠和其他生物也做得到——方法是把這個框架攤平到平面，並挪開線條人形。攤平的框架像地圖一樣，既吞沒中間的線條人形，也吞沒高度（垂直維度）。不過，我們心中這種攤平的框架，其實更像簡要的地點網狀圖，而非手機上的 GPS 地圖，而網狀圖並沒有顯示地點之間的距離和方向。我們接下來會看到：心在攫取距離和方向等資訊時，有時候會簡化和扭曲。

人類最偉大的成就之一是創造出地圖，以迷你方式呈現廣大到無法從一

個地點看到的空間，把這個空間抽象、縮小，將這張縮圖以虛擬圖像放進真實世界裡。我們對世界的經驗主要來自環繞我們的泡泡，這個泡泡裡是周遭與我們有關的東西，它隨著我們移動而不斷更新。不過早在幾千年前，人類就已開始創造沒有自我的地圖，這些地圖以宏大的視野，描繪地點和路徑相對於彼此的樣貌（即攤平的框架），這種視野帶來遠遠無法從單一地點看見的景致。這些經驗部分來自移動的泡泡，但其他部分可能間接來自別人的說法或簡要地圖（sketch map）[1]。

　　最新、最新的東西會不斷改變，這是眾所皆知的事。但大家很少察覺：最古、最古的東西也在不斷改變。每當發掘出新的考古遺址，我們所知最古的地圖就又朝過去推進一步。我們當然不太可能找到真正「最古」的地圖，因為它們或許是拿樹枝和石頭擺的，畫在沙地上，或是用手指在空中比畫，不可能留存下來。能留存下來的是夠堅固的，或是刻在石上，或是畫在洞穴牆上。目前發現最古老的地圖是石刻的，位在西班牙北部的一個洞穴裡，年代是一萬三千六百年前，遠比書寫語言古老。你可以翻到第八章看看（圖8.2）。由於它同時畫了地景（山、河流和路）和動物，我們猜測是打獵用的，也可能在說狩獵故事。不管是這幅地圖，還是之前爭奪「最古地圖」寶座的很多地圖，都有一個值得注意的特徵：它們同時呈現兩種視角，一是對道路、河川和山脈的概覽視角（overview），二是對環境、山脈、建物的重大特徵的正面視角（frontal view），在這個例子裡，它畫的是動物。從歷史上到現在，很多地圖都是如此。雖然它們達不到製圖學的正式標準，但似乎講出了描繪的地方的故事，進入和離開不同地點的故事。它們還能用來說很多故事。

1　譯註：這個詞之後經常出現，指只畫出重要路線和地標的地圖。

Ⅳ. 腦中地圖：空間及其他

地圖存在於外在世界，也存在於大腦之內。我們現在從心——從生物的思考、判斷和行為——轉向腦，轉向支撐這些思考、判斷和行為的神經基質。心和腦幾乎不可能分開，它們透過行為相連。我們是藉著把大腦看成複數的有機體（organism）在運作，才能一窺這些神經基質的作用。現在來看一個重要例子：辨識方位的神經基礎。這能讓我們從現實的空間（real spaces）轉向概念的空間（conceptual spaces）。

幾十年前，神經學家學會如何將微電極放入個別神經元，記錄誘發它們活動的是什麼。科學家經常對大鼠這樣做，裝完裝置後再讓大鼠自由走動，讓牠們忘記頭上接著裝置。大鼠在窩裡生活，又要外出覓食，所以牠們必須隨時知道自己在哪，還有怎麼從那裡回窩。關鍵要素是空間——怎麼認出環境中穩定不變的點以及各地點的空間陣列（spatial array）呢？還有，怎麼從一個地點到另一個地點？從大鼠海馬迴和旁邊內嗅皮質（entorhinal cortex）的神經元得到的單一細胞紀錄，我們兩個答案都找到了：我們發現了回應前一種空間的單一細胞，也找到了對應後一種地點的空間陣列的細胞空間陣列。1970年代以後的幾十份研究證明：當大鼠身在牠們探索的區域的特定地點時，牠們海馬迴裡的細胞會激發（fire），有些細胞為這個地點激發，另一些細胞為那個地點激發。

不過，位置細胞（place cell）在海馬迴內並不是依空間組織的（spatially organized），所以海馬迴能否作為認知地圖（有人這樣主張），我們還不清楚。到了1990年代，研究發現：大鼠大腦裡按空間組織位置細胞的細胞在海馬迴邊邊，而且與海馬迴緊密互動——在內嗅皮質裡。這些細胞叫網格細胞（grid cell），因為它們鋪在二維表面上，像地圖的網格，而且這些細胞激發的模式像網格。在網格細胞上建立地點的空間布局的，是運動——是大鼠探索

環境時蹦蹦跳跳的小腳。在這種時候，網格細胞發揮地圖的作用，讓大鼠能以任何順序從一個地點到另一地點。網格的邊界與目前正在探索的環境裡的自然邊界是對應的。大鼠探索新環境時，網格細胞組可重新使用，將那些地點的新邊界和位置繪成地圖。這些邊界能作為其中那組地點的參考框架，而參考框架和它所支撐的陣列一直在變化。當下活躍的網格細胞組是依地方環境定位，而不是（有些宣傳暗示的）依世界的座標定位。重點是：網格細胞可以重新使用、重新調整、重新定位。

發現位置細胞和網格細胞的成就，讓約翰‧奧基夫（John O'Keefe）、梅－布里特‧穆瑟（May-Brit Moser）和愛德華‧穆瑟（Edvard Moser）拿下2014年諾貝爾獎。奧基夫和林恩‧納德爾（Lynn Nadel）對位置細胞和頭向細胞（header cell）做出開創性研究（頭向細胞會回應大鼠的頭的方向），這兩種細胞都位於海馬迴。穆瑟夫婦是奧基夫實驗室的博士後研究員，他們主持網格細胞的研究。

描繪地方認知地圖的網格細胞會在人探索環境時活化，在探索掃描器裡的虛擬世界時尤然。事實上，在很多哺乳類動物身上，描繪認知地圖的網格細胞基質似乎很像。重要的是：網格細胞中的空間表徵（spatial representation）是地點對地點的、沒有自我的、他中心的，而這種空間的他中心表徵從一開始就被創造出來，甚至從嬰兒期就開始創造。

位置細胞和網格細胞這兩個要素既造成空間迷向，也促成空間定向。少了其中任何一個都會導致迷向，因為認出周遭環境要靠位置細胞，了解周遭環境如何與更大的世界契合，則要靠網格細胞。

另一個極端是超級定向（super-oriented）。倫敦計程車司機堪稱箇中翹楚。倫敦是一座都市發展紊亂無章的城市，街道錯綜複雜，串起以前曾是幾十座村落的地區。想在倫敦開計程車，你必須從超過兩萬五千條街道中記住起碼320條基本路線，其中包括超過兩萬個地標，一般人通常要花兩到四年

密集學習才能掌握。這種密集學習改變了大腦！有一份相關研究後來成為新聞焦點：隨著執業年資增加，倫敦計程車司機的海馬迴後部越來越大。

演化喜歡給舊結構添加新功能。請想想嘴巴：嘴巴本來是用來進食的。雖然我們現在還是用它吃東西，但用它講話的時間可能更多。我們很多人學會吹口哨，有些人還會唱歌或吹笛子。因此對大腦來說：舊結構不只在演化過程中得到新功能，在個體發展過程中也是如此。大鼠的海馬迴和內嗅皮質主要是用來辨識方位、記憶地點，還有記憶地點之間的路線。人類的海馬迴、內嗅皮質和其他鄰近皮質結構，雖然也是用來記憶地點和組織地點，但不同亞區（subregion）也用來記憶和組織其他很多事，包括我們生命中的事件和概念之間的關係，不論是具體的概念和關係，或是抽象的概念和關係。

關於這些結構在形成新記憶中的角色，H.M.的悲劇為我們提供了很豐富的資訊。1953年，為了控制H.M.的癲癇，醫生們切除了他大部分的海馬迴、內嗅皮質，以及相鄰的其他大腦部位。神經學家當時對這些區域還不夠了解，結果為H.M.帶來嚴重傷害：他不再能形成新記憶了。對他來說，每天、每時的每一件事都是新的。不論見過某人或某地多少次，他都不認得。他餘生都需要人照顧，跟他腦部受傷動手術前一樣。

海馬迴和內嗅皮質對記憶過去非常重要，而記憶過去又對計畫未來非常重要。同樣的區域既用來記憶過去，也用來計畫未來，因此這些區域若是受到傷害，不只會影響回溯性記憶（retrospective memory），也會影響前瞻性記憶（prospective memory）。這並不是說計畫未來必須要有過去的特定資訊，畢竟我們可以為從沒去過的地方做旅行計畫。我們之所以對這些大腦結構產生雙重依賴——既依賴它們記憶過去，又依賴它們計畫未來——很可能是因為：這些大腦區域既要組織和呈現資訊的不同項目，又要用有意義的方式整合它們。

V. 從認知地圖到概念地圖

我現在要提出一個大膽的神經學推測。我承認，這個推測過度簡化得近乎無恥，它只把焦點放在大腦的一小部分，儘管牽涉其中的部分一定還有很多很多。在人類身上，海馬迴和內嗅皮質的功能擴大、分化，不只描繪（represent）地點和空間，也描繪時間裡的事件。最近的研究甚至發現，它們還有更大的角色：它們能描繪聯結空間（associative spaces）和概念空間（conceptual spaces）。它們之所以既能描繪不同的現實空間，後來經過演化又能描繪抽象空間，有兩個關鍵事實——一個與位置細胞有關，另一個與網格細胞有關。海馬迴裡的位置細胞是個別描繪整合的特徵組（integrated sets of features）（不論是地點、事件、計畫或概念），不管它們彼此之間的關連。網格細胞則是描繪這些地點或概念之間的關係，不論這些地點或概念是空間上的、時間上的或概念上的。網格細胞和網格紙一樣，是能再次利用、再次繪圖的模版。是的——供空間思考之用的同樣的神經基礎，也供抽象思考之用。這就像說：海馬迴為地點或記憶或概念創造棋子或標誌，而內嗅皮質則提供棋盤來排列它們在空間中的關係。值得注意的是，網格細胞的排列（棋盤）是二維平面，這或許是大多數人覺得三維思考很難的原因之一。我再強調一次：人描繪現實空間中實際地點的那些大腦結構，也描繪概念空間中的概念。空間思考讓我們能抽象思考。

現在，我們終於能提出本書最關鍵、核心、根本的主張（鼓聲請下！）——**認知第六定律：空間思考是抽象思考的基礎**。請注意：是基礎，不是全貌。我們下一節來看第六定律帶來的一些影響，它們造成人類認知地圖中很多奇怪而常見的扭曲，而這些扭曲又反映到人的社會地圖中。至於抽象思考的空間基礎，則是本書後半部（第六章以後）的重心。

VI. 心中地圖：認知拼貼

　　位置細胞和網格細胞的研究令人振奮，它們強有力地顯示：大腦並沒有擺放認知地圖的抽屜，好在需要時可以隨拉隨用。相反地，認知地圖是快速地從分布大腦的各個片段（piece）被建構、再建構。網格細胞描繪相對於參考框架的空間關係（描繪個大概，並不精確），而這個參考框架會隨探索到的環境變化而不斷改變。

　　為了辨識方位和做決定，人的確需要收集大量千變萬化的片段。不過，人能用來建構超越自身探索、超越地點和網格細胞的心理地圖（mental map）片段，其實還有更多。人不但能運用他們造訪過的地點或走過的路的特定記憶，也能運用以語言描述的地點和路線，還有在地圖上以圖像描述的地點和路線。現在的人能用手機和擴增實境，以後的人不曉得還會用上什麼新玩意兒。人不只對自己的地區和國家會用空間簡圖（spatial schema，亦即對城鎮佈局的籠統認識），對別的地區和國家也會使用。

　　我有一次接連造訪布拉格和布達佩斯，突然發現這兩個城市的佈局是一樣的：有一條南北向的河，西岸是舊城區和城堡，東岸是「新」城區和新藝術美術館。我當然不能混用兩者的地圖來找城堡或美術館，可是我能靠整體印象知道它們的佈局。日本也有一套獨特的城市規劃方式：分成四塊，各取相當於西北、東北、西南、東南的名稱，每一塊又切成幾何狀的小單位，並有系統地命名。一旦你弄懂這套模式，你會發現他們的地址系統多聰明、多一目了然，與西方多不一樣。

　　在辨識方位、判斷距離或方向，還有畫簡要地圖的時候，人既有清楚明確的推論，也有隱而不顯的推論。這讓空間判斷和辨識方位跟解決任何問題一樣：先收集似乎相關的一切資訊，再試著找出箇中道理。

VI.1 空間思考，抽象思考

我們來看幾個參考值（proxy）。人用這些參考值判斷空間裡的距離和方向，也用這些參考值畫空間的簡要地圖。這些判斷之所以失準，並不是因為物理測量隨機錯亂，而是因為：我們用來做這些判斷的參考值和流程，有系統地扭曲了這些判斷——情況跟我們對身體的描繪一樣，也跟我們對身體周遭空間的描繪一樣。在判斷更為廣大、無法從一個地點看到全貌的空間時，我們也會產生這種偏誤。這種現象本身就很值得注意，而考慮到另一項因素之後，我們會發現這種現象更具意義：空間判斷的偏誤，直接反映在社會和認知判斷的偏誤，符合認知第五定律：**認知反映感知**。之前在討論身體周遭的空間時，我們提過：心創造出空間框架，以便記得東西相對於彼此來說在哪裡。這些空間框架基本上是網狀的，能用來記得各組概念的關係（概念空間中的概念，就像現實空間裡的地點）。同樣地，我們馬上也會看到：用於空間判斷的相同過程，對抽象判斷——社會的或認知的判斷——也會起作用。空間思考和抽象思考的這些類似之處，強烈支持本書的假設：空間思考是抽象思考的基礎。我在第六章會講得更仔細。

VI.2 旋轉（Rotation）

從一個人對空間的判斷、推論、決定，以及他們所畫的簡要地圖，我們可以得知他們對空間的認識。我們現在貼近一點看這些東西，找出它們隱含的意義。我們從兩個扭曲判斷的感知過程開始，這兩個過程深植於知覺組織（perceptual organization）的格式塔原則（gestalt principles）：**共同命運**（common fate）和**分組**（grouping）。共同命運原則以為有關的物體會朝同一個方向——如果其中一個歪了，全部都會歪。照共同命運原則，地理實體（geographic entity）的歪斜或方位會接近它的參考框架。對地理實體來說，參考框架是

環抱它們的架構（encompassing structure），在這個例子裡是正準羅盤方位（canonical cardinal directions）。這代表的是：心會在心理上將地理實體朝更接近它的參考框架的方位旋轉（這裡的參考框架是羅盤方位）。當然，世界不會變得合乎分組原則或共同命運原則，決定世界演變的是其他力量。剛好，從環抱地理實體的參考框架（羅盤方位）來看，很多地理實體是傾斜的。南美洲、義大利、紐約長島、舊金山灣區和日本都是如此。環抱地理實體的參考框架，也許是接近真實方位的參考值，但也只是接近而已。人們認為米蘭在義大利北部，拿坡里在南部——沒錯，不過，拿坡里雖然位在義大利的地中海側，卻比米蘭更東，甚至比位在義大利亞得里亞海側的威尼斯更東。

在地理並不符合共同命運原則時，心是否仍會使用共同命運原則？為查明這點，我們特別設計了容易讓人答錯的地理小測驗。其中一題是：找一群史丹佛學生，請他們畫從史丹佛（灣區西岸）到柏克萊（灣區東岸）的方向。我們還找了另一群史丹佛學生答另一題：畫從史丹佛（內陸）到位於太平洋岸的聖塔克魯茲（Santa Cruz）的方向。灣區相對於南北軸來說其實是斜的。儘管大家用的路線圖方位正確，報紙每天印的天氣圖也方位正確，但住在這裡的學生大多答錯。從多數學生畫的線看來，他們認為史丹佛在柏克萊西邊，聖塔克魯茲又在史丹佛西邊——兩個都不對。他們之所以答錯，是因為他們轉動了灣區的主軸，讓它變得比實際上更南北向。從羅盤方向來看，灣區其實幾乎呈對角狀，但我們的心把它朝南北軸轉，變得更接近直立。在一次對義大利聽眾的非正式測驗裡，我們請他們答拿坡里（義大利西岸）和威尼斯（義大利東岸）的相對位置，結果舉手認為拿坡里在威尼斯西邊的占大多數。他們答錯了，而且他們得知自己答錯時很驚訝，跟灣區居民得知柏克萊在史丹佛西邊、帕羅奧圖（Palo Alto）又在聖塔克魯茲西邊時一樣驚訝。

同樣地，人也會在心裡把南美洲轉成直的——它實際上看起來是斜的。我們給學生剪好的南美洲輪廓圖，請他們把它貼進長方形框框（上方是北

方），結果大多數學生把它貼成直立的（你也可以確認一下你的記憶）。我們接著又請他們看幾張新的、虛構的地圖，圖裡的地理實體相對於正準軸來說都是斜的。果然，在我們請他們回想圖中幾組城市的方向、或是憑記憶指出地圖方位時，他們轉動了方向，誤以正準軸為實際方位的參考值。我們也發現：給實驗受試者看狀似地圖的班點，他們也會犯同樣的錯。學齡兒童也是一樣，大人小孩都會犯這種錯。

VI.3 對齊（Alignment）

把類似的東西歸到一組，是格式塔的核心組織原則之一。位置相近的物體被看成一組，某些屬性（如形狀、顏色、大小）類似的物體也被看成一組。我們現在再來做個地理小測驗，它出自某個實驗：羅馬跟費城那個更南？如果你答羅馬，你的同伴很多，大多數人都答羅馬。他們的推理的確有理，可惜答案是錯的。不論是對這個問題或是對很多類似問題，大家似乎都靠感知推論，依位置遠近來分組。請看底下這兩行×，心把第一行的×分成兩組（三個一組），第二行的×分三組（兩個一組）。

×××　×××
××　××　××

在各組對得並不齊的時候，心會把它們當成對齊的，對「歐洲」、「美國」這樣的大地理區也是如此。心為它們分組，把它們沿東西軸對齊，儘管大部分歐洲比大部分美國更北。費城位在美國北部，羅馬位在歐洲南部，這也難怪人們認為費城應該比羅馬更北——實則不然。分組影響人們對南北的判斷，也影響人們對東西的判斷。因為心也會對齊美國和南美，所以多數人以為波士頓比里約更東：既然波士頓位在美國最東，里約卻在巴西凸出來的那

一塊下方，不是南美最東，所以波士頓應該比里約更東吧？實際上不是。這種把相近的地理實體分成一組的偏誤，叫**對齊**。

跟旋轉一樣，空間對齊也會以其他形式出現。我們拿兩張世界地圖給受試者看，一張是正確的，另一張的美國和歐洲對得更齊，問他們哪一張是正確的。多數人選的是不正確但對得更齊的那張。看南美洲和北美洲時也會出同樣的錯：一張圖是正確的，另一張圖的南美洲往**東**拉（或是北美洲往**西**拉），讓南美洲或多或少位在北美洲下方，多數人選的也是不正確但對得更齊的那張。

在記憶新的虛構地圖時，人也會犯旋轉和對齊這種錯；甚至在記並沒有被解讀成地圖的無意義斑點時，人還是會犯同樣的錯。人錯將新的虛構地圖或斑點記成更對齊的。在畫他們自己熟悉的環境的簡圖時，儘管他們穿梭其中的次數不計其數，他們還是把街道對得比實際上更齊，畫得比實際上更平行。儘管經驗充足，這些錯還是普遍地、反覆地出現

VI.4 層級組織

你或許已經注意道：分組——把相似的東西看做一組——基本上是把東西擺進各種類別（category）。雖然地理空間主要是平的，我們人類還是會給地理實體分組，把它們分入類別（如「洲」）或次類別（例如「國家」，再來是「州」，接下來是「城市」，然後是附近地區）。心（或政府）為平面空間建構出空間類別的層級。空間層級是分體（partonomy），不是分類（taxonomy），我們第二章討論過的物體、事件、場景等類別屬於後者。分體是「部分」（part）的層級，分類是「種類」（kind）的層級。城市是州的部分，州是國家的部分，就好像手指是手的部分，手是身體的部分。

我們之前看到：類別和類別的層級，有助於我們減少世界上的資訊量。我們不必個別地想每一顆蘋果、每一隻狗或每一次去雜貨店購物，我們能整

體性地思考蘋果、狗或去雜貨店。我們還可以往上一個層級，以水果、馴養動物和購物為類別來進行思考。分類之所以有效率，還有另一個理由：類別讓我們能做寬闊的推論。如果我知道蜜熊是動物，也知道動物會呼吸、生殖和移動，我就知道蜜熊會做這些事（如果你不清楚蜜熊是什麼：牠是哺乳類動物，有很長的舌頭，棲息地是中美洲和南美洲）。這種推理在處理新資訊時尤其重要。比方說你看到山竹果，老闆跟你說它是水果，你就知道它可能長在樹上，有籽、有皮、有可以吃的果肉等等。類別能讓我們有效率地組織相近事實、儲存相近事實，以及學習新事實。

分體和分類一樣，也有助於我們推論，但分體推論的是涵攝（containment），不是特性（property）。如果膝蓋是腿的一部分，腿又是身體的一部分，那麼膝蓋是身體的一部分。對於距離和方向，勘測員是直接測量，用的是平面空間，與空間分體無關。可是一般人不一樣，我們腦袋裡沒儲存能縮放的地圖（其實任何地圖都沒儲存），沒辦法直接測量，所以要拿空間分體當參考值。我們來看個例子——另一個小測驗。請注意：跟之前一樣，是系統性錯誤造成了這個現象。

雷諾（Reno）在聖地牙哥（San Diego）東邊還是西邊呢？這題不容易回答。跟之前一樣，我們心裡沒有完整而精確的地圖可以參考。但等等，有個簡單辦法可以推論：層級推理。什麼是層級推理？知道蜜熊是動物，就判斷牠會呼吸、吃喝、生殖，便是層級推理。判別雷諾和聖地牙哥方位的層級推理是空間的。大家似乎會這樣想：雷諾在內華達州，聖地牙哥在加州，內華達州在加州東邊，所以雷諾一定在加州東邊。推理得好！——可是錯了。更糟的是，這樣想的人占多數。（所以也許答錯了也沒那麼糟？）從州的位置推論城市的位置，從較大的類別推論較小的類別，在很多時候可能是正確的，可是在推論雷諾和聖地牙哥的方位上不適用。問題出在加州南部岔向東邊，所以，位在內華達州西北的雷諾，比位在加州南端的聖地牙哥更西。

　　這帶出認知第七定律：**心會填進遺漏的資訊。**

　　空間類別既被用來當估計距離的參考值，也被用來當估計方向的參考值。同一個空間組別（如州或國）的兩個位置的距離，會被估計得比不同空間組別的兩個位置的距離更短，即使我們故意從不同組別挑兩個距離很近的位置（甚至比同一組別的兩個位置距離還近），也是如此。

　　你也許會想：既然層級組織思考會系統性地造成錯誤，應該只有新手會仰賴層級組織思考，專家不會。事實上，專家（好比經驗豐富的計程車司機）對他們穿過的環境的層級知識，比新手更細膩也更好。這並不代表專家犯的錯會比新手更多，因為他們也培養出很多弭平錯誤的方式。層級知識不是決定路線或估計距離的唯一辦法，專家還有很多法寶。

　　值得注意的是：「把組內差異估計得比不同組的差異要小」這項偏誤，也會發生在以功能而非空間劃定、根本沒有空間完整性（spatial integrity）的組別之間。在密西根大學所在地安娜堡（Ann Arbor），大學樓舍散布在跟大學沒有關係的商業建物之間。可是安娜堡的學生估計距離時，對同屬大學樓舍或同屬商業建物的兩個地點的距離，會估計得比分屬大學樓舍和商業建物的兩個地點的距離更短。類似的情況也發生在以色列：不論是巴勒斯坦人或猶太人，對同屬巴勒斯坦區或猶太區的兩個地點的距離，都估計得比分屬巴勒斯坦區和猶太區的兩個地點的距離更近。即使後一類的兩個地點其實距離更近，也是如此。在安娜堡和以色列這兩個案例中，雖然是用功能來分組（大學樓舍／商業建物）或政治的（巴勒斯坦／猶太），與空間無關，但人們還是覺得組內距離比組間距離更近。

　　對社會組別之內和之間類似程度（similarity）的研究，為「空間思考是抽象思考的基礎」提供了更多支持。類似程度是概念空間裡的距離。政治光譜類似的兩個地點的空間距離，被認為比政治光譜不同的兩個地點更近。同樣地，在同一個社會或政治組別的人，會被認為比不同社會或政治組別的人更

類似，甚至在不相關的面向上都是如此。這種推論方式雖然是天生的，但會帶來問題。

到這裡為止，我們講了人用來判斷空間的三種機制：旋轉、對齊和層級組織。每一種都發揮參考值或捷思（heuristic）的作用，讓人用它們估計距離、判斷方向，或是不直接測量就挑出「正確」的地圖。每一種也都系統性地扭曲判斷，而且除非你知道怎麼破解它們的招數，否則很難察覺。我們之所以挑羅馬和費城、柏克萊和史丹佛、雷諾和聖地牙哥來做地理小測驗，是故意的。空間推理還有其他捷思，例如拉直（straightening）。畫巴黎簡圖時（或是在心中想巴黎地圖時），連久居巴黎的人都會把蜿蜒曲折的塞納河拉直。我們因為這種扭曲多走了幾個鐘頭？多消耗了幾加侖汽油？恐怕只能自己猜測了。我們接著談談參照點（reference point）和視野（perspective）所造成的系統性錯誤。

VI.5 參照點

估計距離的另一個參考值是地標。每座城市似乎都有地標，它們往往象徵著這座城市（例如巴黎艾菲爾鐵塔和紐約帝國大廈）。地標常常被用來當參照點。大家熟悉它們，用它們來記其他地點的位置。如果我要跟你講米蘭或羅馬某間餐廳的大概位置，我可能會跟你說它在主教座堂廣場（Piazza del Duomo）或萬神殿（Pantheon）附近。

空間參照點比它們本身更大。這其實並不矛盾：地標雖然是它們本身，但也界定了周邊的區域。有個實驗典範在很多校園做過很多次：研究者先向學生打聽，建立一份校園地標名單，再請另一組學生評估校園裡幾組地點的距離。有些是到地標的距離，另一些是到校內普通建築的距離。值得注意的是：人們常認為，從普通地點到地標的距離，要比從地標到普通地點的距離短。換句話說，人會以為從皮耶家到艾菲爾鐵塔的距離，比從艾菲爾鐵塔到

皮耶家的距離短。地標似乎會把普通地點拉向自己,跟黑洞一樣,可是普通地點不會。估計距離的這種不對稱現象,違反了歐幾里得(Euclide)最基本的距離原理:從A到B的距離,一定等同於從B到A的距離。因此,距離判斷未必是一致的。

認知參照點也會產生同樣的作用。認知參照點很好用,我們可能把某個作曲家比作巴哈或貝多芬,把某個藝術家比做畢卡索或波洛克(Pollack),或是說某個新秀是下一個貝比・魯斯(Babe Ruth)、大衛・鮑伊(David Bowie)或史派克・李(Spike Lee)。跟空間參照點一樣,認知參照點也比本身更大,它們發揮體裁(genre)或原型(prototype)的作用。認知參照點在我們判斷類似程度時造成不對稱現象,就像空間參照點在我們判斷距離時造成不對稱,畢竟類似程度就是在估算概念距離。大家之所以認為是洋紅色像紅色,而不是紅色像洋紅色,就是因為紅色是原型,它代表一整類近似紅色的顏色類型,就像艾菲爾鐵塔代表周邊地區一樣。洋紅色只代表自己。皮耶家也是。我們再從感知層面挪到認知層面來看:人們認為是兒子像父親,而不是父親像兒子;是北韓像中國,而不是中國像北韓。父親和中國就像紅色和艾菲爾鐵塔一樣,它們是原型,具有比兒子或北韓更廣的一組特質。這些例子再次說明認知第五定律:認知反映感知。

VI.6 視野

當你高高站在山上或高樓大廈上,周遭全景一覽無遺,你可能會注意到一件事:離你較遠的那些東西,看起來比離你近的那些東西靠得更近、也更擁擠。這種「近物看似分散,遠物看似擁擠」的現象也發生在想像視野。我們請學校不在美國東西岸的學生參與實驗,要他們想像自己在舊金山(美國西岸,臨太平洋)或紐約(美國東岸,臨大西洋)。接著,我們沿「舊金山─紐約」的東西軸挑出幾座城,請他們推估這幾座城之間的距離。結果發現:

跟想像自己在紐約的人比起來，想像自己在舊金山的人，把舊金山和鹽湖城的距離估得更遠。相反地，跟想像自己在舊金山的人比起來，想像自己在紐約的人把紐約和費城的距離估得更遠。距離像是被套疊（telescoped），近的東西之間的距離變大，遠的東西之間的距離變小。提醒大家一下：參與實驗的學生其實既不在東岸也不在西岸。換句話說：不論一個人實際上在空間裡的哪個位置，光是用想像視野推估距離，都會產生這種扭曲。

我們對於接近自己的事物，區分得比離自己較遠的事物要細，當我們評判不同社會面向的人，也會發生同樣的扭曲。對自身社會團體（近的圈子）裡的人，我們會認為他們比其他社會團體（遠的圈子）的人更不一樣。我們學校、我們政黨、我們國家裡的人個個不同，競爭學校、別的政黨和其他國家的人則都差不多。人會出現這種扭曲其實很正常，畢竟我們對自身社會團體的經驗，遠遠超過對其他社會團體的。

專門知識很重要。拿鳥類專家和汽車專家來說，在他們的專門知識領域裡，他們對鳥類和汽車能分得比其他人細很多。我們對較近、較熟悉的事物能看出更多不同，對遙遠、陌生的東西則否，這種傾向似乎無可避免。不過，我們有時候必須從更廣的角度思考，看大要，而非細節。我們又一次看到：認知需要權衡代價。

VII. 認知拼貼

認知地圖（cognitive map）是老觀念，出自愛德華・C・托爾曼（Edward C. Tolman）對大鼠做的開創性研究。他讓我們看到：大鼠會用空間推論破解迷宮，有機會時也會抄近路，彷彿腦子裡有地圖般的表徵。有一位（至少一位）天生失明的孩子也做到了。不過，人在心裡用來估算距離、判別方位、畫簡要地圖的東西，似乎是心以種種片段建構的，而這些片段常常來自不同的經驗、不同種類的資訊。因為心沒有直接測量，對這個世界也沒有地圖般

的心理表徵，所以它把與當前任務似乎相關的資訊湊到一起。這些資訊整體來說是有用的，但它們零碎、片段，大致接近事實卻不精確。內華達州的很多城市比加州的很多城市更西，可是雷諾和聖地牙哥並非如此。美國和歐洲在東西軸上大致對齊，可是歐洲南方的羅馬其實比美國北部的費城更北。舊金山灣區大致上是南北向而非東西向，可是內陸的史丹佛剛好比靠海的聖塔克魯茲更西。皮耶家到艾菲爾鐵塔的距離，不可能比從艾菲爾鐵塔到皮耶家更短。這些參考值在很大部分是獨立的，它們所造成的錯誤也是。而因為它們是獨立的，這些錯誤可以彼此抵銷，所以提高簡要地圖精確度的方法之一，就是多畫入一些空間關係。滿足的限制越多就越精準。

　　但說到底，這些參考值──對齊、旋轉、層級思考、視野等等──無法在平面歐幾里得地圖解決。我們心裡有的似乎不是認知地圖，而是認知拼貼。

　　為什麼這些錯誤這麼普遍？因為在真正進行測量之前，我們的心沒有改正它們的辦法，而要是精準度非常重要，我們就真的去測量了。測量能解決自然判斷裡的很多偏誤，不只是這些而已。因為很多時候錯誤並不大，也無關緊要；因為在我們真正實地探索時，環境本身就會改正我們的錯誤。

　　我們的心理空間框架雖然不完整、不一致、含糊不清，又帶有偏誤，但它在我們的生活裡和想像中都扮演重要角色。心理空間框架讓我們能想像別的世界──我們沒見過的世界、沒人見過的世界，甚至不可能存在的世界。象徵世界裡的地點被各種實體或概念取代，路徑則由它們之間的關係取代。虛構的世界是這樣，藝術的世界是這樣，科學的世界也是這樣。

4 轉換思考

Transforming Thought

在這一章裡，我們先區分思考的**表徵**（representation）和思考的**轉換**（transformation），再分析空間轉換和它們的好處（很多！），然後談空間能力，以及如何獲得這種能力。

　　我們現在離開世界裡的身體，進入心。我們在心（和腦）中放滿生活裡重要的東西：臉、身體、物體、場景、事件。我們把它們放在心的舞台上，讓心運用、思考、表現、轉換它們。任何一種物體或東西，都是心的舞台上的演員，只要它們上台，我們便能操縱它們。我們能把它們變成數學裡的符號、詩歌裡的文辭、物理中的粒子、化學裡的分子、社區中的建築、舞台上的舞者。我們能改變它們的形貌、大小和特質。我們能改變它們在哪裡、做什麼。這個舞台是想像的舞台，它可以帶我們走得很遠。

　　思考隨概念或問題而生，或模糊，或精確。然後，你對那概念做了些事，用某種方式轉換它——大功告成！新概念出現了。這樣做之後，你可以開始對新概念施工，直到如願完成，或是遇上瓶頸，或是弄得自己精疲力盡。思考有時候有指示可循，例如乘法、彈琴、跳華爾滋，或是解化學問題。遵循指示不是雕蟲小技，因為指示未必清楚。不過，雖然遵循指示必須專注和思考，但終究有指示可循，有劇本告訴你每一步該做什麼。照食譜做菜和照說明書組樂高和家具都是如此。食譜和組裝說明是一連串付諸實際物體的行動，一步步把它們轉換成另一種東西。以正確的行動順序處理奶油、糖、蛋

和麵粉，烘烤麵糊，能把它們轉換成杯子蛋糕。木板能變成桌子或書櫃，樂高積木能變成屋子和機器人。

　　組裝是對實際物體採取行動。思考則是對心理物體——概念——採取心理行動（mental action）。對概念的行動把它們轉換成別的東西。這是我們討論思考的方式：把思考當成對概念的行動。我們或是把概念擱在一邊，或是把它們上下顛倒，或是把它們從內往外翻開。我們把它們切成一塊塊，或是組合起它們。我們對實際物體和心理物體都是一樣，調整、再調整、撐大、拉長、翻轉、結合、複製、增添、拼湊、刪減、抬高、黏接、推擠、折疊、混和、拋擲、裝飾、分開、釘牢、撒播、掩埋、消除、轉動、提起、戳洞。有趣的是，我們很快就會在討論姿勢的那一章看到：做這些實際動作有助於心理行動——思考。

　　當然，做菜和組裝未必都照劇本走。不論是隨意發想或認真鑽研，職業主廚和業餘烹飪達人都會發明新菜色。畫家勞森柏格（Rauschenberg）的著名事蹟，就是有本事把街上撿來的垃圾變成藝術品。勒維特（Le Witt）則擅長以有系統的方式排列線條、盒箱、立方體，讓它們成為藝術。但要是你或我試著做他們做的事，唉，那恐怕不是藝術了。勞森柏格沒有劇本，連看似一板一眼的勒維特也沒有劇本。他們有的是嘗試、犯錯、練習、熟能生巧，以及——是的——天賦。思考也是如此。寫出扣人心弦的小說或樂曲，拍出感人至深的電影，做出外形優雅的茶壺，打一場漂亮的網球賽——都沒有劇本。你去羅馬時想做什麼？沒有劇本；選舉結果為什麼是這樣而非那樣？沒有劇本；你客廳裡的家具該怎麼調整？沒有劇本；你的下一步棋該怎麼走？沒有劇本。對於哪些佐料配在一起很搭、哪些音放在一起很美、走哪些棋步贏面較大，儘管有模式可循、有規則要遵守、有過去的經驗能依靠，也有長期培養的直覺能信賴，但真正有趣也有挑戰性的思考，不可能照劇本走——因為沒有劇本。

I. 表徵和轉換

現在來談幾個行話。我前面稱做「概念」(idea) 的東西，心理學家稱之為「表徵」(representation)。雖然表徵往往來自外在世界，但它們存在於心裡，而非世界。表徵被視為某種靜態的東西，你可以看、可以想，可以在心裡更動它。當然，大腦裡並不是真的有表徵，這只是為了便於討論。表徵掌握的是某個概念或問題的核心資訊，它們像地圖一樣，是概要式的。空照圖並不是好地圖，好的地圖要挑出對當前任務（如開車、健行、騎單車等）重要的資訊，它們必須簡化、強調，甚至扭曲相關資訊。舉例來說，依原比例縮小的話，很多路在地圖上是看不見的，所以製圖時把它們放大。道路的小彎曲也不會呈現在地圖上。地圖也常常增加一些資訊，例如街道名、國名、州界或國界，或是用顏色表達高度或深度。

心裡的表徵可能來自心外，來自感知，來自你正探索的城市景觀，來自你遠遠看見、覺得自己認得的那張臉，或是來自桌上的棋盤。你放進心裡的東西未必都是你看得見的，相反地，你心裡的東西是你從看見的東西中抽象出來的，而且通常用心中的詮釋妝點過，例如人名，或是曾經在你生命中扮演特定角色的建築、銀行、百貨公司、教堂。表徵也可能完全出自內心，例如思考下一步棋要怎麼走、客廳的家具該怎麼重新布置，或是回家時該怎麼走能順便辦辦瑣事。表徵會以很多形式出現，有的偏向圖示（如棋盤、樂譜、你眼前的景象，或是你心目中的客廳），有的偏向敘述（如歌詞、你在劇中的台詞，或是等等要辦的瑣事），有的可能是曲調（如某首歌的旋律），有的可能是動作（用鋼琴彈某支作品的手指動作、開鎖的動作，或是跳水或發球的身體動作）。很多表徵其實是混和媒介。

雖然表徵在數量上是無限的，但表徵的種類是有限的，每一種都有很多組合和變化。我們可以把表徵當成內化的感知，所以視覺表徵帶有視覺特性

（如顏色），空間表徵帶有空間特性（如佈局、大小、距離），聽覺表徵帶有聽覺特性（如音調），語言感知帶有語意和句法特性。

我們說的「對概念的行動」，心理學家通常稱為「轉換」（transformation），或是借用電腦科學的行話稱「運算」（operation）。在現實生活中，對實際物體的行動有無數種；同樣地，對概念或表徵轉換的心理動作也有無數種。這裡只舉一部分當例子：糾集、抬起、投擲、排列等等。雖然有些轉換與算術、烹飪、音樂、語言、基因剪接、棋藝等領域寬鬆連結，但很多轉換是通用的（generic）。所以，很多轉換是以空間裡的身體動作為本，不論這些動作是具體的或想像的。事實上，把心像轉換（mental transformation）當成內化的行動有利於我們思考它，就像把表徵當成內化的感知一樣。

II. 心像旋轉（mental rotation）

請看〈圖4.1〉中兩兩一組的F、R和5，哪幾組是一樣的？哪幾組是彼此的鏡像？作答之後，再想想你是怎麼判斷的。

心像旋轉研究在1971年出現時，引起一陣轟動。當你判斷F、R和5是相同的或鏡像的，你一定感覺得到它。心像旋轉跟三段論思考很不一樣（亦

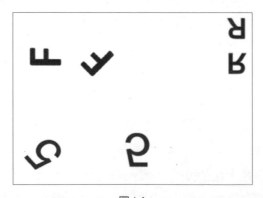

圖4.1

即跟「蘇格拉底是人，而人皆有死，故蘇格拉底會死」很不一樣），跟決定要看哪部電影、或是要不要買一隻狗更全然不同。不過，它跟「5加7等於12」倒是沒那麼不一樣，因為數學思考剛好帶有某種程度的空間思考。在思考「5加7」的時候，你也許跟我一樣，會在心裡想像一把水平的尺，由左到右標記數字，上面有垂直的刻痕，5和10的倍數的刻痕稍長一點。我在心裡把刻度從5滑向10，然後再滑兩格，得出12。

　　心像旋轉顯然是一種「視覺－空間轉換」（visual-spatial transformation），它一直被比做觀看某物真的在空間中旋轉。對心像旋轉的第一份研究精采萬分，我們先談談相關細節。這份研究讓受試者看的不是字母或數字，而是由10個立方體連結而成、彎曲兩次的物體，兩兩一組，方向各異。這個物體不容易描述，也不容易在心裡旋轉。圖中物體角度不同，有的是在平面上角度不同，有的有深度。轉到相同角度時，半數圖像是相同的，半數則是鏡像。實驗者請受試者看很多組這樣的圖像，半數相同，半數是鏡像，持續多日。各組物體的角度差從0度到180度。多次練習後，有些受試者變得非常善於解答這種問題。他們表現得得心應手，錯誤很少。研究者想知道的是：判斷一組圖像是相同還是鏡像的時間，是否會隨角度不同而異？受試者判斷的方式之一，是在心裡把這兩個圖像旋轉到相同角度，再「看」它們能否重疊。如果受試者的確在心裡把這兩個圖像轉成一致，那麼兩個圖像的方向差異越大，花的時間就應該越長。實驗結果真的是如此：方向有12種（從0度到180度），數據點（data point）也有12個，呈線性分布，顯示反應時間會隨方向差距而增加。就好像大腦裡有個不斷轉動的轉盤，你只要把形體放在上面讓它轉，就能看到它轉成別的角度的樣子。對心的這項主張雖然令人驚艷，但有過度簡化之虞。

　　在當年心理學研究的背景下，心像旋轉的發現尤其引人注目。從1950年代晚期到1960年代的認知心理學革命，解開了行為主義的枷鎖，讓研究

者開始探究心。研究者當時（現在也是）面對的難題是：該怎麼把心裡的東西挪進世界，讓它可以呈現？然而，對思考的研究當時是由語言主導（現在在很多方面仍是如此）。讓人讀、聽、說、寫，再從他們的文字去推論出他們的思考，並不困難。在人思考「思考」這件事時，他們也認為自己是用文字思考的。可是，心像（imagery）該怎麼研究？空間心像、視覺心像、聽覺心像、嗅覺心像、觸覺心像，又該怎麼研究？怎麼把這些心像挪出腦袋、放進世界，讓人可以客觀地觀察它們？文字敘述難以表達心像，用畫的也不行，對很多人來說，畫出心像太難了。何況很多人說他們沒有心像，所以空間和視覺思考與主觀經驗未必有關連。相對來說，測量解決空間、視覺或聽覺問題的反應時間，提供了一個把心裡的東西挪進世界的方式。在心像旋轉這例子裡，研究者完美預測出空間處理的時間長短。

這些精采的發現，似乎代表人能平順地在心裡把圖像轉到一致，像是看著圖像轉到一致一樣。可是，這項問題對一些智性健全的人卻不容易，有幾個人退出實驗，還有些人說他們無法平順地在心裡轉動東西，只能不斷來回看，一部分一部分反覆比對。眼動追蹤結果證實了他們的說法，他們的視線的確在圖像各部分來回移動，像是在一一核對。當然，這雖然是片段式而非整體式的收集資訊，但仍是「視覺－空間」推理。在一連串測試空間能力的測驗上，眼動和主觀經驗為整體式心像旋轉的人，表現優於眼動和主觀經驗為一部分一部分比對的人。在這之後，心像旋轉任務的各種變體，成為測量空間能力的主要判準之一。關於空間能力，我們稍後會談到更多。

心像旋轉——想像某物在眼前轉往不同方向——不只是實驗室裡研究的神祕特技而已。我們躺下時會用到它，辨認不是直立的東西時會用上它，用奇怪的角度閱讀時也會用到它。我們拼拼圖時會用到它，整理書架和抽屜時會用到它，打包行李時會用到它，組裝腳踏車和家具時會用到它，甚至把鑰匙插進鑰匙孔都會用到它。外科醫師、水電工、橄欖球教練、數學家、時尚

設計師、都市計劃者、園丁、物理學家、消防員、建築師、籃球選手、室內設計師、牙醫，還有許多其他職業的人，都時常會在工作上或比賽時用到心像旋轉，以及其他形式的空間推理。不過，就算你自認心像旋轉能力不佳，也別煩惱，因為心像旋轉可以用很多方式完成，可以透過收集片段資訊完成，也可以藉由嘗試錯誤再修正完成。更重要的是，雖然有些幸運兒似乎天生就有這種能力，這種能力是可以學習的，方法也沒什麼特別：練習。另外，有些職業在工作上似乎不需要心像旋轉，像律師、記者、歷史學家、會計、業務主管、哲學家、詩人、翻譯。

　　觀察人試著解決心像旋轉問題時的表現，可以明顯看出心理動作和身體動作關係密切。在試著解決心像旋轉問題時，很多人會自動轉起手掌，像是在轉動物體一樣。而且在這樣做的時候，他們能答得更快，也更準確。在他們練得夠熟、表現得也更好之後，往往也不會再繼續轉動手掌。據推測，身體旋轉有助於內化心像旋轉。在別的研究中，實驗者請受試者在解決心像旋轉問題時，依順時鐘或逆時鐘方向轉動輪子。結果發現：在手部旋轉方向和心像旋轉最適方向（optimal direction）一致時，他們答得更快也更準確；在手部旋轉方向和最適方向相反時，他們答得較慢，也更容易答錯。心理動作與身體動作相仿的證據，在神經造影研究裡能看到更多。相關研究顯示：心像旋轉會活化大腦的運動區域。換句話說，心理動作不只是與身體動作相仿而已——做類似的身體動作有助於做心理動作。

III. 兩種視角：內在視角與外在視角

　　在我們解決心像旋轉問題時，我們是用外在視角看一個物體。我們可以在心裡轉動各種東西，不論是熟悉的、不熟悉的、有意義的（像字母和椅子）、沒意義的（例如形狀）、2D 或 3D，反應時間隨難度和模式而易。舉例來說，判斷一組方向不同的不對稱字母（如 R 和 G）是相同的或是鏡像，反

圖 4.2 ｜她伸的是哪一隻手？

應時間不是線性的。轉動正立字母90度不太會增加反應時間，上下顛倒則顯著拖慢時間。我們顯然挺會歪著看書的。

可是，在我們想像自己的身體轉向不同方向時，我們會改採內在視角。請看〈圖4.2〉，她伸的是哪一隻手呢？左手？還是右手？

你可能跟大多數人一樣，是先想像自己的身體處在她的位置，然後再想你伸的是左手（正解）還是右手。其實很多日常狀況都需要這種思考，例如跟別人說怎麼從你辦公室到你家，或是邊看地圖邊想該怎麼走。每到轉角，你都必須判斷該往左還是往右。這更像「空間－運動」想像，而非「視覺－空間」想像。想的時候，你應該感覺得到身體有所反應。如果你跟我一樣的話，你甚至可能微微轉身。請想想小時候是怎麼學會穿外套或毛衣的，或是想想怎麼把蓋子擰緊，也可以想想哪隻手是右手（對很多大人來說，這仍然是個問題），再想想橄欖球動作、網球發球、跳舞、瑜伽、體操、彈鋼琴、拉小提琴、用手在拉坯機上捏陶器，或是寫書法。要撿掉到床底的東西時，你會怎麼扭轉你的身體、肩膀和手？在搏擊運動中，該怎麼擊倒你的對手？

　　試想：你的身體在空間裡的移動和轉動，該怎麼帶進實驗室裡，設計成「視覺－空間」問題呢？研究人員其實不需要你做多困難的體操動作，只要你剛剛試的那種就可以了。研究者請受試者看上面那種圖，圖裡的人伸出一隻手臂，每張指向不同方向，受試者的任務是回答圖中人伸的是左臂還是右臂。另一種圖是手掌伸向不同方向，請受試者回答那是左手還是右手。雖然受試者接收的刺激是視覺的，但判斷是左手、右手、左臂或右臂，似乎主要是依靠「空間－運動」想像。也就是說：為了判斷左右，人會想像自己或自己的手在那些方向。跟判斷物體心像旋轉的反應時間一樣，完成這些任務的反應時間也有規律的模式，可是模式又跟想像物體旋轉的模式不同。想像身體轉動的反應時間模式，反映的是想像運動動作，而非觀看空間轉換。以手掌來說，在手的位置奇怪時，判斷左右的時間較長，在手的位置舒適時，判斷左右的時間較短。做物體心像旋轉和身體心像旋轉實驗時，都有用掃描儀器觀察。兩種任務活化的大腦區域部分重疊，部分不同，有些地方一樣，有些地方不一樣。

　　有趣的是，失去一隻手臂的人也能完成這些任務，他們也能分辨圖裡的人伸的是左右臂或左右手，不過，他們的反應時間比四肢齊全的人慢。據推測，少了身體運動也會降低想像運動。這進一步支持了「想像和行動關係密切」的主張。我們接下來還會有更多討論。

　　實際轉動手部有助於心像旋轉，實際轉動身體也有助於想像身體轉動。在一組實驗裡，研究者先請受試者走或想像一小段路，轉彎兩次，再請他們回答怎麼走回去。在他們只想像轉彎的時候，他們經常出錯；但要是他們實際轉身，就答得準確得多，連蒙住眼睛也是如此。換句話說，在物體旋轉和身體旋轉這兩種心像旋轉的例子裡，實際動作都有助於想像動作。實際動作不需要和想像動作一模一樣，只要和想像動作一致就好，轉動手掌以想像轉動物體是如此，轉動身體以想像轉動身體也是如此。

　　雖然實際轉動有助於想像轉動，實際前後移動似乎無益於想像前後移動。在空間中轉動，會為我們周遭的東西與我們之間的空間關係帶來巨大變化：本來在前面的東西，現在可能變成在右邊；本來在左邊的東西，現在可能變成在後面。模仿這類運動顯然有助於我們更新空間關係，而前後移動（在空間中平移）雖然會改變前後，但不會改變左右。在想像空間平移時更新空間關係，顯然簡單到無法從實際動作中受益。

　　這些事實都指出心像旋轉有其難度（不論是轉動我們自己的身體，或是轉動眼前的物體），以及身體的一致動作有助於進行這類思考。

IV. 創造圖像：在心中畫圖

　　心像旋轉研究令人興奮，也啟發很多更讓人興奮的空間思考研究。如果心能想像心像旋轉，它還能做出多奇妙的事？也許我們能想像東西的大小、位置、形狀改變，或是給它們增加部分、取走部分，或是重新組織。也許我們能在心中掃描它們，判斷它們的大小、距離等等。是的，這些心理操作我們都做得到，而且能做到的還更多，有的輕鬆，有的困難。請試試這個：想像半個葡萄柚，半圓那邊朝上，平的那面朝下，然後把大寫的 J 掛在平的那面中間。它是什麼？

　　你看，你沒有接收視覺刺激，光憑文字敘述就在腦袋裡創造了一個東西。心像建構（mental construction）似乎和物理建構一樣，是一步一步完成

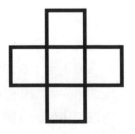

圖 4.3 ｜同一張圖，可以說它有兩個部分，也可以說它有五個部分。依敘述方式不同，創造圖像的時間長短也有異。

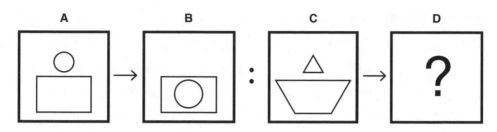

圖4.4 ｜ 需要兩次空間轉換來解答的幾何類比。出處：Novick and Tversky, 1987.

的過程。因此，部分的數量越多，花的時間就越久。舉例來說，〈圖4.3〉可以用兩種方式描述：一種是它有兩個部分，兩個長方形交叉；另一種是它有五個部分，五個正方形以特殊方式排列。雖然圖是一樣的，但以兩個部分來描述和想像它時，我們在心裡創造圖像的時間較少；以五個部分來描述和想像它時，我們在心裡創造圖像的時間較長。

　　心像建構模仿物理建構的地方，在於它也是從部分開始一步步完成，不過類似之處還更深。我們先看看另一個問題，我們從小學就熟悉的幾何類比問題，回答看看〈圖4.4〉的類比。

　　要找出答案，我們必須把上方的小圖形（圓形或三角形）放進下方的大圖形（長方形或梯形），再把較小的圖形放大。或是先改變較小圖形的大小，再把它挪進較大的圖形裡。移動或改變大小的順序不重要，就像加法裡的數字順序一樣。

　　我們請受試者回答類似這樣的幾何類比問題，每個問題都需要兩到三次轉換（這些轉換出自更大組的可能轉換方式）。每解決一題，我們請受試者說出他們做這些轉換的順序。雖然他們是自由決定順序的，但幾乎每個人都選擇同樣的順序。我們接著請另一組人做這些轉換，或是依照大家偏好的順序，或是用別的順序。結果發現：在新一組人用大家偏好的順序作答時，他們答得較快也較正確。由於運用轉換的順序並沒有數學上的限制，作答時的

限制一定是認知上的，所以我們絞盡腦汁想這些認知上的限制是什麼。也許大家是在還有東西看的時候先做難的，然後再完全在心裡完成較簡單的？於是，我們問他們哪種轉換較難。我們也測量出哪些轉換花的時間較多，我們認為這也可以當判斷難易的標準──點子不錯，可是數據不支持。大家偏好的順序首先是**移動**，再來是**旋轉**或**反映**，然後是**再次移動**較小的部分，接著是**增加一半或改變大小**，然後補上**陰影**，最後是加上小的部分。雖然最快也最簡單的轉換是第一個：**移動**，可是最慢也最難的卻是第二個：**旋轉**或**反映**。也就是說，時間和難度都不能解釋順序。我們繼續苦思。

接著我們換了角度，也有了新點子。你大概發現把大寫的 J 擺到半個葡萄柚底下得出什麼了吧？雨傘。完成這項任務需要心像建構，雖然相對來說簡單，不像想像樂高或 Tinker Toys 那麼難。把一連串心像轉換運用在解決幾何類比上，也是一種心像建構，2D 的，近似心像繪圖（mental drawing）。如果心像繪圖是內化的實體繪圖，那麼繪圖順序應該符合轉換順序──的確如此。我們請另一組受試者想像畫一個簡單物體，例如枴杖，接著請他們告訴我們繪圖順序，結果發現與轉換順序相當契合。繪圖有內建的限制：畫畫的時候，你必須先決定在紙的哪裡下筆，也就是把物體放在什麼位置，亦即**移動**；接著，你必須決定從那個方向開始畫，也就是你畫的東西要朝那個方向，亦即**旋轉**或**反映**；然後，你要決定畫到哪裡，也就是**再次移動、增加一半或改變大小**；東西畫好之後，你可以為它加上**陰影**或小的部分。解決幾何類比所需的心像體操（mental gymnastics）的順序雖然令人困惑，但從這個角度來看，心像建構（在這個例子裡是繪圖）的確符合這個順序。這也同時揭示了心的某些驚人創意的根源。想像精細複雜的場景就像內化的繪畫。

V. 動態圖像：一步步漸進完成

一步步完成心像建構是心的傲人功能，這能在心中創造出無數種物體陣

列，並改變它們和它們的形態與動作。編舞家、拓撲學家、工程師、乒乓球選手，以及我們之中在這方面特別有天分的人，似乎能在心裡讓這些改變動態化，亦即隨部分、形狀和位置的改變想像這些轉換（有的是身體運動如跳舞和跳水，有的是機械運動如幫浦或制動器）──儘管看似如此，進一步檢視之後，我們卻發現不是這樣。

　　過馬路的時候，我們一般人必須想像來車的運動──時間夠我們過嗎？駕駛會放慢車速嗎？下判斷並不容易，畢竟這既牽涉到對空間的認識，也牽涉到對社會的認識，而錯誤代價極高。令人難過的是：不論是行人或駕駛，就算經驗豐富，在這方面的判斷仍相當不可靠。據國家安全委員會（National Safety Council）統計，在2016年，美國約有四萬人死於車禍，而其中六千人是行人。當然，死亡車禍未必是行人或駕駛判斷失誤造成的，但誤判可能是很多交通悲劇的原因。

　　外野手應該是動態心像（mental animation）的專家，善於邊衝去接球邊想像球飛的路徑。他們這方面的確很行，否則不太可能一直留在隊上，不過他們似乎並不是在心裡將球的軌跡動態化。大腦恐怕沒有精確計算球的軌跡的演算法。外野手可能發展出推測方向和遠近的捷思或概略法（approximation），能估計接球要往哪裡跑多遠，而且會邊跑邊修正這種推測。狗接飛盤似乎也是如此，人接飛盤應該也是。

　　棒球或來車的路徑是單一物體的運動，或許我們比較善於想像機械系統的運動？唉，可惜不是如此，想像機械系統運動對大多數人來說也很難。我們必須把這類運動一步一步動態化，有時還挺費力的。以滑車系統為例，它是流暢而連續的運動：你拉繩，繩牽動滑車，繩子上綁的重物上升。現在假設你看到一張靜態的滑車圖，你的任務是回答每個滑車往那個方向轉。如果你看的是動態的滑車系統，你一眼就能看出每個滑車是順時鐘或逆時鐘轉。可是看靜態的滑車圖不一樣，大多數人無法在心裡轉動滑車系統。想判斷圖

裡的每個滑車是往那個方向轉，我們必須一步步分別轉動每個滑車。更有趣的或許是：人有從概念上的起點開始的偏見，亦即會從人站的位置拉動繩子，再想像每一個滑車會往那個方向轉。雖然要判斷最後一個滑車往那個方向轉，從綁有重物的「尾端」來推論比較快也比較有效率，但我們還是習慣從人站的起點開始。

所以，動態心像似乎跟心像繪圖一樣，是在概念上一步一步完成的，而不是流暢而連續的類比轉換。

VI. 空間能力

以前有人邀我寫一本談空間能力的書：空間能力對哪些領域有益？你有空間能力嗎？如何獲得空間能力？我回覆說這本書寫出來不是非常短，就是冗長得讓人厭煩。簡短版的摘要是這樣：空間能力有助於以下領域的入門者：橄欖球、籃球、射擊、圍棋、曲棍球、科學、數學、工程、設計、藝術、時尚、舞台設計、編舞、木工和外科手術。如果你能輕鬆回答心像旋轉問題，你可能有空間能力。如果你不是這樣，請勤加練習，練習有用。

現在來看看長一點的版本，但願還不到乏味的地步。首先戳破一個心理學迷思：人其實沒有分成語言思考和視覺思考兩種。語言和視覺思考技能很大程度上是獨立的（請注意：我說的是「很大程度上」）。你可能兩方面都很好，也可能兩方面都很差，或是一個好、另一個不好。其次，空間能力和語言能力一樣，不是一元的，它有很多面向。

最後，空間能力和音樂能力、體育能力和其他種種能力一樣，有些幸運兒似乎天生就有，但我們其他人也能透過努力練習變得更好。對雙胞胎的研究顯示：空間能力同時受基因因素和環境因素影響——這並不令人意外。連天生就有空間能力的人，都必須透過努力才能勝過別人。光靠音樂能力無法成為小提琴大師，光靠體育能力無法成為跳高選手，光靠空間能力也無法成

為法蘭克‧洛伊‧萊特（Frank Lloyd Wright）或愛因斯坦。專長和能力都需要專業栽培，任何一個曾建立棒球隊、交響樂團或設計團隊的人對此都了然於心。運動提供了絕佳例子：天資和你用天資所做的努力一樣重要。想成為頂尖跳高選手、游擊手或四分衛，你不但需要體型特質和天分，也需要訓練，缺一不可。

VI.1 測量空間能力

空間能力與空間轉換和其他空間推理關係密切。雖然沒有針對空間能力的標準化量尺，但各種版本的心像旋轉測驗受到廣泛運用，其他心理空間操作測驗也是如此（例如幾何類比、想像怎麼把平面圖折成盒子，或是機械系統的一部分怎麼運動。〈圖4.5〉有幾個例子）。

有些測驗用的是拼圖；有些測驗是在大而複雜的圖形中，找出簡單的幾何圖形（如三角形）；還有些測驗依靠的是對空間世界的了解。這裡有個例子：讓實驗受試者看一張傾斜的空水杯的圖，再請他們在水杯裡畫出水平面。結果有些人錯把水平面畫成與杯底平行，而非與地面平行。答對這題的關鍵是用對參考框架——以不在圖裡的世界為參考框架，而非以在圖裡的杯子當參考框架。

整體來看，不同空間能力測驗的結果，在某種程度上是一致的，亦即：在某個測驗上表現得好的人，往往在另一個測驗上表現得也不錯（但未必總是如此）。由於缺乏標準量尺，跨研究比較和導出通則並不容易。空間能力似乎不是單一的，而是很多種。不斷有人嘗試歸納各種空間能力，有心為它們分門別類，可是到目前為止，還沒有一種分類方式令大家滿意。仔細想想，這其實並不令人意外——試想：要為運動、音樂或文學能力分類，難道簡單嗎？

我們不能迴避性別問題。是的，男性在心像旋轉測驗上的確表現得稍

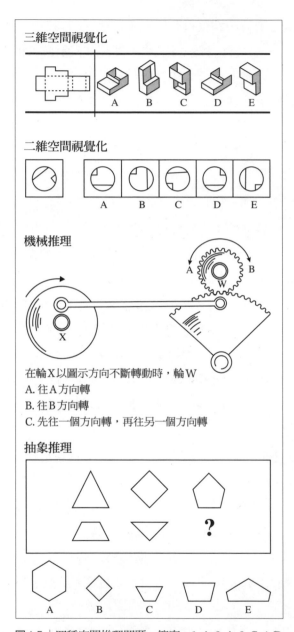

三維空間視覺化

二維空間視覺化

機械推理

在輪X以圖示方向不斷轉動時，輪W
A. 往A方向轉
B. 往B方向轉
C. 先往一個方向轉，再往另一個方向轉

抽象推理

圖4.5｜四種空間推理問題。答案：1. A, 2. A, 3. C, 4. D.

好，在傾斜杯子問題上的表現也好一點點。玩快動作電玩（男生比較可能玩的那種）能增進表現。跟其他練習一樣，這種練習能降低心像旋轉測驗上的表現差異，去掉時間壓力也是如此。但不論是練習或拿掉時間壓力，都不能完全消除男性優勢。不過，很多女性也在這些測驗中贏過很多男性。我們講過，她們能用別的方式解決問題。

可是，女性並非全盤皆輸。女性善於辨識物體和物體位置。或許更重要的是，女性比男性更會認臉和臉部表情，而且從嬰兒期就是如此。但同樣地，兩性在這方面差距不大，分布上有相當程度的重疊，亦即也有很多男性勝過女性。

VI.2 空間能力對哪些領域有益？

天資計畫（Project Talent）是規模相當龐大的研究計畫，它追蹤了40萬名（！）美國中學生11年，也把你剛剛看到的那些測驗稍做改變，評估這些學生的空間能力。在此同時，這項計畫也用標準化量尺評估過他們的語言和數學技能。結果發現：在科學（science）、科技（technology）、工程（engineering）和數學（math）這四個領域（簡稱STEM）要有所成就，數學技能固然很重要，但空間技能也有加分作用。換句話說，在數學技能一樣好的學生裡，空間技能更佳的學生更可能在STEM領域達成更高的學業和職涯成就。空間技能和STEM的關連，得到雙胞胎研究的進一步支持（研究顯示：特定空間技能與對特定數學概念的掌握中度相關）。另有研究顯示：某些空間技能與某些數學技能是同一塊大腦區域掌管的。

實驗室研究支持STEM與空間思考的關連。很多研究顯示：擅長空間技能的人，也長於了解對組裝過程和機械系統的說明。具備良好空間技能的人，也更善於對組裝過程和STEM系統的動作做出視覺解釋、甚至語言說明。

不過，空間技能對STEM之外的很多天分和職業應該也很重要，如編

舞、所有的運動、指導所有的運動、所有的設計、藝術、木工、圍棋和西洋棋等桌遊、外科手術、製片等等，名單很長。那麼，是哪些技能對哪些活動特別有益呢？相關資料有趣但片斷。似乎有些人擅長視覺化空間轉換，有些人擅長視覺化結構複雜的物體，而當然，也有人兩種都擅長。數學家和物理學家似乎尤其精通物體的空間轉換，藝術家特別擅長視覺化物體的細節，設計師則兩種都強。

讓問題更加難解的是：沒有一種常見的空間能力測驗能預測方位辨識能力（navigational abilities）。能預測認路能力的反而是自評，亦即自己對自己方位辨識能力的評估。在方位辨識上，兩性之間同樣有細微但觀察得出的差異，不過更多是風格不同而非能力高低。女性傾向用方向指示來記路線，男性則傾向依賴羅盤方位。

VI.3 習得空間技能

我教一門心理學榮譽學程好幾年了，這班資優生後來在各種領域都有傑出表現，不只是心理學學得好而已。有一年我們準備共乘去舊金山探索館（Exploratorium）參觀，那間科學博物館很不錯，心理學展品能讓人實地操作。那是沒有手機和導航系統的洪荒年代，我們得仰賴紙本地圖。我簡單畫了張地圖給負責開車的幾個學生，但其中一個說：「我不太會看地圖。」於是我改成口頭說明該怎麼走——有用。我有個同事情況很像。他非常傑出，是國家科學院（National Academy of Sciences）院士，住得離我不遠。我有一次跟他說附近新開了一條小路，開車去學校很方便。結果他說：「饒了我吧，我會搞混。」我要說的是：即使是絕頂聰明的人，也可能在空間思考上卡住。我們還發現：雖然有的人口拙，有的人口才極好，但難以進行空間思考的人十分少見。

空間技能不但可以培養，依國家科學院不只一個委員會的看法，它也是

必須培養的。空間技能是很多職業、任務和活動的根本。大家都知道學校會教閱讀、書寫和算術，可是會教如何理解和繪製地圖、圖表，還有組合和操作說明嗎？要知道，不只科學和數學需要視覺說明，文學、歷史、社會科學和很多科目也會用到。空間思考也是教育裡很重要的一環。

提升空間技能並不需費九牛二虎之力，而且學習空間技能其實很有趣！所有空間遊戲都能發揮這種作用——拼圖，樂高和 Tinker Toys 等建構類遊戲，蛇梯棋之類的桌遊，還有俄羅斯方塊這樣的電動遊戲，都能讓孩子學習空間技能（也能提升大人的空間技能）。即使是常被忽視的電動遊戲（如《俠盜獵車手》之類的動作類遊戲），可能都有益處：它們能改善注意力分配和感知速度。

摔角對空間思考的要求很高，因為掙脫複雜的擒抱很需要這種思考。學習和練習摔角剛好能增進空間技能。要是其他需要空間思考的運動也能增進空間技能，並不令人意外。我們已經知道，很多運動專長跟很多空間任務相關，可是現有資料還不能告訴我們運動能否提升空間能力，或是空間技能更好的人是否運動表現更好。不過，儘管我們還不清楚孰為因、孰為果，但運動和空間技能的關係可能是雙向的：有些空間技能是精進體育表現之必須，而獲得運動專長能為空間技能加分。

想要提升孩子的空間能力，父母、老師和照顧者能做的，絕不僅僅是提供運動、玩具、遊戲等機會而已。以空間交談豐富經驗也很重要。不只要讓孩子注意到空間細節、空間關係、對照、相似處、相異處、對稱性和類比，還要詢問他們這些關係、相似處、相異處、對稱性和類比。善用手勢：指出細節，來回比較對照（相似處、相異處和類比）。玩對照相反的遊戲：進／出；上／下；前／後；頂／底；裡／外。用手勢（甚至全身動作）教這些概念。告訴他們各種形狀的名稱，用詞彙描述它們的特徵，例如 P 開頭的詞有「平行」（parallel）、「垂直」（perpendicular）、「周」（perimeter），D 開頭的詞有

「對角」（diagonal）和「直徑」（diameter），其他詞彙還有「面積」、「圓周」、「半徑」等等。玩猜猜看：那個更高？更寬？更近？每個東西幾乎都能拿來測量一下。依大小排列鞋子、積木或玩具車。畫圖。讓孩子（和大人）學著表達「視覺－空間」關係（陪他們一起做更好），從人和物的高度開始，然後是地圖，再來是某個東西怎麼運作，或是怎麼做某件事，之後再讓他們用紙或手邊任何東西表達各種概念。讀了幾本書或喝了幾瓶牛奶的長條圖。各種讓人眼睛為之一亮的美勞作品。日常生活裡有太多練習機會：各種東西的形狀和大小；身體扭轉和移動的方式；蝴蝶和長頸鹿的斑紋模式；建築物窗花的模式；螞蟻或狗或車子的速度；陰影；各種能拴緊東西的裝置：帶釦、鉸鏈、鑰匙和鎖、彈簧、拉鍊、繩結、螺絲、蓋子。

當然，這些活動不是只有小孩子能做。有人不辭辛勞分析了超過兩百份研究，結果發現：每一個人都能改善空間思考技能，練習技巧也很多。而且練習效果不但能維持很久，也能轉移到其他並未直接練習的空間技能上。這個發現讓人備受鼓勵，也讓人充滿希望。

VII. 空間能力的範圍

大家現在可能覺得有點困惑：我們知道有很多種空間能力，也知道其中有些空間能力似乎連在一起。我們還知道練習能增進很多種空間能力，而且練習一種技能能改進另一種的表現。可是，我們還是沒將空間技能分門別類。

我們現在把鏡頭拉遠，再次思索空間能力的範圍。這些能力像是落在一個從看到做、從感知到行動的連續體上。它牽涉到觀察入微的資質，很多藝術家和設計師具有這種資質，他們透過它觀察視覺世界的精緻細節（也常常藉著它勾勒視覺世界的精緻細節），掌握臉部些微的不對稱、身體和風景的比例和層次、頭的微偏、路的彎曲，鉅細靡遺。它牽涉到判斷和比較：哪個較高？哪個較寬？哪個較遠？它牽涉到團隊運動所需的天分，運動員藉著

它追蹤物體的移動方向——比賽雙方隊員的方向、球的方向,或是飛盤的方向。哪個較快?哪個較高?它牽涉到心中的各種想像:想像某個物體經過不同轉換(如旋轉、折疊或攤開)之後,會變成什麼樣子;想像運動場會是什麼情況;想像物體移動的軌跡(想像軌跡與觀看有關,但也需要以想像補上該物體運動的量)。現在,我們再看看牽涉到空間裡的身體動作和感知的技能:想像辨識方位、摔角擒抱、跳遠、小提琴奏鳴曲、體操技巧、編織、打結。簡言之,這個連續體包括觀看、想像和實做。

　　這個從感知到行動的連續體其實是螺旋狀的,向上的螺旋。感知協助想像,想像協助實做,實做又協助感知。用另一種比喻來說,它們是彼此幫襯。你想畫一道笑容、一個身體或一座山丘,你邊看邊畫,看一眼,畫一筆,再看一眼,再調整一下。你反覆調整,直到熟能生巧,最後看到什麼都能一下筆就畫好。在此同時,你看世界或許也看得更清晰。你練習把飛盤拋向你想像隊友(或狗)會在的位置,練到拋對為止。感知和實做的緊密關係是空間思考的特徵。這不只是實做和感知而已,這是實做與認識。還記得吧?手做轉圈的動作有助於回答心像旋轉問題。用手畫線和點來畫出簡要地圖,也有助於認識和記憶環境。這個連續體內容豐富:有認知,有行動,還有認識。

VIII. 意義

　　我們的心能做出令人驚艷的心像體操,我到這裡為止已經讓大家看到了幾個。這些心像體操把我們在世上看到的東西(還有我們在心裡想像的東西)轉換成無數概念,這些概念有極為基本和日常的(我們用這些概念接球、過馬路、打包行李),也有壯麗奪目和神祕難解的(我們用它們蓋高樓大廈、打一場精采的橄欖球賽、思考粒子物理理論)。雖然它們令人嘆為觀止——它們的確令人嘆為觀止——但高樓大廈、橄欖球賽和縮放粒子畢竟仍是實際存在的東西。然而,空間思考甚至還有更多驚奇等待我們發現。空間思考是

我們怎麼說、怎麼想的基礎，它當然與時間有關，但它也與時間、情緒、社會關係和很多東西有關。請繼續看下去。

PART
2
世界裡的心
THE MIND
IN THE WORLD

5 身體說的是另一種語言

The Body Speaks a Different Language

這章討論的是身體的動作（尤其是手的動作）如何變成姿勢／手勢（gesture）[1]，從而影響我們自己和別人的想法，並建立起合作的基礎——社會黏著。

《冬天的故事》（*The Winter*）第五幕第二場，

侍從甲：「他們的靜默裡有千言萬語；他們的姿勢道盡一切。」

光是看人就能知道正發生什麼事，即使是遠遠地看也是如此。不必聽他們說，你就知道他們在做什麼、他們的感覺是什麼——快樂、憤怒、焦慮、精力旺盛，一覽無遺。你看得出他們的意圖，看得出他們的關係。一對情侶手挽著手，另一對情侶各自站開，姿勢僵硬。你見到幾個人講話，一個頭微偏，一臉困惑；一個向前傾，信心滿滿；另一個微微後退讓出講話機會。一個人對另一個人揮舞拳頭，對方後退一步。前一分鐘還聊得和緩而放鬆，下一分鐘卻談得急促而緊張。別人做的事會讓你知道自己該做什麼事。人到戲院，先排到隊伍後端；看到有人修路，就從他們身邊繞開；看到前面有人衝突，就避到對街以免遭池魚之殃。身體的這些協調動作，常常像弦樂四重奏一樣細緻、流暢而精準。它們是行動，但不是對物的行動（如做飯和穿衣），

1　譯註：這章討論的「gesture」不只是手勢，也包括身姿，翻譯時會依脈絡切換。

它們跟我們隨時在做、會改變世上之物的五花八門的動作不一樣。

我們的身體能做的動作種類多得驚人。我們準備食物，再吃掉它們；我們穿衣，脫衣；我們整理書架上的書、櫥櫃裡的食物、衣櫃裡的衣服；我們組裝家具，縫補衣物；我們彈鋼琴、吹笛子、打鼓；我們操作吸塵器、開車、騎腳踏車；我們走路、跑步、跳舞、爬樹、遛狗、射籃、做瑜伽、滑雪。有些是手的動作，而其中一些甚至會改變世界（像暗殺）；有些是腳的動作，單純改變我們在世界上的位置。還有一些動作既不改變世界，也不改變我們在世界裡的位置——它們改變的是想法，我們的和別人的想法。這些動作是姿勢。有趣的是，很多姿勢是那些改變世界、或改變我們在世界所處位置的動作的縮寫：放、拿、舉、推、轉、分開、混和……等等，數不勝數。作為姿勢，這些動作的行動對象是概念，不是物體。我們講話時也常常把概念當物體，把思考當對物體的行動，例如把概念「合而觀之」、「擺在一邊」、「拆開來看」、「換個角度看」、「攤開來看」等等。

儘管身體、臉和手的表達性十分豐富，可是我們在思考「思考」的時候，想的通常是文字。我們教孩子用文字說話，用文字寫信給朋友，把待辦事項用文字寫下來貼在冰箱上備忘，我們用文字與陌生人溝通對話。為了把文字組織成句子、把句子鋪排成各式各樣的論述，我們學文法規則和寫作技巧。我們從字典查閱詞的意義，從格式指南參考寫作技巧，可是對身體姿勢沒辦法這樣。文字的意義可以在字典裡查，姿勢的意義卻沒有權威字典。沒有把姿勢組織成句子的文法，事實上，姿勢無法成句。

不論在演化上或發展上，姿勢都先於文字。有個理論仍屬推測，但充滿洞見，是關於從猴子到人的語言演化。它從猴子生活中的重要動作（如拋和撕）開始。有個傑出的實驗計畫已經發現：在猴子做這些動作，或看到別的猴子（甚至人類）做同樣的動作時，猴子運動皮質的單一神經元會激發。這些神經元叫運動神經元，它們將做動作和看動作在單一神經元中合而為一，

不同神經元負責不同動作。這是認識動作的大腦基礎。有些人推測行動也是語言的基礎，語言是為了表達行動。拋和撕這類動作的縮短版，可能代表做這些動作的意圖。換言之，縮短版的動作變成手勢。由於猴子大腦皮質中代表手部動作的區域，和人類大腦皮質中代表口說語言的區域重疊，因此前述理論推測：由於聲音表達得比手勢清楚得多，而且能遠距傳達意義，聲音因而取代了手勢。

如果手勢在演化上先於語言，那麼在靈長類身上或許也能觀察到它們。這項研究的要訣在於：我們必須能在野生環境中觀察到靈長類做手勢，因為在實驗室裡，動物的「自然」行為會因為與人類互動，而受到汙染。經過一番辛苦觀察之後，我們的確發現，野外黑猩猩和倭黑猩猩有很多溝通手勢。猿類比手勢的意圖，似乎是要求注意、性、梳理或陪伴。我們也觀察到要求停止某些行為的手勢。到目前為止，還沒有人觀察到猿類計算或指方向。由於猿類會傳遞使用工具和採集食物的知識，如果持續觀察之後發現牠們會用手勢來教或解釋，那會十分令人興奮。

以身體來溝通的現象隨處可見，而且通常不言可喻。你不需要多想，它自然而然就出現了。有人問你問題，但你不知道答案，於是你聳聳肩。我問我五歲孫女 D：「上學上得怎樣？」她的回答：一隻拇指比上，另一隻拇指比下。身體對身體的溝通，要比文字對文字的溝通直接，一個身體表達了某種意義，另一個身體自然而然就懂，而且往往沒有察覺自己有試著了解它的意義。我望向門口，你的頭和眼睛跟著我的視線。我翹腳，你沒過多久也跟著翹腳。交談的時候，我們會越來越常採用對方的詞彙和姿勢，這種現象叫「同步」（entrainment）。同步無疑有助於我們確定懂彼此的意思，它創造出相互了解或共同基礎，是社會模仿（social mimicry）的一種形式。

在彼此模仿時，我們變得更喜歡對方；而對於我們喜歡的人，我們也更可能去模仿。兩者互為因果。相互模仿鼓勵合作。社會模仿即社會黏著。

　　模仿或隱或顯牽涉到的不僅於此。你笑，我感覺到你快樂；你退縮，我感覺到你有難言之隱。我甚至會自動開口笑或退縮，反映你的情緒。這一點連嬰兒都會。情緒反映是同理的基礎。

　　身體對身體的溝通常常是互補的，遠遠不只反映情緒而已。你在雞尾酒會上看到幾個朋友正在聊天，你走近他們，他們張大圈圈讓你進去。一群人原本坐著討論事情，有人起身站起，結束了這場談話。在2016年一場令人不舒服的總統選舉辯論中，比較高大的那個候選人把言詞交鋒帶到動作上，像隻準備撲向獵物的獅子一樣來回繞圈，既向觀眾展現他的力量，也向另一個較為嬌小的候選人散發威脅。姿勢即是身體語言，我們沒辦法把手和頭或身體分開，它們是連在一起的。身體遠遠就能被看見，我們遠遠就能看出迎面而來的人是年輕還是年老，是喝醉還是清醒，是友善還是有攻擊性。臉和手則要靠近一點才看得清。手尤其精巧，它有很多關節和肌肉，能在鋼琴、砧板、手術台和織布機上做出各種驚人表現。手和指頭這些極其細緻的動作，也與表達更細膩意義的細膩姿勢有關。我們現在就來談談這部分。

I. 手會說話

　　手的微小動作充滿意義，手能表達的一點也不比身體的大動作少。嬰兒也是一樣，或者該說，嬰兒更是這樣。小孩子會說話前是用手勢來溝通，很多家長抱怨他們成了寶寶指頭的奴隸，不論他們的指頭說的是「帶我去那裡」或「給我那個」，家長都得聽命辦理。不過，小朋友有些手勢沒那麼咄咄逼人。C一歲半的時候翻她奶奶（也就是我）的行李，先抽出一支牙刷，再挖出一管她以為是牙膏的東西。她把那個東西遞給我，意思是要我打開。我說：「C，這不是牙膏，是乳液。」C看看我，接著像抹乳液一樣搓搓她的手臂，表示她懂了。再舉另一個例子：A也是一歲半的時候，看到一台摩托車上印了飛機圖案。她確定我有在看，先指指飛機圖案，再強調似地指指天空，像

是在說「飛機在天空飛」。她們「說」的這兩句「話」一句是「指」加「比畫」，另一句都用「指」的。這在正學講話的寶寶身上經常看到。這也是在邀請大人回一句「對，飛機在天空飛」之類的話。事實上，這類多媒體產物是口說語言的前兆。較早開始用手勢溝通的寶寶通常說話較早。

現在請想想B的例子：B是天生失明的成人，你跟她問路，想知道該怎麼從一個地方到另一個地方。B回答的時候，手依序比出路線的每個部分。她看不見自己的手勢、不知道你有沒有在看，也不知道這些手勢能不能幫助你理解。

再看看另一個每天都看得到的例子：有人邊走邊快而含糊地說話，一隻手拿著某個平扁、方形的小東西，另一隻手在空中比畫。雖然我們不是對話方，但我們看得見這些手勢，反而是對話方看不到。而且我們現在不再覺得這種行為有什麼奇怪。

人為什麼比手勢？答案很簡單：手勢能直接表達很多意義，文詞則要花時間想和組織。詞語有任意性（arbitrary）。除了少數擬聲詞如「滴答」、「噗嗤」、「咕嚕」之外，詞語與其意義並無關係。在這些詞與它們表達的意義只任意相連時，我們居然能這麼早、這麼快就學會這麼多詞語，實在令人驚嘆。手勢就不一樣了，手勢往往與它們表達的意義直接相關。C用假裝抹乳液在手臂上來表達「乳液」；A用指飛機圖案來表達「飛機」，又用指天空來表達「在天空」。想表達某個東西時，有什麼方式比指出它或比出它的用途更直接呢？這些手勢的功能似乎和口說語言中的詞語或短句一樣，它們基本上替代了詞語，而且對某個年紀的人來說，比手勢絕對比說詞語容易，因為他們這時還無法在未完成思考前流利地吐出言語（儘管在完成思考前流利地吐出言語，事後常常讓人後悔）。不過小孩子最後還是會放棄很多這類手勢，用詞語代替。

成年盲人B的手勢則不同。它們伴隨她的言語、擴大她的言語，表達出

或多或少相同的資訊，可是是以更自然的形式。她的手勢與她的言語合作——或者更可能是與她的思考合作。她的手勢沒有取代詞語。在她說話的時候，她用手勢一段段比出路線，以直線代表街道，以屈手表示轉彎，串起她的手勢就是一張路線圖。她的手勢是用來幫助她思考的？還是對她看不見的問路人有意義？

手勢一方面能代表可以用單一詞語表達的想法（例如C用搓手臂代表「乳液」），另一方面也能用來在空間中創造出大致結構（例如B用手勢比畫路線）。後一種空間結構跟「飛機」不一樣，不能用單一詞語表達；也跟「在天空」不一樣，它更難，難到無法用幾個字表達。B的手勢的邏輯跟語言的邏輯很不一樣。這些手勢構成一連串圖解，組織也表達出一整組思考。它們的結構不是語言的結構。手勢不依循文法規則。我剛剛談到手勢涵蓋的範圍多廣時，你可能也注意到了：連我用來表達這件事的詞語都是一組手勢——「一方面（on the one hand）……另一方面（on the other）」。這組手勢創造出空間性的視覺圖解，一條代表豐富意義的連續體的水平線。

II. 手的比畫

手勢能做很多事，其中一個是在空中比畫，而手勢和速寫、繪畫、圖示、圖表、圖畫、模型等圖像之間，有很根本的相似性。手勢和圖像都是由空間中的動作創造出來的，都是用來描繪自身之外的東西，但它們有時候（如構思圖畫和舞姿時）有雙重角色，在這種時候，它們既是描繪你構思的東西，也是你構思的東西本身。手勢和圖像依循的，也都是一種更為直接、有別於語言邏輯的表徵邏輯（representational logic）。更重要的是，它們都形似於它們所描繪的東西。當然，手勢和圖像之間也有不同之處。手勢雖然是畫，不過是粗略地畫，用指頭、手或身體去畫，而非用鉛筆或水彩筆畫。它們一定不如繪畫或速寫那樣精緻，而且消失得快。圖像雖然可以保存，不過是靜態

的（動畫除外，但動畫也有它們的問題）。手勢和圖像還有另一個重大不同：手勢表現於此時此刻，而各種描述和圖像都不受此時此刻的短暫脈絡所限。後者能勾勒不在當下的事物或事件、屬於過去或未來的事物或事件，這是它們與語言共同具備的優勢。

　　由於手勢能呈現的東西這麼少又這麼不精確，手勢非抽象不可。抽象至少包含刪減資訊，但不是毫無差別地一體刪減，而是選擇出其所欲表達的概念的關鍵特徵，並刪除不相關的部分。（我聽到你在說：**說話不也是這樣嗎？**）就手勢來說，這代表要選擇能夠扮演和空間化的特徵。用圖像表達也是一樣，我們必須選擇哪些要呈現、哪些該略過。但圖像傳達的東西還是比手勢多很多，有時候甚至過多，多到觀看者無法消化，結果不得不自行尋找需要的資訊，並進一步篩選。手勢跟圖像不一樣，它只短暫存在，不會停在那裡讓你仔細研究。圖像需要紙、筆等工具，手勢需要的工具則不多，除了我們這副軀殼之外，只會用上我們周遭的世界。最後，手勢是動作，而且經常是在世界裡的簡化動作，所以動作比靜態圖像更適合呈現。簡言之，手勢具有這些特徵：它們用空間中的行動來創造意義；它們代表並非自身的東西；它們類似於它們描繪的東西；它們是抽象而簡略的；它們存在短暫；它們本身就是動作——這種種特徵，都有助於我們了解它們傳達的內容和方式，還有它們如何既影響創造它們的人怎麼想，也影響見到它們的人怎麼想。

III. 手勢的種類

　　人都喜歡給事物分類，將類似的東西擺在一起，把不一樣的東西分開。分類、字典、目錄、範疇的目的都是如此，它們也確實有用。把資訊歸入各個類別，再將這些類別歸入更大的類別，能讓一切變得更為簡便。可是，我們無法嚴嚴整整地為手勢編目，也難以為我們在空間中的行動創造意義的方式分類。除了少數幾個固定手勢（如「OK」、豎大拇指、擊掌），新手勢持

續不斷出現，我們隨時都在依情境發明手勢（這也是手勢的特色之一）。當然，我們也隨時都在發明新詞（天知道「email」和「spam」這兩個詞是什麼時候出現、又是什麼時候變成動詞的），但我們通常是依詞語發明詞語，而且被發明的詞語契合談話，不是名詞就是動詞或形容詞。可是手勢不一樣，手勢沒有句法、沒有文法，也跟詞類八竿子打不著。句子幾乎總是在對話中被臨時創造出來，或是在作詩時被仔細推敲，沒有無所不包的句子目錄可以查考。不過，談話和論述的確能分成幾類，連手勢都能。這些分類並不嚴整，很多手勢同時屬於一個以上的類別。但即使如此，這些分類還是有用的。以手勢來說，廣獲接受的分類是象徵（emblem）、節拍（beat）、指涉的（deictic）、圖像的（iconic），還有隱喻的（metaphoric）。分類標準部分是形式，部分是功能，部分是語意，部分是綜合判斷。

象徵是有如詞語的固定手勢，例如「OK」、「讚」和「和平」的象徵手勢。左右搖頭代表「不」，上下點頭代表「是」。揮手打招呼或道別。象徵手勢往往用來簡單回覆或招呼，因此它們通常單獨出現，很少跟其他手勢或詞語結合成更長的表述。

節拍是伴隨說話的有節奏的手勢，通常在句子或子句的開頭出現。它們能為論述賦予結構，並推進論述。它們能用來強調。雖然大家認為節拍沒有語意內容，但它們常常是有的。在政治辯論場合——指出對手的問題時重複敲擊講台，是節拍；在陳述要點時用手強調「第一……第二……第三……」，也是節拍。不過，後一種節拍通常沿著空間中的水平線前進，它們建立出一個範圍，讓一組事物在這個範圍裡依序出現（依時間序說明各個事件，依序介紹出賽隊伍，依票房宣布電影名次……等等），所以它們帶有語意意義。我們的心很喜歡排出次序和高低。

指涉的手勢是用來指。deictic與它的名詞型deixis（意思是「指示語」）源自希臘文，意思是呈現、展現、證明或指出。古怪的是，儘管「deixis」

的原始意義如上述，它一開始卻是用來指涉詞語，而非手勢。**指示語**指的是「這裡」、「那裡」、「我」、「這個」、「那個」、「下個」、「現在」這些詞，而這些詞必須擺在此時此刻的脈絡來了解。前一句的「現在」現在已不是現在。

「指」的主要作用，是把此時此刻的世界帶進對話。「指」同時把注意力引向世界裡的某個東西，也指涉世界裡的那個東西：飛機（指天空）；吃（指餅乾）；走吧（指外面）；爸爸（指鞋子）。很多對話都與此時此地有關，跟小孩子講話尤其如此。不過，用指的把世界裡的某個東西帶進對話，不只適用於小孩，也適用於大人——跟別人講路怎麼走時是如此，點想吃的甜點時是如此，指定下一個輪到誰時也是如此。

「指」常常被當成最簡單的手勢。朝正在想的東西伸出手指，有什麼比這更簡單嗎？它們的意義就在眼前，不是嗎？連嬰兒都能流暢地指東指西，而且很小就會，有什麼難的呢？不過，「指」其實沒那麼簡單。比方說我講話時指了一本書，我可能是提到以前看過的某本書，可能是說那個尺寸可以拿來當門檔，可能是說我最近買了本書，可能是說我朋友忘了拿走，也可能就是在說那一本書。即使我就是在說那一本書，我談的可能是它的書名，可能是它的內容，可能是它的作者，可能是它帶給我的樂趣，可能是它的影響，可能是它的尺寸，可能是它的封面，也可能是各式各樣與它有關的其他特色。要看脈絡才弄得清楚我為什麼指那本書。

讓問題變得更加複雜的是：指不是單一手勢。指甚至不一定要用指頭。我們可以用指頭指，也可以用手、用頭、用肩膀、甚至用眼神指。簡言之，指的方式很多。也許有人跟你講過用手指人不禮貌，也許用頭或眼神指更低調，不容易被別人發現。朝門口一望，可能代表「陪我去看看出了什麼事」，也可能代表「該走了」。指的方式牽涉到很多層面，牽涉到為誰而指，牽涉到指的是什麼，還牽涉到指的當下的環境脈絡，包括具體的、社會的和對話的脈絡。

　　更古怪的是，指的對象也可能是完全不在這裡的東西。朝已經離開的人的位置頷首，或是朝已經拿下桌的盤子的位置點頭，可能是指那個已經離開的人，或是那個已經拿開的盤子。不僅如此，我可以用指的勾勒出想像的世界、記憶裡的世界，或是一個完全基於假設的世界，不論它是具體的或抽象的。我還可以繼續指著我在想像世界裡想像的東西，動動手指為它們挪挪位置。建構想像的世界並讓它動起來，其實就是美國手語的特徵。

　　圖像的手勢是用來描繪。它們呈現出物體、空間或動作的特徵。圖像手勢的原型是「那條魚有這麼大」，用手比出那條釣到或跑掉的魚有多大。圖像手勢不會也無法呈現物體或動作的所有特徵。以「那條魚有這麼大」手勢為例，雖然它比出那條魚的水平長度，但它並未表達那條魚的輪廓或游的動作。圖像手勢也能描繪動作，例如做出昂首闊步、趾高氣昂的動作，以表達「他走進門的樣子好像他是主人似的」。

　　隱喻的手勢表達的，是可描繪但非文字的特質或抽象概念。有大魚，也有**大**概念。當然，概念在現實意義上沒有大小尺寸之分。我們之所以說某個概念很「大」，可能是因為它浮誇荒誕，可能是因為它含括很多其他的概念，也可能是因為它的意義十分豐富。比「這個概念很大」的手勢跟比「那條魚很大」的手勢不一樣，魚有形狀和前後左右，概念沒有。對於像概念這種可以當成實體、卻又沒有特定形狀和前後左右的東西，一般人是怎麼比的呢？比球形。所以，人應該是把「大概念」想成某種圓圓的東西，而不是像魚那種長長的東西。比「大概念」時可能手指微屈，像抱一顆球。隱喻的手勢也可以是動作，例如把頭前後左右快速擺動，可以表達一個人從一個想法跳到另一個想法；攤手上下搖晃如蹺蹺板表示不確定。

　　我們的想法和談話已經滲入各式各樣的隱喻，手勢也不例外。隱喻能發揮作用的原因之一，是它用相似的東西描繪不相似的東西，用具體的東西勾勒抽象的東西，用我們認識的東西表達我們不認識的東西。很多隱喻因為用

得頻繁而成了「死隱喻」（dead metaphor，當然，這裡的「死」也是隱喻），常見到我們甚至不會注意到它們其實是隱喻，例如「內心煎熬」、「索盡枯腸」、「人生旅程」、「選戰」等。在最近一次總統選戰中，有個政治評論者是這樣點評幾位候選人的：兩大黨的候選人一個有駕照，另一個連學開車的許可證都沒有，小黨參選人則是沒車。莎士比亞是創造隱喻的大師：人生如戲；茱麗葉是太陽；生命像張網。當然，隱喻不會把所有的意義都轉移給目標。從「網」轉給「生命」的是錯綜複雜的交疊，不過交疊的是事件和關係，不是從蜘蛛腹部擠出的細絲。同理，茱麗葉固然照亮羅蜜歐的生命，可是她不是天上那顆灼熱的星球。隱喻手勢也是一樣，只轉移部分特徵。手勢能顯明是哪些特徵。

IV. 手勢透露想法

我的丈夫在以色列當過傘兵。傘兵的其中一項訓練，是在夜裡讓他們獨自降落在沙漠，而且不給地圖。你要嘛自己找到路回去，要嘛⋯⋯總之，他是個方向感很好的人。許多年後，在一個友善得多的環境裡，光線充足，路也鋪得好好的，難得的是開車的是我，帶路的是他，他不是指著左邊跟我說「右轉」，就是指著右邊跟我說「左轉」。不過，他講的是什麼其實沒那麼重要，因為身比心快，我知道該照著他的指頭走，別照著他的話走。詞語和動作的關係是任意的，指和動作的關係則是直接的，這份關係在身體內，也在世界裡。你指你想去的方向。人的手勢有時候和他們說的話相反。在那種時候，請好好留意他們的手勢。

小孩子更常這樣，因為他們常常不夠精通用語言說明事情。來看一個標準皮亞傑對話實驗的例子：把兩排數量相同的跳棋棋子擺在小孩面前，研究人員將其中一排棋子距離拉開，問：「現在這排的棋子（指拉開那排）有比較多嗎？還是一樣？」孩子回答之後，研究人員還會問他們原因。年

紀很小的孩子會說「變多」，較大的孩子則能正確回答「一樣」。不過，有些孩子說的是一回事，手勢卻是另一回事，研究者稱這種不協調為「錯配」（mismatch）。舉例來說，有的孩子回答「變多」，手卻指著兩排之中相應成對的棋子。這種一對一的手勢顯示：這個孩子快要弄懂問題意義了。在這個實驗裡，錯配的手勢並沒有扭轉他們說出口的話，跟我丈夫指右卻說左一樣。在很多錯配例子裡，手勢和言語傳遞的是不一樣的訊息。

學齡兒童學解算術等式時，也會出現錯配現象。有些孩子雖然算錯，可是仍用手比 V 指著等式兩邊，這代表他們已經開始領會等式兩邊必須是相等的。重點來了：在這兩個例子裡，孩子的錯配都預示了理解的躍進。亦即，指著等式兩邊的孩子，很快就會理解等式兩邊必須相等；指著成對棋子的孩子，也很快就會理解拉開棋子距離並不會增加數量。不僅如此，老師似乎也注意到回答和手勢不一致的情況，並運用這一點來教學，幫助孩子增進理解。老師們感覺到這是教學良機，趁孩子錯配時給他們更多指導。

學生的手勢還透露出其他有助於教學的資訊，尤其是他們的問題解決策略。在孩子說明他們怎麼解等式時要他們比手勢，可以從手勢看出他們沒說出口的策略，例如他們正在加等式裡的哪些數字。這有點像讓學生秀出他們的成果，在這種時候，他們更可能從指導中受益。

反過來說，在老師提供言語和手勢兩種不同的問題解決策略時，孩子能學得比他們的手勢和言語相符時更好，也比兩種策略都以言語表達時更好。

V. 手勢演出想法

手勢展現想法，而且經常比言語展現得好得多。這對真正宏大的概念尤其重要，例如（康德的）三大概念：空間、時間和因果。這三個都是多面向、可空間化的概念，而且能用很多方式空間化。建立概念的概要空間（schematic space of ideas）是手勢的重大能力之一。很多姿勢研究分析的單一

姿勢把焦點放在手勢（或是僅止於計算手勢）。雖然這些研究的確深具洞見，但因為焦點太窄，忽略了一連串有意義的姿勢整合起來的力量。是這些有意義的姿勢將概念放上舞台，準備互動。

康德三大概念漏掉的是情緒，情緒不是他的基本先驗概念（空間、時間和因果）之一。可是，如果空間、時間和因果是依序更加抽象，情緒的抽象程度甚至更高，只不過情緒跟它們不在同一個概念連續體上。情緒在自己的概念連續體上，或者該說，情緒的連續體不只一個。如果表達空間、時間和因果用的，是一連串整合起來的姿勢（通常是手勢），情緒常常只用單一姿勢（通常是臉的姿勢）。不過，情緒仍是每個感知和每個思考的一部分，我們不能忘記這點。

無數幽微而無以名之的情緒可以用身體和臉表達，甚至光用眼睛和眉毛就能表達。不論**挑眉**算是動作還是表情，它都已成為懷疑的同義詞。在第二章談身體周遭的世界時，我們其實已經討論過情緒，現在再嘴一下[2]。嘴能表達不少情緒，笑、嘟嘴、哈欠、撇嘴。話也是從嘴巴發出來的。我想這樣講是很中肯的：我們經常透過身體和大腦的鏡映，直接經驗到別人的情緒，就像我們經常經驗到別人的動作那樣。

空間。用空間表達空間似乎理所當然，可是在心理學界，不做實驗就沒人信你。所以我們做了。我們請受試者來實驗室，先拿一張簡要地圖請他們看，再請他們對著攝影機描述地圖上的環境，讓看影片的人知道哪裡有哪些東西。如我們所料，大多數人（但並非全部）用比的。很多人比出一長串能整合在一起的手勢，以空間線條描繪出地圖上的地點和路線。有的人是在虛擬的垂直黑板上比，有的人是在虛擬的水平桌面上比。絕大多數手勢是以線代表路線，以點代表地點。

2　譯註：作者這裡用了俚語「give lip service to」（口惠；只出張嘴），所以這樣譯。

接著是**時間**。時間往往被抽象化為單維度的線。可是，是怎麼樣的線？隨語言和情況不同，那條線可能是從左往右畫，也可能是從右往左畫，可能是從身體前方畫到身體後方，也可能反過來從身體後方畫到前方。線的方向取決於對時間的想像。在某些語言裡，未來在前，因為我們在概念上是向前邁向未來，或是未來迎向我們。在另一些語言裡，因為過去是已知的，所以在前；而未來還看不見，所以在後。講中文的人把時間比成垂直的，早的在上，晚的在下，跟月曆一樣。在有紙筆的時候，把時間從左往右或從右往左畫出來很方便，在難以表達前／後的社會情境裡，這種方式也比較簡單。至於時間是從左往右或從右往左，似乎主要與閱讀／書寫方向有關。

因果。因果比空間、時間困難得多。因果關係有很多種，而且其中很多是看不到的。不過，很多因果關係的因和果是動作，這就讓圖像手勢有發揮空間。我們再回實驗室看看人會怎麼比因果關係。在一項實驗裡，我們先請學生研究岩石循環或心臟運作，再請他們在鏡頭前介紹這些系統。結果發現：他們通常會先用手勢畫一大張虛擬圖，再把該系統的部分一一擺進去。換言之，人會以手勢為空間裡的地點畫地圖，會以手勢表達不同事件的時間線，也會以手勢說明因果關係。事實上，手勢能為因果關係做的，比它能為空間中的地圖或時間做的更多。我們不只能用手勢呈現系統裡的部分的動作，還能用手勢說明系統裡的動作之間的因果關係。換句話說，手勢在描繪因果關係時擔了兩倍責任，這讓手勢在解釋因果關係上格外重要。

我們先在三大概念的例子裡停下，但講到這裡應該很清楚的是：這只是「手勢能演出想法」的開場而已。不過，能描繪空間、時間和因果的手勢，能做到的遠遠不只是演出想法而已——手勢還有改變想法的力量，它們不但能改變做手勢者的想法，也能改變看這些手勢的人的想法。

值得一記的一般事實之二：手所創造的表徵與詞語創造的表徵十分不同。

談到現在，也許我已說服你同意人自然而然就會比手勢，還有手勢能

比言語更直接地表達很多不同概念。是的，全世界都是如此；而且沒錯，手勢跟所有事物一樣，也有文化差異。我現在需要說服你的是：手勢還是不太一樣，因為它能有效影響我們與別人和自己的溝通，而且它的效力比言語更大。幸運的是，有很多例子可以證明這兩點。相關研究對手勢如何發揮作用提供了更多洞見。

VI. 手勢有助說話

請試看看：坐在手上，然後開口說明怎麼從你家到超市、車站、你的辦公室或學校。這不只是思想實驗而已，我們真的進行過控制嚴謹的實驗室實驗。在我們請受試者坐在手上說明或描述空間關係時，他們講話會遇上困難，不時說不出話。

天生失明的人也會比手勢（大人和小孩都是如此），連對彼此講話時也是如此。他們從來看不見手勢，也看不見對話的對象，他們的手勢似乎是為自己比的。盲人比手勢似乎是為了幫助自己思考，跟前面那個實驗裡視覺正常的受試者一樣。不過，人不能用手的時候，其實不只有講話會遇上困難而已。不讓人比手勢不只干擾說話，也阻礙思考。

VII. 手勢有助思考

有個關於華萊士・史蒂文斯（Wallace Stevens）的傳聞不曉得是不是真的。這位備受敬重的詩人在保險公司上班，每天安步當車，腳步就隨著心中詩句的節奏。據說他修改句子時，會退回想出那句的地方，改好之後才繼續向前走。

我們現在從作詩轉向另一個世俗得多的心智活動：計數。請試看看：把一把零錢散在桌上，然後開始計數，但不能指也不能挪動它們。小孩子學到要在計數時輪流指著每一個物體，這樣數得更快，也更不容易出錯。當大人

在計數時手被綁住，他們會邊點頭邊數。而當然，如果連頭也不能動，他們就用眼睛數。邊數邊指能讓人盯住計數。邊指邊數是動作還是手勢呢？也許兩者都是。

想證明手勢有助於思考，除了要能觀察到勾勒思考的手勢，還必須證明：人思考時也會比手勢（不只有說話時會比）；人邊思考邊比手勢時，能思考得更好；還有，阻礙人比手勢會干擾他們思考。驗證這些事有另一項方便：看人思考時比的手勢很直接，看就能推測他們在想什麼，不必動用觀察大腦活動的儀器。

要做到這些事，代表我們必須進實驗室。我們一開始的研究計畫，是請受試者單獨待在密閉的房間裡解答問題，或是記憶複雜的描述。我們知道人在講這些事時會比手勢，可是在這項研究中，受試者並沒有談話對象。

我們先請他們解題。這裡是其中一個例子：

一排 6 個玻璃杯，左邊 3 個是空的，右邊 3 個是滿的。該怎麼只動一個玻璃杯就讓排列變成空、滿、空、滿、空、滿？

你想出來了嗎？學生大多會邊解題邊比手勢。他們用手勢呈現問題：有3 個空玻璃杯和 3 個滿玻璃杯要排成一列，可是排列方式不同。有的人左右手各比 3 根手指，有的人用食指在桌上畫出一排玻璃杯，每組 3 個，分成兩組。不論是哪種方式，他們的手勢都勾勒出問題內容。因此，這些手勢不是指涉、圖像或隱喻那樣的單一手勢，遠遠不只：它們是一系列相互配合的手勢，一起構成這個問題的空間表徵，成為這個問題的虛擬圖示。雖然這個發現本身已很有趣，但另一個發現更令人訝異：比手勢的人比不比手勢的人更可能解開這個問題。為什麼比手勢有助於解決問題呢？

在嘗試了解為什麼比手勢有助於解決問題之前，我們必須釐清這個現象

有多普遍：在理解和學習其他種類的資訊時，人也會比手勢嗎？因為我們已經知道人在描述環境時會比手勢，我們從那裡著手，設計小鎮地標或運動設施之類的題目。環境原本就是空間，可是不論把環境記在心裡或紙上，都會把它們抽象化——我們會把它們變成一張簡要地圖，把位置和路線簡化成點和線。我們想知道的是：人單獨在房間時，還會藉比手勢來呈現和記憶對環境的描述嗎？還會比手勢畫簡要地圖嗎？兩個問題的答案都是：會。

　　就像邊讀問題邊想解決方式時一樣，大多數人（但並非全部）邊讀空間敘述邊記憶時，會比手勢。比不比手勢，跟敘述裡的環境是戶外或室內無關，與環境是大是小無關，與敘述所採的視角是從上方或內部也無關。跟解六個玻璃杯問題時一樣，受試者以手勢畫出虛擬的環境草圖，但作風各有不同：有的在桌面比，有的在空中比，有的在桌子下方比；有的是用食指畫線或點，有的是用整隻手掌。不過，這些手勢在語意層次是類似的：線狀手勢表示路線，點狀手勢表示地標。其他環境特徵如公園、學校、健身設備、游泳池等等，則很少被描繪出來。他們畫的是梗概，像簡要地圖。

　　這個實驗再次證明：手勢有助於思考。對於與環境有關的問題，比手勢的人答對得比不比手勢的人更多。他們答得更快、更準確，也更能回答從敘述中沒提到的角度提出的問題。有些人只比一部分敘述，而非全部都比——有比的部分他們答得更好。為了進一步確認比手勢的效果，我們請另一組學生坐著手讀和記這些敘述。果然，坐著手的人表現得比能比手勢的人差。

　　環境是豐富而複雜的，手勢也是。大多數人會比出一長串手勢，有時候還會隨著領悟增加而修改。他們很少看手，就算看了，也只是稍稍一瞥。換句話說：手勢表徵是空間－運動的（spatial-motor），而非視覺的。依據這點，我們更能了解為什麼天生失明的人會比手勢——重點是在空間中做出這些動作，而不是看不看得見這些動作。

　　令人意外的是，雖然邊讀邊比手勢是同時做兩件事，但比手勢不會拖慢

讀的速度。我們通常認為同時做兩件事會增加認知負荷，從而降低表現，可是邊比手勢邊思考卻不是如此。這種情況頗弔詭的是：增加認知負荷反而能減少認知負荷。

看懂文字說明並不容易，想出哪個東西在哪裡需要花力氣。說明是一列又一列水平排列的文字，它們與環境只有象徵關係。可是手勢不一樣，手勢一步步把地點和位置放在虛擬地圖上，讓它們相似於環境。手勢基本上是把語言轉譯成想法。

手勢對每一類思考都有幫助嗎？我們的推測是：手勢有助於複雜的和可以被空間化的思考。對理解物理和機械基本動作的研究支持這項看法。一排齒輪之所以能發揮作用，是因為兩兩鄰接的齒輪會以反方向轉：順時針轉的齒輪兩邊的齒輪是逆時鐘轉，這叫宇稱性定則（parity rule）。比手勢有助於掌握宇稱性定則，亦即：在一列齒輪裡，每個相接的齒輪都逆轉轉動的方向。

比手勢也有助於了解水平面問題：在玻璃杯傾斜時，水平面還是跟地面平行，不會跟玻璃杯一起傾斜。想像玻璃杯傾斜對了解這點沒有幫助，但像拿著玻璃杯一樣傾斜手掌有助於了解。這個差別雖然費解，但很重要。簡言之，在了解「即使玻璃杯傾斜，玻璃杯的水平面還是與地面平行」這件事上，想像不如做傾斜的動作有效。

手轉對方向也能幫助一些人解決心像旋轉問題。

由於環境原本就是空間，我們進一步探究人會不會用手勢了解並非空間的東西。我們請學生讀各式各樣文字說明（宴會籌辦人的時間表、人們偏好的電影類型、以經濟成長排序的國家排名、汽車煞車或腳踏車打氣筒如何運作、兩個三位數數字相乘……等等），請他們記住內容並從中推理。每項任務大約都有三分之二到四分之三的受試者邊讀邊比，而他們比的手勢勾勒出那些問題的虛擬圖示。雖然每個人的虛擬圖示形式差異很大，但它們呈現的資訊精髓是一樣的。在每個案例裡，邊讀邊比都能加快答題速度，這代表比

手勢的確能統整資訊。在機械系統的問題中（如汽車煞車和腳踏出打氣筒），邊讀邊比更能增進答題表現。我們還發現：在思考環境地圖和機械系統問題時，即使給受試者的不是文字敘述，而是圖示，他們還是會比手勢。換句話說：在嘗試了解系統和環境的時候，即使已經有視覺化資訊，很多人還是會用手勢比出它們的「空間－運動」模型。

　　觀察人們閱讀和理解時的手勢，就像是在觀察他們的想法。不必監測大腦活動，一切盡在眼前。我們有些學生會用手指指節當圖表的欄和列，藉此呈現偏好或時間表。有些學生則是在桌面畫虛擬圖表。描繪機械系統（汽車煞車和腳踏車打氣筒）的手勢差異很大，也尤其有創意（人的圖示也是這樣，我們後面會談）。不過，儘管手勢（和圖示）差異很大，它們都是將系統動態和基礎結構抽象化。跟之前一樣，我們請一半的受試者把手坐著。值得注意的是：被要求坐著手的人幾乎有三分之二無法遵守指令，他們沒辦法不比手勢！好像不動手就不能想似的。有些人就是這樣跟我們說的。

　　手在思考中扮演的角色實在有趣，也實在令人訝異。可是手勢不是萬靈丹，它無法保證你想對，建議別人比手勢也未必能增進他們的表現。比手勢是思考過程的一部分，它描繪出思考，但思考未必是對的。當思考出錯，手勢也會跟著出錯，此時當然無法獲得正解。我們請學生回答的另一個問題正好說明了這點，你也可以試著想看看：港口停了一艘船，船邊懸著一條 10 階繩梯，每階間距 12 吋，最低的一階觸到水面。因為漲潮的關係，水面每小時上升 4 吋。請問：水多久會淹到繩梯從頂頭數來的第三階？

　　這個問題似乎是我們國中做的速率問題，對吧？可惜不是。這個題目有陷阱，我們找來參加實驗的大學生儘管聰明，但大多數都答錯。邊解題邊比手勢的學生占多數。他們通常是一隻手計算，一隻手比繩梯的階。比手勢的學生能更準確地成功計算出錯誤答案——也就是水淹到從頂頭數來第三階的時間。如果那艘船是固定在海床上的話，他們的答案沒錯——可是船會浮，

所以水面相對於繩梯的距離不會隨潮汐改變！因此，「水多久會淹到繩梯從頂頭數來的第三階？」的答案是：**絕對不會**。了解「船會浮」並不需要手勢，「船會浮」是要從記憶提取的事實。所以在這個例子裡，比手勢的人反而更容易解錯問題，因為他們的手勢根據的是錯的思考。

手勢要發揮效果，就必須以正確的方式呈現想法。如果與思考契合的手勢能提升思考品質，那麼，我們應該能透過設計手勢來協助大家理解、學習、思考和解決問題。教物理時其實經常用到這類手勢之一：我們教學生豎起拇指，與相鄰的食指和中指互為直角，形成三條軸，解向量問題時可轉動參考。在學校裡，我們教孩子用食指和中指比V字，分別指向等式兩邊，幫助他們了解等式兩邊是相等的。我們發現，學過這個手勢的孩子，對等式背後的原理了解較深。

在鼓勵學生依思考方向比手勢方面，觸碰式平板電腦提供了絕佳機會。舉例來說，加法是不連續型任務（discrete task），每個數字獨立計入；數線計數則是連續型任務（在數線計數題中，我們是給學生看一條標示1到100的水平線，給他們一個數字〔比方說27或66〕，再讓他們在數線上標記那個數字）。在加法題搭配不連續的一對一手勢時，還有在數線計數題搭配連續型手勢時，孩子們表現得較好。

VIII. 表徵手勢如何發揮作用

我們已經看到：人自然而然比的手勢能幫助他們思考，這些手勢把思考具體化，直接反映出想法。這些手勢不是用詞語或象徵表現想法，而是用空間中的行動表現想法。這部分挺神祕的。這些手勢不只是為了喚醒運動記憶（motor memory）而已。舞者、鋼琴家、外科醫師、網球選手和打字員會做一些手勢，用來喚起運動記憶。這種手勢是他們實際要做的動作的迷你版。可是用手和指頭比畫環境地圖，跟實際走進那個環境完全不一樣。手和指頭這

時是用來描繪（represent）環境。這種對映（mapping）是抽象的。走進環境時，我們走的是路。我們可以把這些路想成線，再用移動指頭或手來描繪這些線（或是用手指、手或手臂做出不連續的劈砍）。我們也可以把地點抽象化為點，再用很多不同方式描繪這些點。同樣地，我們可以把各種電影類型想像成點，再把這些點依序排在一條線上，藉此呈現我們對各種電影類型的偏好。我們也可以用同一種對映方式表現時間裡的事件，把每個事件化為點，依序排在一條線上。不論是環境地圖、電影類型偏好，還是依時間先後發生的事件，用的都是這種原始的表徵手法（用這種方式表現的東西還有很多）。我們用點表示地點或概念，用線描繪它們之間的關係。除此之外，我們還會比畫圓形、箱形和其他很多東西。到第八章談圖像時，我們還會回來談相關問題。我們也把同樣類型的比畫應用在紙上。

　　人邊想邊比手勢還有另一個好處：它們讓我們看見思考活動。別人能看見我們在思考，我們也能看見別人在思考。在思考發生時即時看見它。我們現在來看看另一個問題：這些有助於我們自己思考的手勢，是否也有助於別人思考呢？

IX. 手勢改變別人的思考

　　我們再一次從嬰兒談起。照顧寶寶的人若能同時使用手勢和語言（而非只說話而不搭配手勢），寶寶吸收字彙的速度較快。原因可能是手勢（例如指）釐清了詞語指涉的對象，或者做出了詞語所指的動作，也可能是手勢描繪出詞語所示的東西。可能三個原因都有，也可能還有更多原因。嬰兒看到手勢之後，他們自己也會更常比手勢，而我們前面講過：比手勢有助於記住更多字彙。

　　看到自己的寶寶學會數數，家長總是相當自豪，但他們很快會感到疑惑：為什麼這些小天才明明能照正確順序講出數字，卻回答不了「有幾個？」

對寶寶來說，數數只是把一串字跟指一串東西搭配起來而已。數數其實跟字母歌一樣，只是死記，再搭配用指頭指。這種對數字的認識，跟我們對數字的認識並不一樣。請別誤會我的意思，我不是說寶寶會數數沒什麼了不起的，這的確是值得高興的成就。數數——懂得一對一的對應、了解一個數字搭配一個物體（不管那個物體是什麼）、知道要逐個增加數字——是很棒的表現，其他靈長類不會這樣做。可是，一對一對應畢竟只是認識數字的一部分，寶寶們之所以答不出「有幾個？」是因為他們還不懂**基數**（cardinality），亦即：最後一個數字，也就是最高的那個數字，是這組計數的總和。如果你拿一張裡頭有兩堆東西的照片給他們看（比方說一堆是約拿的糖果，另一堆是莎拉的糖果），問他們每個孩子有幾顆糖果，他們常常是數完約拿的糖果後直接數莎拉的，中間不停下來重新計數。在這種時候，為每堆糖果比個圈能幫助他們分開計算，這是了解基數的重要一步。比圈手勢畫出每堆糖果的界線，莎拉的糖果是莎拉的，跟約拿的糖果分開來。看到這個手勢之後，孩子們更容易在界線停止計數。

接下來談大人。對別人說明某個東西時，我們往往會比手勢。這些手勢通常比我們為自己比的手勢大，數量也更多，它們一起發揮作用，構成與口說敘事平行的敘事。如果說話者會為別人把手勢比得較大，並把這些手勢連成敘事，那麼，他們可能是認為手勢有助於聽他們說話的人理解。在別人告訴我們路該怎麼走、或事情該怎麼做的時候，我們當然會依賴他們的手勢。可是，這種手勢描繪的，是我們準備在外在世界做的事，對於那些意在改變思考的手勢——亦即，意在在我們心中形塑表徵的手勢——我們會有什麼反應呢？

為回答這個問題，我們來看看另一種概念，一種不分年齡和職業都需要學、可是並不好學的概念：複雜系統（complex system）。政府如何運作？哪個部門負責什麼？法律怎麼制訂？在法庭攻防中會如何受到挑戰？選舉怎

麼進行？寶寶怎麼生出來的？心臟怎麼發揮作用？莎士比亞的劇裡有哪些角色？哪幾個是主角？他們之間的社會和政治關係如何？哪個人做了什麼？跟其他人是怎麼互動的？雖然這些問題各自相異，但它們底下是同一個複雜系統，有結構層（structural layer）和動力層（dynamic layer）。結構是部分的佈局，動力是行動的因果順序。結構牽涉空間，動力關乎時間。

　　現在已有幾十份研究顯示：掌握結構比了解動力容易。結構是靜止的，動力則與改變有關，而且常常涉及因果關係。初學者和我們這些空間能力不算好的人能了解結構，但了解動力需要專長、能力或努力。把結構畫到紙上不難，例如一座城的地圖、政府組織職掌圖、花卉部位圖、家族樹狀圖，還有各式各樣的網狀圖。可是動作不是靜止的，動作不容易掌握，也不容易呈現。行動和因果都是多樣而殊異的，而且可能是眼睛看不到的，例如力和風。

　　既然手勢是動作，描繪動作的手勢能不能幫助人了解動力呢？為觀察人如何了解動力系統，我們以認識汽車引擎運作為實驗任務。我們寫了一份稿子，說明汽車引擎的結構和動作，詳盡程度配合實驗所需，與回答我們稍後要問的問題有關的資訊我們都寫了進去。接著，我們請同一個人用同一份稿，拍兩段影片說明汽車引擎。一段影片有11個比結構的手勢（如活塞的形狀），另一段影片有11個比動作的手勢（如活塞的動作），但兩段影片會出現同一張基本圖解。我們找了一大群學生，分別讓他們看其中一段影片。因為結構很簡單，我們並不認為結構手勢能發揮多大效果，重點是：兩組受試者都有看到手勢。

　　看過說明汽車引擎的影片之後，我們請受試者回答問題，題目一半關於結構，一半關於動作。接著，我們請他們畫圖說明汽車引擎。最後，我們再請他們拍一段影片，解釋汽車引擎怎麼運作，好讓其他人也能懂。結果發現：看動作手勢的效果明顯較好。雖然所有資訊都在稿子裡，但看過動作手勢的人答對的動作問題更多。畫圖說明和拍影片說明的差異甚至更大：畫圖

說明時，看過動作手勢的人畫的動作明顯較多。他們畫的箭頭較多，還畫出爆炸、吸入、壓縮等動作。他們對過程階段也分得更清楚。在他們拍的影片說明中，他們做的動作手勢比另一組多很多，而且這些手勢大多不是模仿，而是創發。另外，雖然他們聽到的動作詞語並沒有更多，但他們用的動作詞語更多。換句話說：看別人用直接而自然的手勢傳達動作，能讓學生更了解動作，這種了解不只反映在他們的知識上，也反映在他們畫的圖解、比的手勢和用的詞語上。

　　簡言之，手勢改變思考。不論是自己比手勢或是看別人比手勢，都會改變思考。我們接下來看時間的概念，實驗方式一樣：同一份稿，但讓不同參與者看不同手勢。也許是因為詞語在說話時是一個接一個，對於「兩個步驟或事件並無嚴格的先後順序」我們較難理解，當我們把過程的階段敘述為：「先做P，然後做P或Q，哪個先都沒關係，最後再做W」，受試者往往會記成先做P再做Q（反之亦然）。如果敘述時間步驟時給每一步加上節拍手勢，受試者也會誤以為那些步驟有嚴格順序。可是，如果在敘述時加上代表「同時」的手勢，受試者就能正確記住這些步驟並沒有嚴格的順序。

　　另一個不易掌握的時間概念是「循環」。請想想季節更迭、洗衣服、岩石循環等循環，還有這個：**種子發芽，花開，花粉傳播，新種子形成**。在受試者得知這類循環步驟之後，他們畫出的圖解往往仍是線形的，而非環形的。雖然他們完全了解環形的循環圖示，可是他們畫的是線形的。不過，手勢會改變這點。如果我們沿著一條線比手勢來表達循環過程，受試者畫線形圖解的傾向會受到強化。但如果我們依環形比手勢表達循環過程，多數人會畫環形圖解。很重要的是，他們不是只照搬這些手勢而已。我們找另一組人重複這個實驗，但講完最後一個階段之後，我們不是請他們畫圖，而是問他們：**接下來是？**看過環形圖解的人通常回到循環起點，答「種子發芽」。但看過線形手勢的人往往會繼續進入新階段，比方說把花採下來做成花束之類

的。因此，看環形手勢的確會讓人改變思考方式。

有很多研究顯示，我們看的手勢會改變我們的思考方式，這裡談的只是其中一點點而已。重點在於，比出能建立概念空間的手勢，而且這些概念要能妥切地呈現思考。對溝通來說，「手勢有改變思考的能力」這點有強有力的意涵，在課堂上如此，在課堂外亦然。

X. 手勢應用於數學和音樂

從遠古以來，世界各地的人就會用手指、腳趾和身體其他部分算數。最早是一根手指指一個東西，像是把指頭當算籌（tally）用。用手指或腳趾一對一指東西是一致對映（congruent mapping）的好例子。不過，東西的數目遠多於手指和腳趾的數目，就算把肩膀、腳踝和身體所有關節都拿出來比也不夠。所以後來有人想出聰明的主意，用某些關節代表身體其他部位的倍數，於是有些關節變成十、百、千等等。這種轉換把一對一的一致對應（congruent correspondence）狠狠甩在後頭。同樣的技巧更進一步，手本身也變成第一個計算尺（slide rule）或計算器，用彎曲或伸直手指來加、減、乘、除。當然，用手當計算尺就跟實際使用計算尺一樣，需要好好練習才能熟練。彈鋼琴也一樣。鋼琴也是一致對映，從左到右的琴鍵順序，對映琴鍵彈出的漸升的音符頻率。用手當計算器從空間一致（spatial congruence）開始，逐漸演變成成果一致（performance congruence），把手的動作對映成算術運算（arithmetic operations）。

我們繼續談音樂，但先把鋼琴擱在一邊，談談唱歌。手的另一個令人驚艷的應用方式，是表現音符和指揮合唱，這是11世紀阿雷佐的桂多（Guido of Arezzo）修士發明的，叫桂多手（Guidonian hand），你可以在〈圖5.1〉看到。

桂多也發明了沿用至今的標記音樂方式：do re mi fa so la ti do。指揮合唱代表你要把音符記在指頭和手掌，以便為歌唱者指出適當的音符。雖然

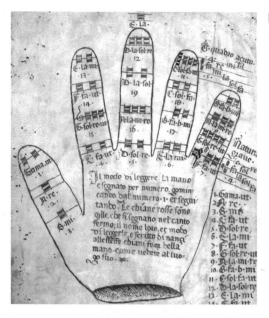

圖5.1 │ 桂多手，記譜和指揮工具。11世紀發明，現在仍經常使用。

在印刷樂譜通行之後，桂多手一度功成身退，但它現在再度受到重視。

計算和指揮的手勢不是自然而然出現的，而是高度規範化的，人為規範程度甚至比語言更高。不過它們跟自然手勢一樣，也錯綜複雜地與思考交織在一起。

XI. 姿勢作為社會黏著

XI. 1 對話

觀察人與人對話，能明顯看出姿勢是社會黏著。頭、臉、手和身體的姿勢讓對話能進行下去。你講了某件事，停下來看看我。我點點頭代表了解。如果我不懂，就挑眉、歪頭，或是瞇眼表示疑惑。準備讓你說話時，我稍稍後傾。如果碰上回答不了的問題，我也許聳聳肩就好，不必回答。如果對話中沒有這種沉默的回饋，反而顯得古怪。

XI. 2 合作

對話是合作形式的一種,在其他更明確的合作形式中,姿勢也扮演重要角色。當世界裡的某個東西可以被指或操作,合作會變得更加容易。舉個例子:我們把學生兩兩分組,請他們設想發生地震後救援傷者的最佳路線。我們給他們一張校園地圖,上面標示了傷者的位置和哪些路不通。他們的任務是以簡要地圖畫出最佳路線。我們讓幾組學生並肩湊在一起看同一張地圖,所以他們的對話工具有手、地圖和聲音。雖然他們談得很認真,但他們很少看彼此的臉,倒是一直看手。他們的手輪流提議和修改地圖上的路線,伴以聲音說明。聲音說的是「到這裡」、「在這邊轉過去」、「現在走這邊」、「不走這裡」等等——除非同時看著手在地圖上做些什麼,這些表達才有意義。隨著合作的進行,他們的手勢也漸漸縮短:一開始是比畫整條路線,後來則只指下一個轉折點。他們會沿用彼此的手勢,這種現象叫「同步」,在言語溝通時也很常見。在此同時,我們也把其他學生兩兩分組,請他們一起研究同一張地圖——但在他們之間隔上薄幕。所以,這些學生唯一的對話工具是聲音。結果發現:第一群學生——也就是能一起在共用的地圖上比手勢的學生——互動更多,更享受這次經驗,畫的地圖也較好。被薄幕隔開的學生在討論時則吃力得多,他們必須花費不少心血,才找得出彼此同意的路線(學生們都做得很認真,也挺享受這個過程)。不過,他們有整整三分之一,畫的路線跟搭檔畫的很不一樣。

言語可能有含糊不清之處,也經常如此,連描述很基本的東西,都常遇到模稜兩可的情況(連描述空間、描述隨時在我們左右的環境,都不例外)。相反地,手勢很明確。它們指出確切的位置,畫出轉折和路線。我們已經談過幾種手勢的主要意義:點狀手勢表示地點,線狀手勢表示路線,前者是零維度的,後者是單維度的。我們還會用到第三種手勢:手做出二維度的掃

動，表示區域。手勢並非單獨發揮作用，它們要與所欲達成的任務的外在表徵（external representation）一起合作（這個例子裡，外在表徵是地圖）。但請記住，我們之前看過：手勢可以創造出虛擬外在表徵，作手勢的平台之用。不論外在表徵是實際的還是虛擬的，它都建立出共同基礎，為用手推理和思考提供舞台。

XI. 3 設計

另一個例子是設計。研究者找了一些經驗豐富的設計師組成小組，請他們重新設計一個檢測質料特性的儀器。每組設計師圍著桌子坐。為了幫助他們發想，研究者先給他們一張工程圖，後來又給一個具體模型。不用說，他們對圖和模型比了很多手勢。有幾組設計師出現「根本突破」，亦即設計概念突然轉變。靈光乍現。天外飛來一筆。新象徵和新概念大量湧現，手勢更大幅暴增，從在桌上比小手勢，變成邊走動邊比大手勢，用動作表現與模型的互動。他們有時候會把說的動作畫出來，而不是用比的。這再次顯示，手勢和圖像這兩種表達形式關係密切。

XI. 4 舞蹈

舞蹈需要整個身體投入其中——舞蹈在本質上就是由身體呈現的、而且是完全由身體呈現的。因此，用舞蹈呈現舞蹈並不難。不過，編舞家和舞者發展出另一套呈現舞蹈的方式，讓他們能在討論舞蹈時將它具象化，他們把這種技術稱為「標記」（marking）。標記常常是用一隻手的指頭在另一隻手的手掌上比，讓指頭像腿那樣跳，用這種方式把自己想說的舞步呈現給別人看。我們也能用整個身體來標記，把基本上是舞蹈的具象草圖（embodied sketch）的東西、或舞蹈的某個動作表演出來，例如在舞台上擺出動作供打光檢視，或是用誇大的動作向另一位舞者示範軀幹輕點或腳打直。令人驚訝

也許你該找人聊聊
一個諮商心理師與她的心理師，以及我們的生活

蘿蕊・葛利布（Lori Gottlieb）◎著｜朱怡康◎譯

每年找心理師晤談的美國人將近三千萬名——其中有些病人本身也是心理師。

在這本書裡，作者蘿蕊・葛利布告訴我們：儘管她受過嚴格訓練，也具備心理治療執照，但她之所以能做諮商，最重要的憑據是——她同樣是人類的一員。當她的世界因為一次危機天翻地覆，她開始和古怪、經驗豐富，但很不典型的心理師溫德爾晤談。同一段時間，葛利布自己則在治療一個自戀的好萊塢製片，一名才剛結婚就被診斷出末期癌症的女子，一個威脅生活景況一年內沒有好轉就要在生日當天自殺的老婦，還有一個二十多歲、老是跟不對的人勾搭的年輕人（此君連診間的人都要搭訕）。在葛利布探索病人的內心世界的同時，她也發現：她的病人苦苦糾結的問題，其實正是她自己向溫德爾求助的問題。

★上市首週強勢竄上亞馬遜網路書店總榜TOP 100；
★獲選亞馬遜書店年度書籍TOP 10，長踞心理勵志類前茅；
★囊括《O：歐普拉雜誌》與《人物雜誌》等眾多媒體選書；
★即將改編影集，將延請《慾望師奶》伊娃・朗格莉亞演出！

連心理師自己都要找心理師諮詢?!那他／她憑什麼能幫我?!「在我擔任心理師的所有資格裡，最重要的一個是：我也是有血有肉的人。」

的是，用指頭標記一段舞，比用整個身體跳那段舞更容易記住。標記一段舞，讓舞者能專心去記那段舞本身，而不必一邊記那段舞，一邊去想如何完整表現動作。

XI. 5 指揮

我們接下來談指揮，這個例子能生動說明姿勢是社會黏著。如果手勢在指點地圖上的角色是直接的，明確表達出地點、路線和區域；那麼手勢在指揮上的角色既是直接的，也是隱微而細膩的。指揮有很多任務，其中最重要的是讓節拍同步、監督音樂在空間和時間中的力度、控制音量和強度，以及指引演奏者進出樂章。據說左手通常用來設定節拍，右手負責其他工作，但實際情況複雜得多，也很難系統化。每個指揮的手勢差異很大，很多人用指揮棒，但有些人不用。很多人指揮時會用到臉、背、腿，甚至肺──也就是呼吸的節奏。伯恩斯坦（Leonard Bernstein）的出名事蹟，是只用頭和表情（尤其是眉毛）指揮海頓，手臂和身體幾乎沒有動作。卡拉揚（Von Karajan）指揮時閉眼。沙隆年（Esa-Pekka Salonen）指揮時像在跳舞。有一份研究指出：指揮這種社會互動已經有幾百年的歷史，照理說應該會凝聚出共同語言。從這個角度來看，指揮風格這麼多樣著實令人驚訝。

指揮不只指揮樂團，也指揮聽眾。指揮對表現、銜接、力度等樂曲特徵的強調，會提高聽眾對這些特徵的感受。雖然指揮的貢獻完全是視覺的，可是在聲音持續但指揮方式改變時，聽眾的經驗也會跟著改變。舉例來說，指揮可以引導聽眾注意整體旋律或重複的主題（ostinato）。在指揮強調整體旋律時，聽眾更傾向說那首樂曲是連貫而流暢的；可是當指揮強調的是重複的主題，聽眾容易認為那首樂曲既不連貫、也不流暢。

指揮只有視覺表現，音樂家則既有聲音表現，也有視覺表現。值得注意的是，音樂家的視覺表現有時候比聲音表現更有力。這裡有個頗讓人意外的

例子：先找出鋼琴大賽決賽前三名的影音紀錄，再讓實驗受試者只聽聲音、只看影像，或是既聽聲音也看影像，請受試者猜他們的名次。你不妨猜猜哪種方式最準，但請準備好被嚇一跳：不論是專家還是新手，只看影像時猜得最接近實際名次！當然，他們都認為聲音比視覺重要，但結果就是如此。

我們在此擱下音樂，談談藝術，以達文西的名畫〈最後晚餐〉（Last Supper）結束對於姿勢作為社會黏著的討論。雖然在 Google 上能看到很多這幅畫的摹本，但我建議還是跑一趟米蘭，去恩寵聖母教堂（Santa Maria delle Grazie）花半個小時好好享受真跡。是的，半個小時，標準參觀時間15分鐘兩倍的時間。15分鐘實在不夠。仔細觀察畫中人物身體、眼睛和手的複雜互動。你會看出誰在跟誰說話、彼此關係如何、指的是什麼、有什麼反應⋯⋯等等。你會感受到各方之間的激烈角力，還有耶穌平靜地抽離其中。我們這章一開始就說了：遠遠觀察人的姿勢，就能看出他們的互動。達文西精緻地捕捉到了這一點。

XII. 補記

我們能以身體進行思考，但我們能以身體進行複雜的思考嗎？可以！達文西這樣思考過飛行器、橋樑和降落傘的設計。愛因斯坦曾想像自己乘光束飛行，而這個想像中的飛行促成他對時空產生洞見。魔術師會想像怎麼打會自行鬆脫的結。外科醫師會想像怎麼單手打不會鬆脫的結。胡迪尼（Houdinis）會想像怎麼從上鎖的箱子脫身。小偷會想像怎麼破解保險箱。編舞家、橄欖球教練、時尚設計師、軍事戰略家、摔角手、藝術家、工程師、演員和數學家也都會（或大部分會）以身體進行複雜的思考。

6 點、線與觀點：言談和思考裡的空間

Points, Lines, and Perspective:
Space in Talk and Thought

在這一章裡，我們會討論線性語言（linear language）如何描述空間和使用觀點（perspective），不論是內在的、以身體為中心的觀點，還是外在的、以世界為中心的觀點。在內在觀點部分，我們會看到一件令人驚訝的事：有些時候，採取別人的觀點比採取自己的觀點更自然。

目的不只是終點，也是帶你走向目的的路。
——據保羅・安德魯（Paul Andreu）稱出自《老子》[1]

I. 說話和思考

說話不是思考。雖然說話會揭露想法，也會改變想法，但說話和思考不可混為一談。說話只是表達想法的方式之一，人還有其他方式能表達想法。笑和倒抽一口氣都表達出想法，從嘴巴裡發出帶有意義的嘶喊，也表達出想法，而它們都不是說話。臉、手和身體都能表達想法。簡圖、圖示、模型和

---

1 原註：我是在保羅・安德魯的網站上看到老子這句話的（http://www.paul-andreu.com），他寫的是法文：「Le but n'est pas seulement le but, mais le chemin qui y conduit.」（請注意：雖然大家多半認為這句話出自老子，但它也可能是孔子說的。法文很美，部分是因為「but」有多重意義：終點，目標，目的地）。

事物在空間中的排列，也都能表達想法。有時候我們明明有想法，卻一時失語，無法言表，想法卡在腦子裡傳達不出來。

即使如此，說話對我們的幫助還是很大。說話是吐出一個又一個詞語，詞語是象徵，是任意而間接的意義表達，也是高度濃縮的意義表達。世上的詞語永遠不夠多。詞語沒辦法用表情、姿勢和畫畫表達意義的方式，來表達它們的意義。雖然詞語不受有意義的感知特徵束縛，不費吹灰之力便能達到抽象，但由於詞語具有抽象性，它們沒有表達的意義還有很多。不過，說話還是為窺探思考提供了窗口。雖然這扇窗窄了一點，但只要細心檢視，還是能透過它看出很多。

我們從談論空間開始。談論空間很像探索空間。談論空間帶我們踏上旅程，從一個地方到另一個地方。空間本應是最容易談論的東西之一，畢竟我們一直活在空間裡。在空間中探索基本上就是生存。我們有指涉地點和地點類型的名詞，有描述它們的形容詞，有表達如何探索它們的動詞，還有介系詞傳達它們之內和之間的空間關係。然而，儘管空間堅實、具體、無所不在，我們談論起空間卻往往幽微而含糊。只要稍加留意我們對話時怎麼描述空間，一定不難看出這點。談論和思考空間，是談論和思考很多其他事物的基礎。這個基礎根植於大腦之中。如果你忘了，請回第三章複習認知第六定律：**空間思考是抽象思考的基礎**。我們已經談過這個基礎在大腦如何運作，現在來看看它怎麼展現在言談裡。

II. 談論和思考空間

II.1 觀點

我們從生活中常見的情境談起：有人問你某個東西在哪裡，也許是你的腳踏車，也許是他們的鑰匙、手機、眼鏡，或是你家或你公司該怎麼走。你會怎麼回答呢？「在廚房桌上」；「靠在我那棟房子右邊的牆上」。不過，如果

你無法確定對方跟你有一定的共識──對於是廚房裡哪張桌子、哪棟房子或房子在哪裡有共識──你就沒辦法這樣回答他們。換句話說，這種問答需要共同觀點（shared perspective）。你們需要以看待世界的共同方式當起點。事實上，不論這個共同觀點是隱含的或明顯的（請注意：「共同」不代表彼此「同意」），不採取觀點，你們不太可能談論事物。很多不同學科藉由不同方式，達成兩個相同的基本觀點：**自我中心的**（egocentric）和**他中心的**（allocentric）。前者從特定身體（通常是你的身體）出發，後者由周遭世界出發。大家最熟悉的他中心觀點是「東－西－南－北」。

自我中心觀點。比方說有朋友想跟你借腳踏車，但你正好不在家，所以你得跟朋友說腳踏車在哪裡。你也許會說：「面對屋子，腳踏車靠在屋子右邊的牆上。」這裡的觀點很清楚：面對屋子。如果你說的是「腳踏車在屋子右邊」，對方不一定清楚這個「右」是正對屋子的「右」，還是背對屋子的「右」。在此同時，你也需要參考框架。在這個例子裡，參考框架是你朋友的自我中心觀點，亦即從他的身體延伸出去的三條想像軸：「左－右軸」、「前－後軸」和「上－下軸」，我們在第三章談過。

這種問答預設你朋友知道你家在哪裡。解釋你家怎麼走也許需要長一點的描述。這個描述跟其他空間描述一樣，必須從你朋友知道、也可以採取的共同觀點開始。你也許會說：「從你旅館出來以後，先右轉古柏街。沿古柏街走約半哩，會看到恩巴卡德羅街。右轉上恩巴卡德羅街，然後在第三個紅綠燈左轉上卡米諾街。走約半哩後，右轉上史丹佛大道⋯⋯」這段話採取的，是你朋友的自我中心觀點，也就是旅客的觀點，裡面的「你」的視角一直在變。這些變化是顯而易見的，而參考框架也一直是「你」的身體，「你」的「左－右」、「前－後」和「頭－腳」。

觀點和參考框架無疑是語言學、心理學和地理學的核心概念，對歷史、文學、藝術等各種領域也很重要，事實上，它們對你舉目所及的一切都很重

要。以上提及的觀點——位在空間中的觀察者的觀點、前述參考框架，還有身體各軸的延伸——通常被稱為**自我中心的**。這種觀點的核心（即起點）是自我。自我在這條路線上不斷移動，而參照點又隨自我移動。現在來看一個語言學上的專有名詞：這個中心——自我在空間和時間裡的位置——叫**指涉的**（deictic）中心。前面講過，「deictic」源自希臘文，意思是「指出」或「展現」。知道指涉的中心在哪裡，是認識「這裡」、「現在」、「那裡」、「下一個」、「這個」等詞語的關鍵。換個方式來說：要掌握這些詞語的意義，必須先知道自我在空間和時間裡的位置。無怪乎我們講手機時，問對方的第一個問題通常是：「你在哪裡？」

把自我中心的觀點延伸用於指點方向（告訴別人怎麼從A到B），經常稱為**路線觀點**（route perspective）。路線描述是從A到B的過程、解釋和指示。它把你從你所在的位置，帶到你在空間中（和時間中）必須在的位置。在作者想讓讀者置身書中場景時，在他們想讓讀者猶如親身經歷其所描寫的行動、像是那些行動一步一步在你眼前進行時，他們會稱讀者為你。

路線觀點不只能用來指點方向，也能用來釋出某個環境的整體印象，用來形容你公寓的佈局，或是用來勾勒某座城市主要地標的位置。以曼哈頓中城為例：「以你背後的林肯中心為起點，右轉上百老匯，直走大約七個街區到第59街的哥倫布圓環，你會看到中間有哥倫布像，旁邊圍繞著噴泉。你的右手邊是時代華納中心，左手邊是中央公園邊邊。左轉上第59街，沿公園走到盡頭，到第五大道。右轉上第五大道，一直走到第53街。右轉上第53街後繼續走，中途會看到現代藝術博物館在你右邊。」我用這段話帶你走了一段路，從地標到地標，從地點到地點，從點到點。導遊更有本事，他們做這種事做得更生動。照著我說的走看看吧，這趟路走起來挺舒服。

也許你注意到了：路線描述是一個個片段（piece）堆起來的，像樂高積木一樣。每個片段也跟樂高積木一樣，有兩個部分：一個連接前一個部分，

另一個連接下一個部分。每段路（route）的部分是路線（path）和地點（place），路線連結前一個部分，地點則成為下一個地點的連結。就像樂高部件能結合起來組成或大或小的建築一樣，路線的部分也能連結起來，組成或長或短的敘述。路線是你從地點到地點的方法，是你為了從地點到地點所採取的行動。在地點上，行動可以改變；對路來說，這個改變通常是改變方向。地點（選擇點）常常是街道交叉口，但也可能是其他地標，如教堂、廣場、地鐵站、餐廳等。思考路線和地點的另一種方式，是把路線想成行動，將地點視為行動的結果，亦即行動帶你去的地方。「右轉上百老匯」；「左轉上第59街」。地點和路線構成的段（segment）可以依需要而增加，增加多少都可以，像鏈的連結一樣。點和連結──地點和路線──構成路的骨架。

　　簡要地圖也有同樣的結構──連結地點的片段。我們找來一些餓腸轆轆的學生，請他們藉由畫簡要地圖或寫路線指示，說明從他們所在的位置到附近的速食店該怎麼走。從理論上說，簡要地圖的確能以類比方式呈現路線的距離、方向、轉彎和曲折，但實際上並非如此。它們其實跟文字指示一樣抽象。簡要地圖會拉長有很多轉彎的距離，就像敘述很多轉彎的文字指示也會較長。簡要地圖會拉直路上的曲折，而且不管每個轉彎實際上是幾度，簡要地圖往往會把它們畫成90度。文字指示也是如此，我們教別人沿著某條路「直走」，不特別講那條路有幾個曲折；我們教別人「左轉」或「右轉」，不特別說明那個彎是幾度。簡言之，讓人寫出文字路線指示和畫出簡要地圖的，似乎是同一個路線的概要心理表徵（schematic mental representation of a route）。

　　你的觀點或我的觀點？在我說明去哪裡找我的腳踏車、以及在曼哈頓中城漫步的敘述中，我說的「你」是假設的「你」，那個「你」可以指任何一個「你」，甚至可以指我。可是在面對面的情境中，我該選擇你的觀點還是我的觀點呢？比方說有兩個酒杯擺在桌上，你問：「我用哪一個？」我比較可能從你的觀點回答，而非從我的觀點。雖然這樣做代表我必須顛倒左右，而你

153

知道，顛倒左右並不容易。採取你的觀點而非我的觀點，可能部分是出於禮貌，不過，即使是大家刻板印象中最重視禮節的日本人，採取你的觀點的頻率也不比美國人多，在日常生活中大約七成左右，視情況而定。是的，重點就在這裡——採取誰的觀點似乎視情況而定，尤其視你和我的相對認知負荷而定。以酒杯的例子來說，既然我知道哪個人用哪個，而你不知道，所以你的認知負荷比我重。你必須弄懂我說的話，並依照我的話判斷哪個杯子歸誰用；而我已經知道哪個杯子歸誰用的了，只需要想出該怎麼說就好。可是，如果情況是我的認知負荷比你重（例如你知道答案而我不知道），我會傾向以我的觀點提問：「我是用我右邊那個嗎？」另一方面，如果我們都能用中立的方式指出位置，而不必採取你的觀點或我的觀點，那麼我們都會選擇那種方式。比方說我們要指的那個酒杯離鹽罐很近，我們就會以鹽罐為地標，說：「你用鹽罐旁邊那個杯子。」

偏好以文字描述路線的人，主張這種方式既常見又有效，因為這樣做很自然——路線是我們經驗世界的方式，我們透過移動經驗世界。

所以，為了描述事物在環境裡的位置，我們必須重新經驗它的位置，想像自己在那個環境裡移動，從我們移動的視角描述每樣東西。這項主張也許有其說服力，它也的確說服了很多人，可是人類從洪荒時代就已開始繪製地圖，而製作地圖需要他中心觀點，從上方俯視的觀點。果然，在人類描述環境、甚至路線時，他們常常部分或完全採取他中心觀點。

他中心觀點。製作地圖絕對是人類心智最卓越的成就之一。沒人見過黑猩猩畫地圖——至少到目前為止沒人見過。地圖跟探索不同，地圖用的不是自我中心觀點，而是他中心觀點。地圖的觀點在「我」的身體之外，通常是從上往下俯視。人最常用的參考框架是世界的框架：東－西－南－北。除了東－西－南－北之外，地理學家、氣象學家和其他某些學科的專家，還會加上第三個維度：高度。船員用船的座標當參考框架：左舷－右舷（portstarboard，左－右），船頭－船尾（bow-stern，前－後）。演員和導演用舞台當參考框架，採演員面對觀眾的視角，所以「upstage」指的是舞台後方。神經學家和醫生這類人愛用源自拉丁文的晦澀詞彙，例如：dorsal／ventral（背部／腹部），caudal／rostral（尾部／吻部），medial／lateral（中間／側面）。如果你好奇的話，「dorsal」源於「dorsum」，意思是「背」；「ventral」源於「venter」，意思是「腹」。這群人愛用拉丁文一點也不奇怪。

　　在我們能繪製地圖之前，必須先能設想它們。我們必須從位在世界上方的觀點想像世界，亦即鳥瞰、俯瞰、概觀的觀點。雖然我們是在世界之內片片段段地經驗到世界，可是我們有能力想像從世界之外，把這些片段拼湊起來的樣子，這項成就是海馬迴和旁邊的內嗅皮質合作有以致之。詳情請見第三章。別為這些專有名詞煩惱，它們只是大腦部位的名稱而已。大腦分成很多部位，大多數人記不住那麼多名稱。大腦可以把自我從它們在世界中的位置抽出，重新把各種東西依彼此的相對關係排列，而不依相對於我們的關係排列。也就是說，我們跟老鼠一樣，即使從不一樣的方向進入房間或周邊區域，還是可以知道哪個東西在哪裡。不過，我們跟老鼠還是有不同之處：我們可以把那方天地縮進心裡再放出來，畫到紙上。

　　給地圖般的心理表徵加上語言，你就能從他中心觀點談論那個世界。旅遊指南也是用他中心觀點，向遊客介紹城裡值得一遊的地標。舉例來說，我們可以這樣介紹華府的核心區域：「國家廣場西鄰華盛頓紀念碑，東接國會山莊。國家廣場北側由西到東分別是：國立美國藝術博物館、國立自然史博物館、國家藝廊。國家廣場南側由西到東分別是……」我想你知道意思了。這種觀點叫俯瞰觀點（survey perspective），也叫概觀觀點（overview perspective）或鳥瞰觀點（bird's-eye perspective），甚至有人叫它絕對觀點（absolute perspective）。俯瞰觀點的參考框架，不是以身體座標依相對於「你」的位置定位地標，而是以外在觀點（external perspective）依相對於彼此的位置

定位地標（外在觀點通常是羅盤方位，亦即東－西和南－北）。我是故意挑華府當例子的，因為它的環境單純，沒有一堆縱橫交錯的街道和地標，描述起來比較好懂。還有，你注意到了嗎？我們對地標的描述是從西（左）到東（右），跟（西方的）閱讀方向一樣？

　　回來談腳踏車。如果用的是他中心觀點，我會這樣說：「腳踏車靠在屋子南邊的牆上。」（當然，這是在我用他中心觀點告訴你那棟房子的位置之後）。有些看似簡單的問題，其實含有非常複雜的層面，「腳踏車在哪？」就是這種問題，但我只跟你說了簡單的部分，略過很多會造成含糊、錯誤、混淆的問題。那些問題其實相當有趣，也能透露很多我們平常不會注意到的事。光是在空間描述上，我們就有很多東西可以深究。這裡舉的例子，只是語言學家可以埋頭鑽研的諸多問題之一而已。順帶一提：我們面對面時之所以用手勢指東西，原因正在於此。手勢有雙重優點：它比較直接，也較不模糊。

　　看到這裡，你也許會想：描述空間裡的位置原來這麼麻煩，看似簡單明瞭的東西，描述起來居然這麼複雜，**給我張地圖算了**。你說對了：畫出地標的相對位置的確簡單得多，也直接得多。不論是說明或理解，圖示都比描述簡單多了。相形之下，描述顯得笨拙。地圖畢竟是用空間描繪空間，是直接的對映。地圖可以同時呈現很多空間關係，而不只是單一一條路線。地圖讓你可能採取很多不同觀點，探索很多不同路線。沒錯，地圖給我們的往往是頭頂觀點（overhead perspective）或俯瞰觀點，但我們常常用它們創造路線，從很多不同地點開始、也在很多不同地點結束的路線。我們也能用（心裡的或紙上的）地圖推估距離和方向。因此，地圖不只比描述簡潔也直接得多，它蘊含的資訊也遠遠超過描述。

　　實際生活裡的空間描述。回來談說話。人在實際生活中究竟怎麼描述空間？我前面提的描述顯然是編出來的。實際生活裡自然講出的描述和方向指點，就跟實際生活裡說的話一樣，比思索之後寫下的文字混亂。事實上，實

際生活裡連文字內容都充滿混淆，請看這個瑞典寄往喀布爾（Kabul）的包裹上寫的地址（喀布爾是阿富汗首都，據2017年的資料，人口有幾百萬人）：「阿塔‧穆罕默德（Atta Mohammed）收，薩雅迪清真寺（Sajadee Mosque）隔壁」。「隔壁」可不是明確的觀點，這個參考框架模模糊糊的。還有，薩雅迪清真寺到底在哪裡？讓問題更複雜的是：叫「阿塔‧穆罕默德」的人很多。負責送信的郵差大概得騎上好幾個鐘頭的腳踏車，像偵探一樣到處打聽、碰壁，但讓人驚訝的是：這件包裹真的送到了。在實際生活中，這種不清不楚的地址一點也不罕見。我最近搭北歐航空時，在2018年9月號的《北歐旅人》（*Scandinavian Traveler*）上看到：「世界上沒有準確地址的人高達40億，是全球人口的一半。」北歐航空現在正贊助某個團體改變這點（http://mapproject.se/）。

　　人在實際說話時，會隨意混和參考框架和切換觀點，而且這樣做的時候不會給信號。更令人訝異的是，其他人能理出頭緒，聽懂這些混和的觀點和參考框架。這個現象牴觸心理學和語言學的主張和假設：人需要統一而一致的觀點，不只在交談和理解上是如此，在思考上也是如此——實際上顯然不是如此。人其實經常梳理沒道理的東西（雖然未必總是這樣），從中找出道理，發掘意義。

　　我們做過一個簡單的實驗室實驗：請受試者描述他們從地圖上看到的各種環境。實驗結果明確顯示：人不會前後一貫地採取統一觀點。我們拿很多種地圖請受試者研究（包括會議中心、小鎮、博物館、遊樂園等等），再請他們憑記憶一一描述每個環境。他們脫口說出的描述其實很不錯，完整度和精確度都夠，足以讓其他人畫出差不多一模一樣的地圖。不過，大多數描述都有混和觀點和參考框架的現象，也就是說：他們同時採用自我中心和他中心觀點，可是切換時並沒有給信號。如果你相信我們的話，可以直接跳過下面的例子。畢竟它們只是片段，描述的環境並非實際存在，而且你沒有地圖。理解空間描述向來不易，即使內容並不複雜也是如此。

會議中心的例子：

走過（你左手邊的）布告欄和（你右手邊的）相機店之後，左手邊轉角那棟大樓的後方是一間辦公室，緊鄰它右邊的分別是廁所和餐廳。餐廳遠遠在那棟大樓右邊的轉角，廁所在辦公室和餐廳之間。沿大樓北側與餐廳為鄰的是CD店和音響器材店。音響器材店在大樓東北角。CD店和音響器材店對面是電視行和錄影機店。

小鎮的例子：

大河公路（River Hwy）是東西向的，東起大河，西接高山路（Mountain Rd.），再一路通向高山南側。從大河公路往東開，到高山路交叉口的時候，左邊是加油站和餐廳，右邊是馬場（在交叉口前面一點）。從交叉口往北開上高山路之後，繼續開可以開到高山。這時你右手邊是鎮公所，左手邊是公園，公園裡有涼亭。

混和觀點似乎是常態而非例外。比起理解採用一致觀點的描述，理解採取混和觀點的描述需要花較多時間。但一旦懂了，我們自己的觀點也會變得更有彈性。我們會變得善於切換觀點，我們的心理表徵也會變得不受觀點框限。於是，不論我們研究的觀點是哪一種，回答各種觀點的問題都能一樣快、也一樣好。雖然在聽的時候，理解混和觀點花的時間可能較久，但只要描述夠一致也夠清楚，我們還是可以掌握內容。為混和觀點理出頭緒或許有其難度，但終極來說是有好處的：它讓我們的思考更有彈性。這等於是換個方式說認知第一定律：付出代價就有收穫。

語言不同，觀點也不同。現在來看參考框架的一項重要特徵。你們很多

人也許在想：前面提到的這些現象，在別的文化和語言裡也是一樣嗎？答案頗令人驚訝。我們以為自我中心觀點優先是理所當然的事，畢竟我們是以自己的身體為起點，是以自己的視角經驗世界。很多研究者都是這樣說的（我就不一一指名了，畢竟大家都是朋友！），他們認為跳脫自我中心觀點必須額外多花氣力。可是，世界各地都有不採自我中心觀點的語言。比方說桌上有兩杯酒，坐你對面的人問你哪杯是哪個人的，你的回答也許是：「**你的右邊那杯是你的。**」不過，如果你剛好來自澳洲內陸，說辜古依密舍語（Guugu Yimithirr）；或是來自墨西哥高地，說澤塔爾語（Tzeltal）；或是來自印度農村，說塔米爾語（Tamil），那麼你會回答：「**你的北邊那杯是你的。**」這些語言沒有自我中心參考框架。相反地，它們用的是依賴羅盤方位的他中心參考框架（有時也稱做**絕對**參考框架，因為它是固定的，不隨任何人的觀點改變）。

　　說只依賴絕對參考框架的語言的人有個特點：他們知道自己對世界其他部分來說在什麼位置。我們往往對此毫無概念，但他們不一樣。跟我們這些經常依賴自我中心參考框架的人比起來，他們似乎更能隨時意識到自己在空間中的方位。在說明或理解某個東西相對於其他東西在什麼位置時，他們需要知道那些東西的東西南北相對位置。如果你蒙上他們的眼，帶他們走一段路，再請他們指出家的方向，他們辦得到！但你要是找阿姆斯特丹的人做這件事，他們只能兩手一攤，幾乎是隨便指個方向。

　　這項有趣的發現，是目前為止對「沃爾夫－沙皮爾假說」（Whorf-Sapir hypothesis）最好的證據（這個假說主張，你所說的語言會影響你思考的方式）。雖然有趣的發現還有很多，但那恐怕得另外寫一本書來談。而且當然，它們都還有爭議。

　　地址和行動設備。也許你們很多人邊看邊翻白眼，覺得花那麼多篇幅討論人怎麼討論辨識方位實在落伍，跟算數一樣——這年頭誰還算數呢？直接報地址不就好了嗎？可是，要是我們共同具備的資訊不夠多（不論是地圖式

資訊或地圖），光有地址也沒用。因為地址只是把某個建築擺進街道網絡裡，它沒說從哪開始走，也沒告訴你該怎麼走。沒錯，只要拿出你的智慧型手機，從哪開始和該怎麼走可以一次搞定。然而，不論是智慧型手機還是其他導航系統，都必須依賴同樣的地圖式資訊。使用智慧型手機時，這些資訊是在手機的腦子裡，而不是在你的腦子裡。用計算機做計算也一樣，加減乘除運算是在計算機的腦子裡進行，不是在你的腦子裡進行。你把你大腦的一部分外包了。也許過不了多久，連智慧型手機都會落伍，我們需要知道的一切，都可以安裝在我們的心裡或身上，隨時更新。我們到時再也不會弄丟杯子或手機，因為我們不再需要它們了；我們到時再也不會讓孩子在賣場裡走失，也不會在博物館裡跟朋友走散，因為我們能把他們在哪裡這種資訊安裝在自己身上，用了解我們和我們生活的 AI 程式隨時更新。也許到時候，我們甚至不再需要弄清哪個杯子歸誰用。讓我們一起等著看。

　　地點和路線。講話是線性的，一個字接一個字。思考似乎也是線性的，一個想法接一個想法，不論次序多麼混亂。在我們講述和思考路線時，我們是把路線當成節點（node）和連結（link）的序列──節點是地點，連結是串起它們的路。好幾年前，有些人類學家對新幾內亞的河上貿易商做調查，請他們畫出經商路線。那些商人從沒上過學校，也沒看過地圖。可是他們自然而然就以畫線代表河川（而且拉直！），並沿著這條線畫小圓圈或點，代表他們沿途停下來做買賣的地方，像一串珠子一樣。

　　俯瞰描述也有相同特徵──以節點和連結代表地點和路線。路就是把點（地標）排在一條線上，帶你從空間裡的 A 到 B。俯瞰表徵（Survey representation）就像地圖，它們有很多條線和很多個點，而地標就分布在各條或是平行、或是交錯、或是毫不相接的線上，共同構成網絡。

　　路線有很多可能性，不會只有一條。但就像我們說過的，講話是一個字接一個字，所以不論我們採取的是什麼觀點，描述都會逼我們把空間線

性化。此外，路徑式思考（route-like thought）和俯瞰式思考有一點很不一樣——前者是一組特定行動的單一路線，後者是很多組可能行動的路網。視角不同——內在視角或外在視角，單一路線或很多條可能路線——結果也很不一樣。

這一章從說話談起，談到世上極其豐富、複雜而多變的空間。我們不斷經驗空間，無所逃於其中。儘管空間是多變、複雜而豐富的（或者該說，正因為空間是如此），我們的心仍將它抽象化為簡單的形式：一張由路線連結的地點組成的網。對於這些由地點組成的網，我們的觀點可以從裡朝外，也可以從外朝裡；可以採內在觀點，也可以採外在觀點；可以採自我中心觀點，也可以採他中心觀點。

不論是實際的觀點或想像的觀點，都對我們的觀察影響極深。離我們觀點近的東西被放大，我們能看清它們，也能看清它們之間的差異。遠的東西則擠成一團。內在視角對我們協調生活非常重要——我們本來在哪裡？現在要去哪裡？我們剛剛做了什麼？接下來要做什麼？俯視視角則是我們規劃人生的基礎，也讓我們保持方向，知道那些看不見的東西該往哪尋。將內在觀點切換成外在觀點並非易事，除非我們看得見更大的圖像，否則不可能做到。不過，即使我們看得夠廣，把觀點從內在切換到外在、從此時此地切換到不受特定時空限制，或是反過來從外在切換到內在、從各種可能性切換成特定計畫，都需要付出可觀的努力。

節點和連結的結構雖然簡單，卻能為思考搭起骨架。不過，這個結構本身沒有意義，節點和連結的意義需要我們填入。雖然很多概念其實不算「路線」或「地點」這種空間概念，但它們還是可以對映到這個簡單的結構裡。我們會在第七章談到其中幾個，從時間開始談起。不過，在談時間之前，我們會先放大視野，繞去談我們怎麼組織世界裡和心裡的東西。道理是一樣的。網只是這個故事的一部分而已。

7 框、線和樹狀圖：
對其他幾乎一切事物的談論和思考

Boxes, Lines, and Trees:
Talk and Thought About Almost Everything Else

本章討論的是：簡單的幾何形式如點、框（box）、線和網，用哪些方式捕捉對於空間、時間、數字、觀點、因果和其他一切事物的思考。

喬治向來想得深，深到很少顯露想法。

——湯姆・托羅（Tom Toro），

《紐約客》（*The New Yorker*）漫畫，2018年4月2日

I. 談空間

　　人類從遠古時代就開始談空間，談空間的例子俯拾即是。有實際的空間交談，例如告訴別人某個地方是什麼樣子、某個東西在哪裡，或是怎麼去某個地方；甲地歷史悠久，放眼望去盡是粉飾灰泥四層建築和凸窗，街角常常能見小雜貨店和咖啡店；你的鑰匙在你外套右邊的口袋；要去音樂廳的話，先往西走一個街區，再從市政廳往南走一個街區；右轉上百老匯大道，直走七個街區，左轉過街就是中央公園。除了實際的空間交談之外，也有譬喻的空間交談，例如：她走在通往成功的路上；他站上世界顛峰；政府政策急往右轉；那些概念天差地遠。不論是實際的空間交談或譬喻的空間交談，它們

的背後都是同一個簡單結構：節點代表概念，連結代表串起它們的關係。節點是框框，能放進任何切題的概念，不論是個別的或成群的，也不論是人、地或物。連結以無數方式串起它們，方式有時是特殊的，有時不是。大腦結構也是如此。從微觀層面來看，是神經元與神經元連結；從較大的層面來看，海馬迴負責概念，內嗅皮質負責排列概念。

　　以「框」和「連結」為根底的交談和思考，數量龐大（也可能所有的交談和思考都以它們為根底）。連結分成很多種模式：線狀的、樹狀的、網狀的、環狀的、鋸齒狀的和螺旋狀的。網把節點組織成叢集（cluster）、中繼（hub）和鄰域（neighborhood）。有趣的是，我們在心裡創造的框框和連結，也反映在世界裡：在體內是動脈和神經構成的網，在世界裡是水路網、貿易網、電信網、航空網、通訊網、電腦網。我們還把其中一些以地圖或圖示予以具象化，藉此放大它們、強化它們，或把它們灌輸到心裡。我們具象化到世界裡的思考是下一章（第八章）的重點，在此之前，我們先討論心。

II. 心的幾何：形式

　　我們已經談到幾條認知定律和值得一記的事實，現在再加上形式——滲入交談、姿勢，以及其他一切表達思考方式的抽象幾何結構。我們從這一章的核心談起：點（point）和線（line）。這兩個很實用的詞語在本質上都是空間的，它們延伸、充實、啟發了各種方式。我們接下來會談框和網，然後再加上箭頭、圓圈、樹狀、螺旋，也許還有其他幾個東西。再來我們會談到形式的特質：中心、邊緣、對稱、同步、重複和模式。它們每一個都有帶有細微差異的別名。例如點（point）能稱為點（dot）、節點（node）、地點（place）或概念（idea）；線（line）能稱做連結（link）、路線（path）、連接（connection）或關係（relation）；框可以叫區（region）、區域（area）或容器（container）；中心（center）也叫中間（middle）、焦點（focus）、核心（core）、癥結（crux）、中

繼（hub）、前臺（foreground）。且聽葉慈（Yeats）的嘆息：「萬事分崩，中心潰散」（Things fall apart; the centre cannot hold）（〈二度降臨〉〔The Second Coming〕）。蘇珊‧桑塔格（Susan Sontag）也曾要我們思考：位居中心（center）和位在中間（middle）的差異何在？在幾何上是一樣的，在意義上卻截然不同。**中心**和**邊緣**相反，這個基本概念也以很多形式出現。有些線是邊（edge），它們可能是邊界或圍籬，分開兩組不同的東西；它們也可能是縫線，把兩個東西接合在一起。

這些抽象的幾何概念（點、現、箭頭、框、圓圈、中心、邊緣、對稱），都是組裝的部件（building block）。它們可以在心裡或世界裡排列組合，構成形式或框架。這些框架勾勒出思考的結構。這些結構組織起思考，尤其是仔細推敲過的思考，可能是心中的思考，也可能是經過深思熟慮後，以語言、姿勢、圖示、設計、藝術等形式具象化到世界裡的思考。這些形式不只讓語言學家和數學家深深著迷，也吸引了詩人、作家、藝術家、設計師、建築師，以及其他密切觀察過它們的人。它們還啟發了一代又一代的神祕主義者。點和線是圖畫、語言、思考和大腦的基本要素。在語言裡，主詞可以用點表示，主詞和謂語用線連結。概念可以用點表示，概念和概念用線連結。神經元和神經元之間的關係也是連結。還有什麼比這更基本呢？

點和線都是簡單的幾何圖形，箭號、框框、圓圈等等也是。它們是大家熟悉的模式，也是很好的格式塔。在此同時，它們也是抽象的、概括的，表現出一整套概念的本質。我們稍後會再回來談抽象，現在先談幾個特殊的東西。思考也是如此，從普遍走向特殊，再從特殊回到普遍。

III. 框：放物件和概念的容器

在談框和線之前，先看看我們會把什麼東西擺進框框、用線連結起來：人、物、地點、事件、概念。框比連續體（continua）好懂得多，也比幅度

（dimension）好懂得多，可是框也會模糊掉重要而有意義的細微差異。這再次印證認知第一定律：**好處必有代價**。你想得出來的任何東西都能以點代表。隨思路脈絡而定。我們看待世界時，不會把人、物、地點、事件和概念堆在一起，把世界看成一團胡亂排列的點。我們會給這些東西理出規則，把它們擺進框框、用線串起、掛在樹狀圖上。我們會把點連在一起。

III.1 世界裡的框和心裡的框：種類（kinds）

把世界裡的東西和心裡的東西組織起來的方法之一：類似的擺在一起。這就是第二章談過的分類（categories）。腦和心都愛框框，為了簡化世界，它們都把不一樣的東西擺在一起。我們從家裡的臥室和廚房看起：襪子在一個抽屜，毛衣在另一個抽屜；盤子放一個櫃子，杯子放另一個櫃子。我們也常常拖延整理，不把東西好好放進具體的框框——箱子，只把它們擺成一堆，雖然有時還是會大致分類再堆。百貨公司有時候也是用堆的，不過通常是規劃後再堆，衣服分類堆在其中一區，床組又堆在另外一區。網路商店也會分門別類。在動物園裡，猴子關在一個籠舍，長頸鹿關在另一個籠舍。數錢時也是一樣：鈔票一邊，零錢一邊，再各自按照幣值大小分類。在桌上數錢是這樣，在皮夾裡放錢也是這樣。我們組織生活中的事物，也組織生活中的活動，所以夜裡睡覺，白天工作和吃飯，晚上出門約會或放空。時間也有框框——日與夜，週與月，還有季。

心梳理和組織事物的方式是一樣的。襪子、襯衫、杯子、盤子、猴子、長頸鹿、吃和工作，都是分類。這些分類很有用，因為歸在裡面的東西不是外觀相似，就是功能類似，也可能外觀和功能都相近，所以它們既好認也容易分類。由於大家都對這些分類很熟悉，所以一講名稱，大家都知道指的是什麼。我剛剛就是這樣。我們給這些框框貼上「衣物」、「食物」、「工具」等標籤，而這些標籤含有資訊：它們能告訴你，裡面的東西看起來是什麼樣

子？會有什麼舉動？還有它們與你的關係是什麼？在現實生活中，我們會具體地把一類東西放進一個箱子（或是放進抽屜或櫥櫃，或是令人難過地，放進籠子），另一類東西放進另一個箱子。這些箱子可能又在另一個更大的箱子裡：一個抽屜放襪子，另一個抽屜放毛衣，兩個抽屜都在衣櫥裡；盤子放一層，鍋子放一層，兩層都在廚櫃裡。這是現實生活的狀況。框框裡的框框不只能放東西，也代表分類（taxonomy）——種類的層級安排。種類和種類中的種類。

III.2 世界裡的框和心裡的框：地點和部分

把世界裡的東西和心裡的東西組織起來的方法之二：混合分類，但不是隨便混合，而是有目的的混合。臥室有床、書桌、衣櫃和床頭櫃。廚房有爐子、冰箱和碗櫥。浴室有洗手盆、浴缸和馬桶。我們在臥室睡覺和著裝，在廚房準備食物，在浴室洗澡和刷牙。這些空間是地點，用來收納各自適用於特定活動的不同物品。對於這些整體複合體——這些放置被挑選來做特定活動的物品的地點——我們可以稱之為**主題**（theme）。房間也是更大的框框（房子）裡的框框。家具店或許會將家具分類擺放，可是在家裡，我們是依主題放置家具。當然，主題之內還有分類，我們剛剛已經看到：我們會依衣物的種類整理衣櫃，也會依鍋碗瓢盆的種類整理廚櫃。我們再多看幾個主題：超市有走道、食品櫃和收銀台（誰知道得排多久？）；戲院有售票口和一排排椅子；公園有草坪、長椅、鞦韆和滑溜梯。不同種類的東西為共同目標擺在一起。這些框框裡的框框也構成層級網（hierarchical network），不是種類的層級網，而是部分的層級網：**分體**（partonomy）（也許你記得我們在第二和第三章提過它）。大家最熟悉的分體就是我們的身體。分體跟分類一樣也呈樹狀——由節點和連結的層級組成的「樹」。它跟真正的樹是很直接的類比。

IV. 樹狀圖：將龐大的概念切割成部分或種類

IV.1 樹狀圖

樹狀圖的概念、圖像和名稱，都來自現實世界裡的樹：樹幹代表整體，大樹枝和再分出來的小樹枝代表部分和部分的部分。部分和部分的部分是經由生物過程從整體長出的。雖然肉眼無法清楚看到這個過程，但不論一棵樹是大是小，是茂密或稀疏，我們都看得見厚實的樹幹，以及粗細不一的樹枝。從古時候開始，我們就透過抽象借用樹幹和樹枝的意象，用它們代表想法的起源與分支。這種作法在今天已相當普遍。

真實的樹隨處可見。樹與生命密不可分，它們提供果實、種子、藥物、遮蔭、燃料、建料和住處給小鳥和美女，當然也給昆蟲。世界各地的信仰不約而同都有關於樹的神話，也都賦予樹神祕的力量。它們被稱為生命之樹的理由豐富，而其中一個原因就是豐富。雖然樹從很久以前就有豐富的象徵意義，但以樹枝代表知識分支似乎是從亞里斯多德開始的，這種作法在三世紀希臘哲學家波菲利（Porphyry）的著作裡看得更清楚。雖然波菲利的著作沒有留下圖示，但他對亞里斯多德的範疇和次範疇的描述，已足以讓後世哲學家畫出一張存有（being）階序的樹狀圖，大家稱之為波菲利樹（Porphyrian tree）。中世紀中期以後，樹狀圖逐漸成為學習和記憶的標準配備，也不斷出現新的內容。

長出分支的過程未必顯而易見。似乎有些是分體，有些是分類，兩者皆備的很多，但也有些兩種都沒有。家族樹似乎是中世紀出現的，最早是為了畫耶穌的祖譜，後來又加上王室家譜和拉比世系。用樹狀圖組織、理解和說明自身研究的哲學家和科學家很多，培根、笛卡兒、林奈、達文西和達爾文都是如此。大小河川可以構成樹狀，循環系統也可以。大腦從巨觀層次和微觀層次來看都是樹狀：巨觀層次是主要結構及其功能的開展，微觀層次是

神經元的分支及相互連結。在成為精神分析師之前，佛洛伊德原本是神經解剖學家，而且他還開發出染色技術，讓自己能更精細地觀察和描繪顯微鏡下的世界，尤其是神經元及其分支。佛洛伊德為神經元畫的圖和他對此提出的洞見，不僅對他後來的理論大有裨益，也對偉大神經解剖學家和畫家卡哈爾（Ramón y Cajal）的作品深具啟發。

　　樹狀圖對知識的累積和傳播具有龐大影響，這點已經完全得到承認。知識是樹狀，大腦也是樹狀。現在，樹狀圖的應用已不計其數，相關圖像數不勝數，有宇宙起源樹、親緣關係樹、企業集團樹、組織職掌樹、決定流程樹、診斷分析樹、語言關係樹、知識樹、可能性樹、家族樹……不勝枚舉。

IV.2 網

　　樹狀圖是一種特殊的網，從單一源頭散發出去。反過來說，我們可以把網看成去中心的樹狀圖。網沒有源頭。不過，網倒是常常被指為樹狀圖。網往往不會把每個節點直接連往其他每個節點，畢竟節點要是全都能相互連結，我們就不需要特地畫圖表現它們的關係了。在有些連結是直接的、有些連結是間接的時候，把關係網畫出來是有幫助的。也許你跟你的父母、子女、兄弟姊妹的連結是直接的，但你跟你的醫生和牙醫的連結不是直接的，如果你需要看病，你必須透過他們的助理或診所的辦公人員約診。同樣地，如果你想從你待的地方飛到另一個地方，你必須去機場搭機、中轉，而來往這些機場又需要經過好幾個地方。就算你是開車從一個地方到另一個地方，你的路線還是受道路網限制，沒辦法像鳥那樣一直線開過去。其實即使是鳥，也沒辦法從甲地一直線飛到乙地，因為實際飛行必須依賴風向網（風向網對船員來說也很重要）。同理，想見到你崇拜的明星、你想進的公司的老闆，或是你的國家的總統，你可能需要經過很多連結才辦得到，這也是臉書、LinkedIn等社會網絡之所以存在的原因之一。

IV. 3 社會網絡：六度分隔

隨機抽出甲跟乙兩個人，他們之間相隔多少連結呢？深具影響力的社會心理學家史丹利・米爾格倫（Stanley Milgram）做過一項實驗，想知道美國人彼此連結得多近。這項研究後來爆紅，現在幾乎無人不曉。米爾格倫寄包裹給住在中西部的人，請他們透過自己有私交的人，將包裹轉寄到一名波士頓人手上。在轉寄過程的每一段連結，負責轉交的人都要寄明信片通知米爾格倫。當然，很多人不想配合，很多信也根本沒寄到，所以結果其實是有爭議的。不過，轉交成功的平均連結數是6，這個數字也獲得實驗複製。無論如何，這個理論之所以爆紅，似乎是因為約翰・格爾（John Guare）在1990年把它寫成劇本《六度分隔》（*Six Degrees of Separation*）。劇中角色思考這個現象，深自玩味人與人間的距離竟然這麼近。心理學研究竟然成了好萊塢的靈感來源！社會網絡分析研究後來大增，也用更直接的方式追蹤社會網絡（和其他網絡），但其中不無爭議。

請人畫出自己的社會網絡時，他們做的事很有趣。他們很自然會把自己畫在中心——正中心。他們也常常把父母畫在上方，把兄弟姊妹和朋友畫在兩側或下方。他們畫的跟傳統的家族樹不一樣，舉例來說：所有連結都從中心的人身上散出，網絡裡的每一個人都跟畫圖的人直接連結。另外，線段的長短反映出親疏，讓畫圖者感覺越親的人，線段越短。這個實驗任務既簡單又自然，它明確顯示：社會關係很容易被想成空間關係。不只思考是這樣，行為也是這樣。我們會坐得和站得離感覺較親的人較近，我們也會以人與人的距離遠近，來推測他們的社交關係。

網絡能運用得多廣，彼此之間的差異就有多大。它們的暴增和複雜度給視覺化帶來挑戰，也讓不少人工作量大增，其中又以科學家、記者、設計師為最。試想：如果由你負責，你會怎麼把一千三百萬人的家族樹視覺化呢？

好在這個任務已經有研究者完成了。

V. 線：依序排列概念

V.1 心裡的線和世界裡的線

不論對眼睛或心來說，線都比樹狀圖簡單。我們把書架上的書依主題、大小或字母順序排列，把歷史事件和生活裡的事依時間排列。我們在公車站和超級市場排隊。等結帳的時候，如果我們臨時想到什麼東西忘了買，就把購物車擺在隊裡幫我們排，趕快衝去抓了東西就回來。這些線既是空間的，也是時間的。我們把人依身高、年齡或地位排，把紅酒和洗衣機依品質排，把國家依人口或國民生產毛額排，把電影和電動玩具依銷售量排，把路標沿路線排，把過程中的步驟依前後順序排。我們又一次看到節點和連結──地點和路線，點和線──只不過它們這次是沿著一條線排。這條線可以是時間，可以是數量、大小、價格或偏好，也可以是任何一條能把東西依序排在上面的維度。

把東西依序排在一條線上需要抽象。在這條單一維度上，不一樣的東西可以依某種特質排出順序，不論它們在其他特質上多不一樣。請注意：這條線只代表排序，跟價值和數量都沒有關係。線上的點也只代表這些東西的排序，只反映先後，與它們之間的距離無關。這些點不是刻度，也沒有標示其確切價值的數字。值得注意的是：別的動物也有給東西排序的能力，牠們甚至能兩兩比較這些東西，判斷它們的相對大小。排序不需要語言。這個部分我們稍後會再詳述。

V.2 線上的時間

時間是最早被擺在一條線上的概念之一。在超過三千年歷史的古埃及墓穴牆上，已經能見到以線狀描繪事件時間順序的圖畫（如製造乳酪的步驟，

以及播種、耕種、收割的步驟）。在阿茲特克（Aztec）和馬雅（Maya）的古卷上，也可以看到他們以線狀描繪每個歷史階段。

　　從空間跳到時間不難，畢竟空間有兩個維度（其實是三個），時間只有一個。時間只是一條線，沒有平面，也沒有體積。由於愛因斯坦的緣故，我們知道（雖然不見得懂）空間和時間可以互換，還有時間是空間的第四個維度。在我們談時間裡的事件時，我們用的是在空間中移動的語言；在我們看待時間裡的事件時，我們像是在看待空間裡的地點。舉例來說，我們對空間裡的地點，會說：「參觀完華盛頓紀念碑**之後**，我們來到倒影池」；而對於時間裡的事件，我們也會用同樣的方式說：「聖誕節過了**之後**，我們準備迎接新年」。「我們期待（look forward）參觀華盛頓紀念碑」；「我們期待（look forward）新年」。「請把這本書排進書架」；「請把這件事排進行程」。「我們抵達那裡」（We arrive *in* place）；「我們準時到達（We arrive *in* time）」。「人生是一件屁事**之後**又一件屁事」（這句話到底是誰說的仍有爭議）。「我們匆匆穿過商場」；「快樂的時間總匆匆而逝」。「我們已經**度過**最糟的時刻，但最好的時刻還沒**到來**」。「我們匆匆度過夏天」；「夏天從我們身邊匆匆溜走」。下面這句話出自《紐約時報》，請注意觀點的變化：「隨著感恩節落到我們後頭，全國快速溜向這一年的終點。」

　　我們把時間想成在空間中的一條線上移動，例如：「我們走過那段日子」。不過，我們有時候也會說「日子漸漸接近」。到底是誰在動？是時間動？還是我們動？是我們走過時間，像是在空間裡走動一樣？還是時間向我們走來，又經過我們？是我們坐在空間裡看事件一一到來，有如國王坐在王座接受臣民朝拜？還是我們朝事件走去，像選舉時的政治人物一樣拚命往人群裡蹭，一下忙著握手，一下忙著抱小孩？我們面對未來——未來在我們的前方（在英文裡是如此，其他語言則至少有一種不是如此）。是我們勇敢迎向未來，還是未來走向我們？其實兩者都是，而且的確有混淆。請想想很多

實驗問的那個出了名的模糊問題：如果有人跟你說下週三的會要往前挪兩天（move forward two days），那麼會議是改到哪一天？半數的人答星期五（我朝會議時間移動），另外一半答星期一（會議時間朝我移動）。

這兩個思考時間的隱喻分別稱為「自身動」（moving ego）和「時間動」（moving ego）。拿「我們已經度過最糟的時刻，但最好的時刻還沒到來」這句話來說，前半句是**自身動**，後半句是**時間動**。第一次看這句話時，你有注意到中間有切換嗎？但不論是前半句或後半句，你都牢牢固定在時間線中間，面對著分開過去和現在的指涉中心（deictic center）。未來在你前方，過去在你後方。不論是自身動或時間動，採取的都是時間中的自我中心觀點。

人怎麼回答這個出了名的模糊問題，取決於是誰在動。在世界裡移動的是你？還是東西？如果你正在動或剛剛在動，你可能會採取自身動隱喻，答「星期五」。如果你是靜止的，正看著別的東西向你迎來或經過你，你可能會採取時間動隱喻，答「星期一」。空間裡的移動會扭曲對時間的思考，但反過來不會。這是**認知第六定律**的核心觀念：**空間思考是抽象思考的基礎**。對空間的思考會扭曲對時間的思考，但反過來不會如此。空間——在空間中移動或看著別的東西移動——才是基礎，其他東西是立在這個基礎之上。把時間對映到空間的重大結果是順序。用肉眼看，我們會看到各個地點依序出現在空間之中。為時間中的事件排序的，是我們從一個地點到另一個地點的移動。我們看不見時間裡的事件，只是在概念上為時間裡的事件排序，完成這件事的是心。依數量、偏好和強弱排序也是一樣。

不論我們怎麼談論時間裡的事件，我們都是把這些事件當成空間裡的一條線上的地標。就這個空間來說，可能是我們在這個空間裡移動，也可能是這個空間經過我們。不論是自身動或時間動的隱喻，都是把我們放在空間裡的時間線上，就像路徑觀點把我們放在空間裡一樣。通過時間的路線上排著

事件，就像通過空間的路線上排著地標。不過，不論在我們的心裡或交談裡，我們都能跳脫或俯視時間，就像不論在我們的心裡或交談裡，我們都能跳脫或俯視空間。

V.3 時間上的他中心觀點

並不是每個談到空間的說法都是模糊的，同理，談到時間的說法也未必都是模糊的。外在觀點能減少模糊。舉例來說，「我們約晚上7點45分，在百老匯大道和42街西北角見」就很精確（當然，這種說法還是有模糊之處，畢竟它沒講是7點45分的哪一秒，也沒說清楚是西北角的哪個位置）。我們對空間有外在觀點，對時間也有外在觀點，亦即無自我的他中心觀點。這又是另一個從空間到時間的類比。我們可以稱之為月曆觀點（calendar perspective）或絕對觀點（absolute perspective）。這種觀點有日、時和分，就像空間有地點名稱和GPS座標。月曆讓我們能綜觀一整段時間，就像俯瞰觀點讓我們能綜觀一整片空間。用月曆視角溝通日子不會模糊，說「星期三的會挪到星期五（或星期一）」就好了，不用「往前挪兩天」這種說法讓人誤會。

無自我的綜觀觀點提供的，不是穿越空間或時間的單一路徑，而是呈現很多條穿越空間或時間的可能路徑。我們可以約每週二中午一起吃午餐，也可以把課程訂在每週一、三、五下午三點。很多地方都能看到對時間的無自我月曆觀點，在小說、報導、歷史書籍、博物館和教科書的時間線上，都看得到它。一個事件接著另一個事件，從外面看，不從裡面的特定時間觀點看。請想想某些會隨時間改變的變數（如人口和民生產毛額）的圖；請想想樂譜。現在，請想想在談到時間裡的事件時（可能是一個故事，也可能是做某件事的過程），我們自己比的和看別人比的手勢：自我從外面旁觀，手沿著一條線一次一次掃動，每個新事件掃一次。

V.4 扭曲

既然對時間的思考是以對空間的思考為本，所以以下狀況就不令人意外了：我們對空間的很多扭曲和偏見，在思考時間時也會出現。就像空間裡有地標一樣，時間裡也有「地標」——重大事件。對於空間裡的一般建築和空間裡的重要地標的距離，我們會以為它們離得比實際上更近；同樣地，對於時間裡的一般事件和時間裡的重要「地標」的距離，我們也會以為它們離得比實際上更近。還記得皮耶家和艾菲爾鐵塔的距離吧？在大學生的記憶中，對於看電影或考試之類的事，他們往往會以為它們比實際上離學期開始或結束更近。空間裡的地點會套疊（telescoped），時間裡的事件也會。我們傾向以為很久以前的事彼此離得較近，最近發生的事彼此離得較遠。

可是，唉，從空間到時間的類比就跟大多數類比一樣，也有不能對應之處。如我們所知，時間跟空間不一樣，時間是單向的。人生裡有多少時候，我們希望自己能像重返某個空間再訪美好場景（甚至改變不好的場景）一樣，能回到過去重溫美好時光（或改變不好的時光），然而時間一去不返，回不了頭。

V.5 圓圈：時間是環狀的嗎？

你們很多人現在一定在想：那季節呢？循環呢？其他文化也是這樣想嗎？請想想時鐘，我們其實也想過同樣的問題。所以，我們找了幾十個人參加實驗，請他們想想四季更迭、洗衣服、每日事務、種子開花之類的循環事件，再請他們把這些事畫在紙上。雖然很多圖畫得很有創意（他們竟然沒花多少力氣就畫得這麼有趣），但這些圖多半呈線狀，而非環狀。我們接下來多使了點力，請他們想開始和結束一樣的事（例如種子－花－種子），而且把過程縱列而非橫列。但即使如此，線狀圖解還是比環狀圖解多。如果你們

有人認為亞洲文化會把時間想成環狀的──我們也在中國收集過數據，可是中國受試者的反應跟美國受試者一樣，絕大多數以線狀圖呈現循環事件。

　　好吧，我們現在知道了：一般人不會主動用圓圈描繪循環事件（出類拔萃的人也一樣）。可是，如果別人用圓圈描繪循環事件，他們可以理解嗎？畢竟在報紙和課本上，循環事件經常被畫成圓圈。於是我們又找了一大群人，請他們解讀好幾個循環事件的環狀圖解。我們挑的循環事件有科學上的（如岩石循環和細胞分裂），也有生活上的（如四季更迭和洗衣服）。令人高興的是：他們解讀環狀圖解並沒有問題，只是不會主動畫環狀圖解而已。他們甚至會將循環事件填入環狀模版（例如種子開花、細胞分裂或四季更迭的過程）。可是，這些圓圈並非無始無終的，相反地，它們有起點也有終點：它們從12點鐘方向開始，順時鐘方向推進。

　　多次嘗試之後，我們總算能讓多數受試者把時間畫成環狀的了。我們用了什麼辦法呢？也許你記得第五章那招：比手勢。我們跟受試者坐到一起，用環狀手勢為他們解釋這些事件，第一階段朝12點鐘方向，第二階段朝3點鐘方向，第三階段朝6點鐘方向，最後一個階段朝9點鐘方向。然後我們給他們一張紙，請他們在紙上用畫的表示這個事件。在這次實驗中，多數人畫了環狀圖。有趣的是，這組手勢不只改變了他們畫的圖，也改變了他們的理解：在追蹤研究中，我們以環狀手勢為半數受試者解釋種子開花的過程，又以線狀手勢為半數受試者解釋同樣的過程。然後問他們說：「接下來是什麼？」看過環狀手勢的受試者會回到起點，答「新種子形成」之類的。看線狀手勢的受試者則會繼續進入不同階段，回答「把花採一採做成花束，送我女朋友」之類的。手勢改變了他們的想法！

　　讓人以環狀圖畫出常見的循環事件（如季節更迭和洗衣服），著實是項挑戰。仔細想想你會發現：以環狀圖畫循環過程，其實與時間相悖。時間不會重複自己，過程也不會一再往返。長出花的種子跟新的花結出的種子

不是同一顆。每個冬季都是新的冬季。看得更深一點，在我們思考時間裡的過程時，我們把它們想成有起點、中間和終點——也就是結果。你從某個地方開始，在另一個地方結束，也得出不一樣的東西。這是一趟旅程，一個解釋，一段故事。過程會創造產品，圓圈則無始無終，沒有起點，也沒有終點。

　　人強烈傾向把事件視為、也解釋為在時間中開展的過程，我們傾向認為這個過程是線狀的，有起點、中間和終點（結果），這種傾向主導我們如何過生活，也主導我們如何做科學。不過，這種線性偏見也有礙科學進展。這再次提醒我們認知第一定律：**好處必有代價**。有個非常重要的現象倒是常以環狀表現：自我調節（self-regulation）——往覆擺動以支持穩定狀態的過程。自我調節不是線性的，而且它是跨領域的現象。自我調節的圓真的是幾何學的圓，沒有起點，也沒有終點。體內恆定（homeostasis），也是一種自我調節系統，它對生物來說非常重要，不過我們對它認識得晚。體內恆定直到19世紀末才由克勞德・伯納德（Claude Bernard）認可，之後又過了半個世紀，它才因為華特・坎農（Walter B. Cannon）的推廣而廣為人知。

　　關於體內恆定，大家都熟悉的例子是體溫的維持：體溫太高時，身體啟動程序降溫；體溫太低時，身體啟動其他程序升溫。恆溫器的原理也類似，但更簡單：在室溫低於設定的溫度時，偵測室溫的感測器送出訊息，放送暖氣；在室溫高於設定的溫度時，感測器送出訊息，開啟冷氣。

　　直到現在，大腦的表徵還是以線性概念化為主，跟電腦一樣。神經系統是：感覺輸入（sensory input）－中樞處理（central processing）－運動輸出（motor output）。電腦是：輸入（input）－通量（throughput）－輸出（output）。不過，不論對大腦的運作或電腦系統的運作來說，回饋（feedback）都很重要（自我調節也是）。由於大家對大腦「輸入－通量－輸出」模型的刻板印象實在太深，所以要到多年研究前饋（feedforward）之後（研究從感覺區到

大腦中樞區的前饋，以及從中樞區到運動區的前饋），神經學家才發現前饋的路徑跟回饋的路徑一樣多。這項發現開啟令人振奮的新研究：回饋如何調控前饋，前饋又如何調控回饋呢？這感覺上有點違反時間方向，畢竟前饋和回饋的關係不是線性的，而是環狀的，也可能是螺旋的。無論如何，這種從線性到環狀的觀點改變，讓新發現成為可能。成見有礙感知，當然也有礙發現。諸如此類的觀點改變，是很多創意躍進的基礎。我們在第九章會談到更多。

V.6 方向性（Directionality）

回來談赤裸裸的時間。我們已經看到：多數情況下，在人想到時間裡的事件時，是把它們想成一個接一個連在一條線上。可是這條線是怎麼走的呢？是垂直的？還是水平的？如果是水平的，它是以矢狀面（sagittally）橫跨身體左右兩側，還是以冠狀面（coronally）貫穿身體前後呢？答案似乎是三者皆是，取決於我們是用說的、畫的或比的，也取決於我們說的是哪種語言。不過，不論是哪種方向，時間從來不會呈對角線，而就像我們剛剛看到的，時間也很少呈環狀。線喜歡穩定，不論是被水平地撐著，或是不偏不倚地垂直著。我們更詳細一點來談。

V.7 談時間：未來在前面還是後面？

在英文和很多其他語言裡，不論是我們向事件移動或事件朝我們移動，未來都在我們前方，過去則在我們後方。空間裡的移動是把未來擺在前方的關鍵。不論是我們向前經歷事件，還是迎接朝我們走來的事件，我們都是面朝前。**現在**在這條時間線的中間，就像**這裡**是空間的中間一樣。對至少一種語言來說（最明顯的是艾馬拉語〔Aymara〕，這是南美安地斯山區〔Andes〕的一種美洲原住民語），談論和思考時間的關鍵更在於對空間的感知，而非空

間裡的動作。呈現時間裡的事件的水平面朝相反的方向開展。過去之所以在前，是因為它能被看見；未來之所以在後，是因為我們看不見它。這究竟是單一語言的特點還是通則，仍有待進一步釐清。

談時間：未來在下。月曆和某些對時間自然而然的簡繪用的是垂直向度：早先的事件在上，晚近的事件在下。月曆裡沒有「現在」，沒有指涉中心。在語言裡，中文除了垂直面外還會用水平面。先前的事件被稱做「上」，後來的事件被稱為「下」。

在紙上和在空中。我們找了幾百名孩童和成人參加實驗，請他們把貼紙或標記貼在紙上，代表早餐、午餐和晚餐的時間。大多數人把三餐順序貼成一條水平線（連學齡前孩童都是如此），但起點在哪一端取決於閱讀和書寫習慣。使用從左書寫到右的語言的人（例如英文），會把事件從左到右排成一行，從早餐開始。使用從右書寫到左的語言的人（例如阿拉伯文），會把事件從右到左排成一行，從早餐排起。在使用阿拉伯文的人裡，為數可觀的少數把事件垂直排列，像月曆一樣，早先的事較高，晚近的事較低。有趣的是，說希伯來文的人兩種方式各半。希伯來文書寫是從右寫到左，跟阿拉伯文一樣；可是希伯來文寫數字卻是從左寫到右，跟西方語言一樣，跟阿拉伯文不一樣。

現在來談手勢，在空中比手勢。在描述時間裡的事件時，使用從左寫到右的語言的人情況相同，把事件從左到右比在橫跨身體的水平線上。耐人尋味的是，說話者的手勢是從他們自己的視角從左到右，所以聽的人看到的手勢是從右到左。說話者從自己的視角比手勢，是手勢裡的一般現象。我們在上一章講過：在說話的時候，說的人常常會採用聽的人的觀點。可是手語不一樣，比手語的人採取的是自己的觀點，比的人的觀點已併入手語語法，所以聽的人必須把方向反過來。

我們又一次看到看似簡單的東西變得複雜。明明空間有兩個（或三個）

維度，時間只有一個，為什麼時間會這麼複雜？關鍵在於它是條線：人在說話、比手勢、畫圖解時，會把時間裡的事件依序排到一條線上，而這條線往哪個方向走，正是複雜之處。在大部分例子裡，這條線是左右水平的。比手勢和畫圖解之所以偏好左右向，可能是出於實用原因——不論是畫在紙上或面對面溝通，左右向比較容易看。至於從左到右或從右往左，似乎是文化形塑的，受閱讀和書寫這些人為產物影響。「前－後」切面在交談時常用，在繪圖中少見。大多數語言似乎把未來放在前方（移動的方向），但至少一種語言把過去放在前方（感知的方向）。垂直向度在圖畫中常見（尤其是月曆），有時也在說話時出現（如中文，或許還有其他語言）。相對於數量、價值、偏好來說，時間是中性的向度。我們馬上也會談到：中性向度通常是水平的，而帶有價值性質的向度往往是垂直的。後者似乎跟反重力有些關連。反重力需要力量、權力、健康、財富——亦即所有具有價值的東西。

　　將事件依序排在時間線上需要抽象，換句話說，需要忽視事件在時間順序之外的一切。在此同時，將事件依時序排列創造出順序，為一個人的人生、為其他人的人生、為科學、為政治、為歷史創造出順序。依時間或其他特質排序，讓我們可以比較和推論——重點是哪個事件先於哪個。兩個事件在時間上大概離多遠呢？兩個事件之間有越多事件，則越遠。這是質性判斷，不是量化計算。判斷哪個事件先於或後於另一個事件，也是如此。排序讓我們能做**遞移推論**（transitive inference）：若A先於B，B先於C，則A先於C。知道哪個事件先於另一個，是推論因果關係的基礎。除了某些費解的物理學理論以外，因都先於果。為時間裡的事件排序是了解因果的第一步，也是根本的一步。不識因果關係，我們就不會伸手拿杯子，不會輪流抬腿爬樓梯，不會試著伸手接掉下的東西，也不會轉動門把。了解因果是了解自己的關鍵，也是了解別人和其他一切已經發生、正在發生、可能發生的事的關鍵。

VI. 順序：誰第一？

VI.1 數量、偏好和價值──所有能在一個向度上排序的事物

破門搶劫的最差時機和外出用餐的最佳時機是：奧斯卡頒獎典禮、超級盃和世界盃決賽。人都愛排序：誰才是最棒的歌手？最好的演員？最強的橄欖球員？最有錢的人是誰？最強壯的人是誰？最好的電影是哪部？最棒的電視劇是哪齣？最好的餐廳是哪家？最好的紅酒是哪支？最好的酪梨醬配方是哪種？最好的手機或汽車又是哪一款？在一群黑猩猩（或其他物種）裡，誰是當家老大？

順序意義深重，與權力關係極深。老大能挑最好的東西，從而持續確保優勢地位。奪下首獎的書籍、電玩和電影能賺進大把鈔票，至於亞軍、前四強和其他入圍作品──唉，大家很快就會拋諸腦後。將一組人、地或物化約為單一排序，會引發有趣的討論和無盡的爭執。排序似乎深植於我們的生物性中，而它當然深植於我們的先祖的生物性中（例如啄序和支配順序），也當然深植於我們的生活──像選舉、奧運、職棒這些讓全國陷入瘋狂好幾個星期的事件，都是為了排序。

相對於依特質、偏好或價值排序來說，依時間排序是簡單的。不論我們樂不樂見時間流過，它都持續流過，而先後順序通常是確定的，或者說，是可以客觀測量的。特質、偏好和價值就不是如此，排列它們的向度是我們創造出來的，沒有客觀辦法可以測量它們。結果是：不僅人與人之間對事物的排序莫衷一是，連自己對事物的排序都常前後矛盾。米開朗基羅比達文西好嗎？畢卡索比馬諦斯好嗎？貝多芬跟巴哈呢？雖然排序很難，但比較在排序上相隔很遠的東西既快速又容易。畢卡索比雷諾瓦好嗎？這題簡單，可以答得很快：是的。在大多數排序中，畢卡索和馬諦斯多半較近，雷諾瓦隔得較遠。所以跟比較畢卡索和雷諾瓦比起來，比較畢卡索和馬諦斯更讓人搖擺不

定，花的時間也更久。同樣地，答舊金山離紐約更遠，比答舊金山離鹽湖城更遠要快。把東西擺在特質線上，很像把地點擺在空間裡的線上。這又是一個將抽象思考定錨於空間思考的例子，只不過空間裡的距離是實際的，特質或價值中的距離是象徵的。

象徵的距離一旦展露，人們便到處找它，而它也很容易找：地理位置、字母順序、社會地位、動物大小，還有很重要的——數字。這些東西都以空間為基礎。

VI.2 不只人類會排序

不只人類會為東西排序和從排序做推論。猴子也展現出象徵距離效應。

猴子會做遞移推論，其他靈長類和鳥類、鼠類、狐狸也會。牠們知道如果A主宰B，B主宰C，則A主宰C。有趣的是，雖然社會關係較複雜的動物似乎更擅長遞移推論，可是在這裡，似乎是社會行為在推動認知。依序排列東西意義重大。一旦能為生活的某個面向勾勒出次序，就也能為生活的很多其他面向畫出一條抽象的順序之線。

VII. 排列數字

數字是終極的抽象排序，是沒有內容的等化器。數字既簡單又困難。有兩種數字系統，一種是沒有實際數字的概數系統（ANS，approximate number system），另一種是真的有數字的確切數字系統（ENS，exact number system）。不論在個體發展、大腦、演化或文化史上，這兩種系統都是分開的。概數系統能回答「哪個較多？」的問題，但只有確切數字系統能回答「有多少？」的問題。概數系統依靠的是直接感知，確切數字系統則既能在感知中運作，也能在記憶中進行。數字總結了數量，而且非常有助於記憶。

VII.1 概數系統

推估（estimate）不難。嬰兒、靈長類和鴿子都能大概比較數量，雖不完美，但已夠準確。換句話說，某種形式的量化能力深植於演化之中，而這種能力依靠的不是計算或確切數字，而是按照數量的排序。推估不難，難的是確切計算。學校裡教的數學並不容易，很多小孩在乘法和除法（所謂「簡單算術」）上都遇到困難，甚至連大一點的學生或已經畢業的人都是如此。兩種系統的對比是顯而易見的。不會說話或是有其他表徵系統的生物，在數字成果（numerical accomplishments）上一定是非象徵的。它們的數字成果不會是言語的或象徵的，一定是無中介而直接的。

概數系統跟判斷時間、亮度、快樂、兇殘等等的系統，極為相似。在動物身上看得到它，在人的身上也看得到它。它容易出錯，在量大時尤其如此。在量大或強度大的時候，概數系統的分辨工作會比量小時困難。不過，概數系統可以做初步的推估、加、減，甚至乘和除。它能推估空間裡的物件的大概數目，也能推估時間裡的事件的大概數目。

並不令人意外的是，這些推估所依靠的大腦區域既有交疊，又部分獨立。尤其值得注意的是：所有的比較都會活化一張龐大的網，而這張網裡也包括頂葉內側溝，這塊區域通常與空間思考有關。相對於其他比較來說，數字比較在左頂葉內側溝和右顳葉區引起的活化特別強。行為上的部分交疊、部分獨立是顯而易見的，這也反應在大腦的部分交疊、部分獨立上，必定如此。

VII.2 排序的意義

不論從社會上或認知上來說，建立線性排序都是極為重要的技能。創造排序需要從一組不一樣的東西裡抽象出單一特質，並依此特質分出等級，忽略其他各式各樣的特質。一旦完成排序，我們就能透過它對行為和思考做出

基本推論。

排序只是如此而已，沒有確切數字。排序有幾個重要特徵，每個都跟確切數字明顯不同。其中一個是象徵距離（symbolic distance）：跟比較較近的例子比起來，比較較遠的例子更容易也更快。舉例來說，回答「81大於25」比回答「81大於79」更快。另一個特徵是語意一致（semantic congruity）：不論是為「較少」（less）或「較小」（smaller）比較小量，還是為「較多」（more）或「較大」（larger）比較大量，都較快也較容易。另外，在數字和閱讀是從左到右的語言裡，數字連續體的低端被與左連結，較高的那端被與右連結。這種現象叫「空間－數字反應編碼連結效應」（SNARC，spatial-numerical association of response code）。在數字從右排到左的語言裡，這種對應關係似乎是反過來的。我們還發現排序有另一個特徵——遞移推論：若A多於／大於／少於B，而B多於／大於／少於C，則A多於／大於／少於C。

不過，心中的排序最重要的特徵，或許是：對連續體低端的敏感度，大於對連續體高端的敏感度。以數字來說，我們對1和2的差比對81和82的差更敏感。此外，不論是我們或其他生物，都對輕的物體的重量差比對重的物體的重量差更敏感，也對微光之間的差異比對亮光之間的差異更敏感。這種對重量和亮度的認知差異，甚至深植於周邊神經系統（peripheral nervous system）之中。在低強度的地方強度增加時，神經元激發的數量相對較多，多於高強度的地方強度增加的時候。這種對低端差異的敏感度大於對高端差異的敏感度的現象，叫「韋伯－費希納定律」（Weber-Fechner law）。我們對餅乾的甜度比對土耳其果仁蜜餅（baklava）的甜度更敏感，對小額金錢的差異比對大額金錢的差異更敏感。我們連說話都是如此：我們說一個、兩個、幾個（several／a few），然後就跳到很多（many／lots）。

連教育程度高的人對大額金錢做決定時，都會出現這種偏誤，可是正式數字（formal number）不會：1和2的差跟81和82的差永遠一樣，就是一。

1哩和2哩的距離跟1001哩和1002哩的距離也是一樣的，用的汽油一樣多。對於跟上和比較不以正式數字為基礎的量，人類和其他生物都有迅速、簡便、寬廣、實用的系統可以應對。數字不受它們在數線上的位置影響，相較之下，概數系統會造成扭曲，賦予較小的量相對較大的重量。

現在懸在空中的大哉問是：這不太理性吧？如果真是如此，演化為什麼沒修正這點呢？這無疑是因為：這種山寨算法的確迅速、實用又簡單。能修正這種和其他很多種偏誤的，是文化演進（不過也未必都能修正），是測量、計數和計算系統的緩慢發展。

VII.3 確切數字系統

雖然演化並未修正概數系統的偏誤，但確切數字系統可以做到這點。數字不受它們在數線上的位置影響。在預算書裡，每一塊錢都是等值的。在搭橋的時候，每一吋也都是等值的。確切數字系統是必要的，不論對計數、算術、數學、工程、科學來說是如此，對人文學科、藝術和不計其數的人工製品來說，也是如此。要是沒有計數系統（重點是：要是沒有記錄系統），我們日常生活所需的一切幾乎不會存在。不過，人類畢竟在沒有確切數字系統的情況下過了幾千年，現在也還有很多小聚落的人類沒有這個系統。他們能推估量的多少，但不能計算。

確切數字系統是文化發明。跟概數系統不一樣，確切數字系統必須透過學校或家庭傳授。連最簡單的數學任務（計數）都必須依賴數字表徵——通常是字詞。但令人詫異的是：直到今天，有些族群的語言裡還是沒有數字。皮拉罕族（Pirahã）就是這樣的族群，他們住在亞馬遜流域的一塊孤立地區，連「一」這個字都沒有。不過，如果把兩組東西一個對一個排好，讓比對工作容易進行，那麼，即使兩組東西只差一件，他們還是可以準確比較出量的多少。換句話說，雖然他們無法計數，可是他們懂一對一的對應關係。可是，

在比較工作需要用上記憶時，或是在東西沒有排好的時候，他們的表現會劇烈下滑。因為在這個時候，比較工作必須用上計數，沒辦法靠一對一比對進行。我們再講一個亞馬遜原住民族的例子：蒙杜魯庫族（Munduruku）的數字到五，概數比較對他們來說不成問題，可是他們無法做確切算術。

　　同樣驚人的是概數和確切數字系統的神經基質差異。腦部受創的病人可能失去其中一種系統，但留住另一種。可是在健全的大腦中，這兩種系統會互動和合作。雖然概數和確切數字系統在演化上和大腦中都是分開的，但這兩個系統會相互協調。善於推估的孩童剛好數學更好。此外，訓練概數系統更準確也能提高確切數字系統的表現。

　　確切數字系統的發展相當依賴發展出可見的記數系統（visible notation system），亦即一種外於心、但能為心所用的記數系統。世界各地很多文化都為計數（甚至計算）發明了精緻的記數系統，以石頭、骨頭、繩結、卵石等物體當記數工具。事實上，「計算」（calculate）這個字的拉丁文字源「calculus」，指的就是卵石。很多文化也會以身體（尤其是指節）為工具，不只用來計數，甚至用來計算。手是人類第一把計算尺，只差不能開根號而已。在很多語言裡，身體部位變成它們所代表的數字的名稱，例如「數字」（digit）的拉丁文字源「digitus」，原意是手指。雖然現在到處都有紙筆和計算機，我們很多人仍用手指計數或跟上數量變化。然而，雖然身體可以是頗為有效的計算機，但它無法留下紀錄；雖然繩結和算籌可以留下紀錄，但它們表現數字的方式十分笨拙，用來計算甚至更形笨拙。數字的象徵效率更佳，而在文字社會中，甚至連學齡前兒童對它們都不陌生。不過，豐富的記數系統對計算來說是必要的。

　　是會計的需要驅使為數字發展出記數系統，並進一步驅使公元前四千年住在兩河流域的蘇美人發展出書寫。隨時掌握牛、羊、人民等等的數量，是稅收的根基，而稅收是有組織的社會之所必須。

在今天，每個學童都認識數字，也都懂得＋、－，甚至0，但不過兩千年前，人類幾乎不認識它們。我們現在的記數系統經過幾千年的發展，也多次走進死路。0是深具啟發性的好例子。埃及人、希臘人、羅馬人和中國人雖然沒有0，但還是建成了宏偉大廈。馬雅人雖有0的符號，但這個符號從未流通到中美洲之外。吳哥窟似乎從七世紀開始就有0，但也沒傳播出去。0似乎是在別人從印度借用它之後，才慢慢傳出去，也被九世紀的阿拉伯商人用於記錄。它到十三世紀初才由費波那契（Fibonacci）引進歐洲，你想猜猜他是什麼人物嗎？你猜對了，他是數字理論家。

數學和測量與身體一同在世界誕生。以前的人用掌寬測量馬的高度，用腳長測量地面，我們現在仍能在「hands」和「feet」這兩種測量單位中看出這段源由。計數這種簡單的行動是一系列動作，可能是輪流指每一個物件，也可能是邊數邊把每個物件挪到一邊。這些動作在物件和數字名稱之間創造了一對一的對應關係。記數系統讓我們能在物體不在場的情況下進行計算。記數系統（在這個例子裡是數字）跟語言和圖像一樣，能讓我們掙脫此時此地的束縛。最終通行世界的記數系統一定是圖像的和空間的。數字的價值由它在序列中的位置決定，所以56跟65不同。左邊的數字要乘以10，因此56代表5個10加6個1。算術運算靠的是把垂直的欄位好好對齊，再從最右邊那欄進行加、減、乘的計算；如果是除法的話，就從最左邊那欄開始。不論是計數動作還是記數系統，都是以空間為基礎的，而大腦已經知道這點。

VIII. 邊界：另一種線

「線」（line）跟很多實用的字詞和標記一樣，也有很多層意義。其中一層意義在歷史上和政治上非常重要，而且從過去到現在一直是如此，這層意義就是界限或邊界。國界的爭議與邊界有關，分際的拿捏也跟邊界有關，隱喻的紅線也是如此──這條分界不容逾越（但有時候就是越界了）。另一方面，

邊界也是不同事物相會和互動的地方。跨越學科之間的邊界，可以做出跨領域研究；跨越料理之間的邊界，可以創造令人驚艷的無國界菜色；跨越亞種之間的邊界，可以造就雜種優勢。

　　界限可能是隱微的，甚至是想像的。極簡主義藝術家弗雷德‧桑貝克（Fred Sandback）以線為創作，從天花板到地板拉出一兩條線。參觀的人常常只盯著這些線和旁邊的牆構成的空間看，但不進入。細長的線成了藩籬。可是只要有人進入那個空間，很多人也會跟著進入。在學校操場和雞尾酒會上，一群正在互動的人也構成藩籬。公車站和戲院前由人構成的線，不僅創造出起點和終點，而且常常是其中一端逐漸增長，有時甚至綿延不盡。這些線有時甚至是由象徵人的東西構成的，例如他們的背包或購物車。這些井然有序的線叫「隊伍」。

IX. 箭頭：不對稱的線

　　最早的箭頭是我們的眼神。眼神指向思考的方向，即使在我們思考的東西已經不在視線之內時，也是如此。你在咖啡店裡，隔壁桌剛剛坐著一位大明星，雖然她已經離開了，但你的視線還是一直往那桌飄。在這種情況中，爸爸媽媽告誡過我們：用手指人不禮貌。可是在跟陌生人講最近的地鐵站在哪裡時，我們可以指、也應該指，我們甚至可以用整隻手去指。我們下一章會繼續談箭頭（還有框、線和樹狀圖）。

X. 觀點

　　觀點（perspective）是另一個因為極為常用、所以延伸出很多意義的詞。遠的觀點，近的觀點；從上往下的觀點，由內朝外的觀點；外在觀點，內在觀點；全球觀點，地方觀點；邊緣觀點，中心觀點；你的觀點，我的觀點（請見第三章）。每一個都是空間的，也都是抽象的。很多可以濃縮成格言，但

未必毫無矛盾，就像所有格言都有例外。大的佈局。魔鬼藏在細節裡。一粒沙中見世界（威廉・布萊克〔William Black〕）。

X.1 近與遠

我們從一句很實在的老生常談說起：見樹不見林。湊近看得到樹，站遠才見得到林。近處能見細節，遠處看得到更廣的輪廓。哪種比較好？答案很普通：看情況。我們先檢視一個現象：想像的距離會在很多任務上影響思考。尤其特別的是：焦點拉遠，伴隨而來的是概括、抽象和更大的確定性；焦點拉近，伴隨而來的是特殊、細節和更大的不確定性。有些研究和這項分析是一致的：把表達確定性的詞（如「一定」〔sure〕）放在圖畫畫面近處，人能更快看到；把表達不確定性的詞（如「可能」〔maybe〕）放在畫面遠處，人也能更快看到。

與想像不遠的未來相比，人在想像遙遠未來時，會覺得別人跟自己更相似。這代表的是：當我們從較遠的觀點看待自己，我們更容易跳脫自己的立場。從基本歸因謬誤來解釋：我們以為自己的行為更受外在因素影響，變化更多也更不確定，卻認為別人的行為更受個人特質影響，更一致也更可預測。拉開距離看自己，可以讓我們把自己當成別人的自我來看待。此外，跟描述晚近的過去比起來，我們傾向會用更抽象的字眼描述遙遠的過去。

合起來看，這些研究顯示：採取遠距空間觀點會讓人思考得更抽象。這也代表：採取遠距空間觀點應該能促進解決問題的創意。事實上，不論是孩童或成人，在具備遠距觀點之後，會更能夠解決頓悟式問題（insight problem）。

不過，距離只有一個維度，而空間有三個維度（雖然我們常在心裡和紙上把它攤成兩個維度）。我們暫且不沿著一條線思考，跳到頭上。

X.2 從上往下和由內朝外；外在和內在

網和線是包含和連結概念的架構。網是俯視的，它們提供從上方看的外在觀點，跟地圖一樣。線是路線，我們在路線上，它們給予我們內在觀點。俯視是空間，路線是行動的序列。沿路線而行的內在觀點會隨想像的距離而改變，而這些變化會造成影響。以判斷舊金山和鹽湖城的距離為例：想像自己在東岸的人所判斷的距離，會比想像自己在西岸的人判斷的距離來得短。較近的東西之間的差距會被放大，較遠的東西之間的距離會被縮小。你現在已經知道了：這是概數系統的特色。

我們也已經看到：時間可以從內在視角觀看，未來在前，過去在後；但時間也可以從外在視角觀看，像月曆。外在觀點和內在觀點，地圖和路線，網和線，都充滿各式各樣的資訊。

X.3 路線／俯瞰；枝節／總覽；程序／組織；解決／問題空間

路線本質上是一組方向，一串轉彎和地標的序列，一系列在選擇點採取的行動，一連串讓你從A到B的路線或程序。不論是烤蛋糕、給魚去骨、解代數題或組裝東西（不論是組樂高或家具），步驟指示都是類似的──它們是一連串行動（在這些例子裡，它們是對物體的行動，而非在地標上的行動）。對細胞分裂的解釋是如此，對引擎如何運作的說明是如此，對如何填寫報稅單的解說是如此，對如何線上訂票的說明也是如此。它們都是導向結果的步驟，保證成功的食譜。

地圖就不是這樣了。地圖不像指引或食譜，它不提供路線、程序或一組行動。它是俯瞰一塊有各種可能性的空間。它提供的是總覽，是一組地點的組織架構（也可能是一組物體、時刻、生物或概念的組織架構）。總覽讓我們能評估多條路線，並從中擇一，但總覽本身並不偏好任何一條路線。總覽

告訴你哪個東西在哪裡、它們怎麼排列，還有它們之間的關係是什麼，但不會告訴你要怎麼做。要怎麼做你必須自己去想，但總覽能給你（或者說，應該要能給你）你需要的資訊。總覽包含的資訊很多，有時候甚至過多。總覽裡有太多地點、太多物體、太多概念、太多這些東西之間的關係。太多可能性。所以總覽有利創意，它能幫助你發現適當的路線，找出好的解決辦法；它能協助你判斷可以從哪裡開始，接下來又該怎麼走。路線顯示的是單一一組行動，俯瞰顯示的則是一大組可能的行動。路線是動的，俯瞰是靜的。

　　路線是自我中心的，地圖是他中心的。我們現在把這些觀點延伸到組織的空間來談，拿老闆和一般員工的空間關係當例子。老闆在頂端，員工在不同程度的下方。老闆常常被當成麻木漠然的。有權力的人高高在上，但越有權力的人呢，偏偏影響較大。權力結構是複雜的，權力本身也很複雜。可是權力結構不只是弱肉強食而已，它還牽涉觀點的垂直切換。我們先舉個空間的例子，兩種意義的空間。如果你是郵差或公車司機，你只需要知道自己的路線，亦即從哪裡開始、怎麼走、到哪裡結束。但你如果負責督導這些路線，你就需要總覽所有可能的路線和郵差（或司機），這樣你才能規劃最有效率的路線，並掌握郵差或司機們的狀況。如果你是推銷員而不是老闆，你只需要知道怎麼招攬客戶。但你如果是老闆，你就需要總覽所有推銷員和所有消費者。如果你是總統，你需要總覽政府各個部門；如果你是其中一個部門的主管，你需要知道自己和總統之間的路線。在此同時，你需要總覽你監督的人，而你監督的人也需要知道他們和你之間的路線。主管、老闆、CEO和總統既需要掌握一大群人的狀況，也需要掌握他們管理的組織的目標和程序，他們之所以成為領袖，正是因為他們必須考慮到方方面面，才能提高組織目標，增進團體利益（但願如此！）。因此，主管、老闆、CEO和總統所擁有的權力，比他們負責的對象的權力更大。

　　很多人抱怨身居高位的人缺乏同理心，但這也許是無可避免的。切記：

路線觀點是自我中心的，俯瞰觀點是他中心的。位居要津的人必須總覽和監督一大群人，他們必須在下屬的需求和整個組織的需求之間做出權衡。個別員工不一樣，他們只需要監督自己，也只看得到自己和自己跟老闆之間的路線。他們沒有老闆的俯瞰觀點。

XI. 言詞：開箱見真章

對於言詞，務必留心。如深具慧見的藝術理論家魯道夫・安海姆（Rudolf Arnheim）所說：言詞透露感覺（words point to percepts）。真的嗎？對所有言詞都要注意嗎？對「言詞」、「透露」、「感覺」這三個詞，的確必須留心。

小孩子很早就懂「see」和「look」這兩個字。令人驚訝的是，即使是天生失明的孩子，懂得這兩個字的年紀也跟看得見的孩子差不多。這說明一件事：即使是看不見的孩子，也知道「see」代表「懂」，「look」指的是「注意」。是心的眼睛在看。

「see」和「look」是好搭檔。請看看下面這些詞，它們都跟看有關，可是對象常常不是肉眼可見的物體，而是心裡的想法：behold（瞧）、distinguish（區別）、discern（分辨）、detect（偵測）、discriminate（分別）、eye（注視）、focus（聚焦）、gaze（凝視）、glance（瞥）、glimpse（瞄）、inspect（審視）、notice（注意）、observe（觀察）、peep（窺）、peek（覷）、recognize（辨認）、regard（看做）、scan（掃視）、scrutinize（審視）、search（尋找）、spy（監視）、stare（凝視）、survey（俯視）、witness（見證）、view（看）、watch（注視）。底下這些詞也差不多，它們雖然跟看有關，可是指的多半是用心去看：envision（展望）、visualize（想像）、speculate（思索）、introspect（內省）。

你應該記得我們之前講過：心把概念看做物體。我們現在來玩個遊戲。底下這些詞是我臨時想出來的，信筆而就，絕不完整。它們都是具體的詞語，有些形容身體施加在事物上的動作，有些是身體在世界中做的動作，有些是

事物本身的動作，有些是形容事物之間的空間關係，還有一些是形容事物及其部分的外形。請為每一個詞想一個實際用法（例如「穿梭大小城市」），接著再想一個抽象用法（例如「穿梭古今概念」）。

　　整個身體在世界裡移動的方式：探索、穿梭、帶領、迷失／找到方向、遇見、浮、逃、繞、上升／下降、墜、起、飄、移動、趨／避、遊。

　　身體在事物上施加的動作：碰觸、混、揉、結合、分開、連接、集合、拋棄、奠基、增添、減少、轉、倒、分類、裝、拆、填入／清空、重疊、舉、升／降、推、拋、伸、抓、踢、削、扔、撕、切、劃。

　　世界裡的物體改變的方式：拓展、縮小、增加、減少、消失、盤旋、轉圈、消散、融化、崩解、匯聚、消融、凍結、沸騰、開始／結束、開／闔、粉碎、破裂、昇華、爆炸、燃燒。

　　事物之間的相互關係：聚合、分離、相近、相鄰、環繞、高於／低於、之前／之後、之上／之下、遠／近、重疊、相連／分隔、接近、遠離、（A是B的）一部分、裡／外、前方／後方、水平／垂直、平行、對角、朝向／朝外、相接、包含、碰撞、岔開、橫跨、接觸、穿過、相交、支撐、前景／背景。

　　事物的位置：遙遠、近、鄰近、遠、上、下、頂端、上方、下方、之間、底端、中間、這裡、那裡、到處、無所不在、空中、台下。

　　事物與外形：物體的形狀（如樹狀、胡蘿蔔狀、心形、蛇形）、圓形、螺旋、方形或其他幾何形；地方，原野，領域，區域，界線。

　　大小：大／小、迷你、微小、大、龐大、巨大、寬／窄。

　　部分：（原型身體部位）頭、手、腳、臂、腿、指頭、腹、臍、肩；片段、碎片、邊緣、中心、焦點、中間、鋒、邊界、接合、縫、膜。

　　模式：條、點、斑、粗、滑、角、崎嶇、凌亂、坑坑窪窪、堆、規律／不規律、對稱／不對稱、平衡、反覆。

描述空間和空間中的行動的詞語就是這麼常見。察覺到它們多無所不在之後，你隨地都會聽到它們。不用它們，我們幾乎沒辦法講話。

XII. 語言與空間

很多年以前，在我剛開始研究認知心理學的時候（此後，我又研究了很多年），主流看法是思考是語言式的（language-like）。連圖像也是一樣。內省（introspection）的結果似乎一致：在我們思考「思考」的時候，我們認為自己是用詞語在進行思考。正式看法都說思考的基本單位就像命題（propositions）。命題這個概念出自符號邏輯，指的是基本上能驗證為真或偽的最小斷言（assertion）。實際的句子可能有很多個命題，以「那隻動作敏捷的褐色狐狸跳過那條懶狗」（The quick brown fox jumps over the lazy dog）為例，這句話能切成以下這些命題：那隻狐狸動作敏捷；那隻狐狸是褐色的；那隻狐狸跳；這一跳跳過了那隻狗；那條狗是懶狗。短短一句話不但用光英文26個字母，也收入這麼多命題！

不過，在碰上圖像和其他無法完整切成命題的心理表徵時，這項主張會遇到困難。〈蒙娜麗莎的微笑〉該怎麼切割成命題？長相又該怎麼切割成命題？於是，這項主張就跟很多激烈爭議一樣，搬石頭砸了自己的腳。在此同時，對語言本質的看法也發生轉變。

現在很多人認為空間世界才是最原始的，語言植根於空間世界。思考的最小單位是兩個概念之間的連結，而連結是連接兩個地點的路線。在演化過程中，對空間世界和空間中的行動的認識，一定先於語言的發展。語言被用來描述世界現在的情況、過去的情況，和未來可能的情況。語言是用來創造這些情況的心智模型（mental model），以喚起過去、描述現在或計畫未來。所以很自然地，我們思考世界的空間及其中的實體和事件的方法，會影響我們談論世界的方法。事實上，語言和空間的關係還更深：不只語

言被用來談論世界，世界的空間和我們在其中感知的實體和事件也賦予語言結構。塔米（Talmy）說語言賦予空間結構，但不只如此，空間也賦予語言結構。空間先行。

XIII. 思考與想法

關於空間的兩個基本事實：遠近和重力。身體在空間裡各式各樣的動作，都很快會取得抽象意義。我們更可能看見離自己近的東西，也更可能取得它們，或是與它們互動。彼此接近的東西更可能彼此相關。在任何向度都是一樣。因為重力的關係，向上比向下更費力。向上需要資源，不論那資源是力量、健康或財富。空間隱喻滲入我們認知生活的每一處，也滲入我們情緒生活、社會生活、科學生活的每一個角落。我們跟某些人越來越親近，跟某些人漸行漸遠。有人攀上頂峰，有人陷入憂鬱。離子相互吸引或排斥。開啟全新的領域；探索未知的領域；有些領域則是被開發過度——做到爛了。對想法的動作就如對物體的動作：我們掃視、聚焦、檢視概念；把它們倒過來看、合起來看、拆開來看、擺到一邊。我們把會議提前或延後。有些人的人生一帆風順，有些人的人生曲曲折折。我們把過去拋到腦後。事情一件又一件向我們迎來。銷售、人口或經濟上升或下滑。電子繞行軌道。病毒入侵；免疫系統反擊。

我們整個人生都在空間裡感知，也在空間裡行動，在空間裡感知和行動讓我們和我們的祖先得以生存。空間、感知和行動的語言和邏輯，成為空間思考、社會思考、情感思考、科學思考、哲學思考、靈性思考等所有思考的語言和邏輯。

8 我們創造的空間：
地圖、圖示、簡圖、說明書、漫畫

Spaces We Create: Maps, Diagrams, Sketches, Explanations, Comics

在這章裡，我們討論把想法放入世界的方法——亦即人如何透過在空間中布置標記，從而創造出超越此時此地的意義。我們在這一章會反覆穿梭古今，從中學習設計的原則，以及人如何運用思考工具表達他們對空間、時間、數字、事件、因果和故事的想法。本章也將特別討論漫畫，它是一種極具創意的創作，用滑稽的方式講故事。

> 藝術證明人生是不夠的。
>
> ——簡述葡萄牙作家費爾南多‧佩索亞（Fernando Pessoa）看法。

I. 把想法放進世界

把想法放進世界非常重要，我們對它的意義再怎麼看重也不為過。它讓我們用語言、姿勢或圖像等形式，在此時此地與別人分享想法，這對教、學、協調和合作來說都很重要。不過，把想法放入世界的意義，遠遠不只是教、學、協調和合作而已——它讓我們超越此時此地。把想法放進世界讓我們能訴說過去、規劃未來。我猜，人類第一次把想法放入世界，或許是跟別人說要做什麼，或是向別人解釋怎麼做某件事。把想法放入世界不只讓人懂得怎

圖 8.1 ｜猶他州普萊斯（Price）附近九哩谷（Nine-Mile Canyon）的岩壁畫。
這些圖可能是弗瑞蒙族（Fremont tribe）在公元950到1250年間畫的，描繪的應該是打獵場景。
史考特・卡川（Scott Catron）攝。

麼走、怎麼做，更創造出社會和文化。把想法放入世界讓人能傳播知識、累積知識，紙張出現後更是如此。

　　我們不太可能知道是哪種生物首先發展出語言，以描繪不在此時此地的事；也不太可能知道這在演化上是什麼時候發生的。可是對於描繪不在當下的事的能力，我們有豐富的考古證據：世界各地都能看到畫在洞穴牆上的畫、刻在石頭上的圖像，還有刻在骨頭上的記數。這些證據證明：對於描繪不在此時此地的概念，人類具備出色的能力。這些證據讓人心中一凜，它們不只證明人類有象徵思考的能力，也證明人類對於藝術有深刻需要。但讓人訝異的是：我們晚期智人顯然不是第一個這樣做的。

　　我們來看看日常生活的例子。要買的東西很多時，我們寫下清單；算折扣時，我們拿出計算機；設想怎麼擺家具、怎麼跟人解釋事情、邀哪些人參加宴會、還有座位怎麼安排時，我們伸手拿紙筆；在我們想確保自己不會忘

記有約時，我們把它寫在行事曆上。我們進行思考時不完全依賴心，我們也利用世界。

　　心太小了，世界的空間遠遠更多。**認知第八定律：當思考超出心的負荷，心便將思考放入世界**。把想法放進世界的方法很多，我們可以把它放進談話、放進姿勢，或是放進行動。不過這些方法都很短暫，它們只能呈現想法一下子。我們還有別的辦法可以讓想法在世界裡呈現得更久：寫下待辦事項；把上班要帶的東西放在門邊；把思索問題的過程寫下來；用紙筆或計算機做計算；把便利貼貼在顯眼的地方（離題說一下：便利貼實在是設計智慧的傳奇例子——這種既黏又不太黏的膠，居然能利用得這麼巧妙！）。把想法放入世界能擴大心，不過不是無限擴大，畢竟注意力是有限的，我們必須能理解自己放入世界的東西才行。放進世界的想法變成思考工具。這個過程有如螺旋：我們把想法放進世界，利用它、修改它，然後再利用它。

　　我們把想法放進世界的原因很多。為了記得，為了提醒，為了記錄。為了告訴別人，為了影響別人，為了向別人炫耀。為了思索，為了計算，為了組織，為了調整，為了設計，為了創造。為了計畫未來。為了不忘過去，為了用過去思索現在或計畫未來。為了讓別人知道該怎麼做，為了協調，為了能進行紙上作業，一起在上頭指點比畫、交換意見，因為這樣比光用說的更有效率也更精確。我們創造出共同概念，既不只屬於你，也不單屬於我，所以我們都願意為它投入。想法可以用排列卵石表達，可以在地上畫線表達，可以在餐巾紙上塗鴉表達，也可以透過身體動作或日晷、算盤、模型等物體表達。我們通常會把想法排在平面上（這塊平面可能是洞穴的牆、石壁、紙張或電腦螢幕），而當然，我們也會把想法以三維樣貌放進世界（例如算盤、水鐘、日晷、結繩、卵石、計算尺，還有分子和建築的模型）。為簡便起見，我接下來會把所有這些把想法放進世界的方法稱做「頁面」（page）。把想法放到頁面（或石頭、繩子）能讓我們帶著它走，或是把它交給別人。

現在很多想法都在雲端，不論人在何處都能取得。這叫模數連結性（modulo connectivity）。

　　雖然想法可以用言語表達，但口說言語只懸在空氣中，即使是寫在頁面的言語，也只是透過任意的符號（arbitrary symbols）間接表達想法。不論是空間中的標記（marks in space），或是頁面上的（和空氣中的）空間裡的位置（place in space），都能更直接地表達出意義。把想法表達到世界裡，讓捏塑、刻鑿和建構概念更像捏塑、刻鑿和建構人工製品的工具。我們之所以會把想法表達到世界裡，就是為了運用這些工具來思考想法。

　　把想法放進世界不但改變我們的思考，也深深改變我們的生活。書寫讓大眾能接受教育和獲得資訊。它不只改變了我們對語言的認識，也回過頭來改變了語言本身。經過好幾百年發展的數學記數方式，不但讓計算更有效率，也促進了政府、科學和工程的發展。地圖也改變我們對世界的認識。把想法放進世界對我們的生活和歷史的影響，再怎麼強調也不為過——地圖、書籍、計算機、鐘錶、紙張、人工製品，還有紅綠燈、腳踏車道、商店標誌，無一不是這項發展的結果，而且這些只是其中一部分而已。

　　把想法放進世界不是新鮮事，古代思考工具還有很多東西需要研究。這些工具在不同地點和時間被發明、再發明，經過好幾個世代透過試誤不斷改進。直到現在，還沒有人看過黑猩猩或倭黑猩猩為彼此畫圖說明，或是畫地圖或使用算籌。我們異於現存其他靈長類者幾希，但製作思考工具與否或許是關鍵差異之一。隨製作思考工具而生的改變不知凡幾。

　　人類早期製作的思考工具一定大多都不見了。畫在沙上的地圖不見了，用卵石做的計算也不見了。能保存到現在的古代思考工具，多半若不是在洞穴裡，就是刻在石頭上或骨頭上，因為這樣才耐得住水侵風蝕。在西班牙一處六萬四千八百年前的洞穴裡，我們找到一些模模糊糊的圖像，畫的是手、梯狀物，還有暈倒的動物。由於智人來到這裡是兩萬到兩萬四千年後的事，

所以這些有趣的圖像，一定不是出自智人之手，而是六萬四千八百年前的那些居民畫的——也就是一直被誤會野蠻兇惡的尼安德塔人畫的。為什麼畫手呢？世界各地的洞穴裡都看得到手印。也許在沒有文字的情況下，手印就是簽名或證明：這個手印代表「我」。我在這裡。

　　無論如何，世界各地持續發現外化想法的古老遺跡。在這些遺跡裡，我們常常能看到人、物體、動物、事件、工具、地圖和計數的圖像。雖然這些圖像諱莫如深，但它們的意義似乎不是解不開的。請注意它們的內容：人、物體、空間、時間、事件和數字——這些都是我們生活的重要部分，直到今天仍是常見的記事內容。往任何一張報紙或隨便一個網站瞥一眼，你都能看到生物、物體、空間、時間、事件和數字的表徵，因為對人類生活來說，它們是關鍵概念，關鍵到大腦會特別注意它們。

I.1 種類的定義

　　很重要的是，這些表現於世界的想法是表徵。它們跟象徵一樣，也代表某個有別於自身的東西。不過，它們形似於自己所表示的東西，這點跟象徵不同。請想想畫家馬格利特（Magritte）的菸斗。它們用空間中的位置和空間中的標記來傳達意義。這些標記可能是畫、圖像、詞語、象徵或簡單的幾何形式（例如點、線和框）。詞語常常是單個出現，或是少少幾個，不會組成句子和段落，像你現在在讀的文章這樣。換句話說，地圖、圖表（chart）、圖形（graph）、圖示（diagram）和簡圖（sketche）——各式各樣的圖——可能是多模態的（multimodal）。跟對話一樣。

II. 認知設計原則

　　思考的新表徵隨時隨地可見：食譜、政治衝突的解釋、股票市場的漲跌、組裝或操作的說明、跳舞的指示。設計師應該思考使用者會如何理解和運用

這些表徵，但視覺化設計師跟其他設計師一樣，沒辦法預料到使用者理解和運用他們的設計的每一種方式。事實上，使用者對設計的新理解和新運用本身，可能也饒富創意且十分重要。上述目標能歸納成兩條認知設計原則。

對應原則（Principle of Correspondence）[1]：表徵的內容和形式應該契合目標概念（targeted concept）的內容和形式。

實用原則（Principle of Use）：表徵應能有效提升目標任務（targeted task）的成果。

請注意：這兩條原則可能發生衝突，也一定會發生衝突，因為它們可能促成截然不同的設計。所以很多設計需要好幾個世代不斷改善，也需要好幾種解決方案不斷演進。書寫語言就是如此，全世界的書寫語言都從將語言對映成象形符號開始（象形符號是形似於物的簡圖）。象形文字十分符合對應原則，但終極來說與實用原則牴觸——要是採用象形原則造字，一個詞（word）必須對應一個字（character），詞有多少，字就有多少，學起來曠日廢時。此外，對於「美」、「正義」、「革命」等概念，該怎麼訂出形似於它們的象形文字呢？對於「否定」、「條件」、「假設」這些概念，象形字又怎麼畫呢？典型解決辦法是添入表現聲音而非外觀的字——歷史上也只有這次出現另一種表徵方式：把聲音對映到視覺而非意義——於是字母出現了！字母歌連小寶寶都會，但表音文字對聾人來說不容易學。

儘管語素書寫（logographic writing）有上面提到的缺點，但它還是留存下來，現在仍有超過十億人使用[2]。語素語言的詩，有字母語言的詩所沒有的特色。字母語言的詩能押頭韻（一種以聲音為本的文字遊戲），語素語言則不但能押頭韻，還有玩視覺文字遊戲的層次。多有趣！

1 譯註：本章多次使用「對應」（correspond）與「對映」（map to）二詞，脈絡不同，故選用不同中文字。

2 譯註：即中文。

我們從書寫的發展學到重要一課：有一好沒兩好，不太可能有單一的最佳解決方案。英文有其優點，但拼字幾乎人人叫苦。請想想**認知第一定律**：**好處必有代價**。每種解決辦法都有優點，但也都有缺點。自然界的設計──演化──也是一樣：魚用游的，鳥用飛的，蛇用爬的。牠們在世界上移動的方式雖然不一樣，但都可行──只不過有時候會出點問題。

III. 空間：地圖

古老的地圖透露出人的不少思考。很多古代地圖用起來得心應手，比現代專家設計的很多地圖更好用。〈圖8.2〉是目前認為最古老的地圖，它刻在一枚重約兩磅的石塊上，可以隨身攜帶。我們是在西班牙北部的一個洞穴發現它的，據估歷史超過一萬五千年。

也許你想像得到考古學家發現它時多麼興奮。這個地圖不但畫出路線，還畫出洞穴附近的景觀特色（包括山脈和河川，都是很大的地標）。河谷兩邊都有動物，但比較難認。考古學家猜測它可能是記錄一場狩獵，或是計畫一場狩獵。圖上畫出山脈、河川和看得見動物的角度，並將它們排列在空間之中。換言之，這個表徵部分是描繪場景，部分是這個場景的地圖。這個地

圖8.2｜世界最古老的地圖：
舊石器時代地圖，西班牙阿包恩茲洞
（Abauntz Cave）出土，
約公元前一萬三千六百年。

圖同時呈現兩個視角，一個是俯視這塊地區，另一個是正面平視這塊地區的特徵。這種雙重觀點和部分描繪表徵的特色，顯然既不如圖畫寫實，也不如地圖抽象，但它顯然對辨認方向和做計畫都是有用的。

我們的祖先不只為地表畫地圖，也為天空畫星圖。這件事耐人尋味。雖說月亮週期是很多古代曆法的源頭，但為什麼要畫下星星的位置呢？這實在讓人費解。也許是他們覺得星星很美？也許是他們認為星體既然高高在上，可能會觀察我們、保護我們、控制我們？占星術到現在還是這樣想的。我們在很多地方都有發現古代星圖。在法國南部著名的拉斯科洞窟（Lascaux cave）裡，有找到至少兩萬年前的昴宿星圖，附近的獅頭洞（Tête du Lion cave）裡也有發現星圖。

地圖有很多形式。美國北岸原住民把左手微握當成地圖，沿食指和拇指擺放城鎮：魁北克（Quebec）在食指尖端，蒙特婁（Montreal）在指節，紐約在食指和拇指跟手掌的交界處。密西根人舉起左手，手指伸直，模仿密西根州的輪廓，食指和拇指間的空隙是休倫湖（Lake Huron），然後他們就以手為地圖，在手上指出家鄉的位置。航行格陵蘭的因紐特人（Inuits）則是用木頭做成口袋大小的地圖，邊緣就照格陵蘭海岸的曲折來切割。他們把這種地圖放在連指手套裡用摸的，根本不必拿下手套凍著指頭。而且這種地圖就算掉進水裡，還是能浮起來。多聰明的設計！

南太平洋馬紹爾群島（Marshall Islanders）的人也很聰明，他們的地圖也會浮，是用竹子和貝殼做成的「枝條」地圖，如〈圖8.3〉。他們用這種地圖在遼闊的海面上進行長距離航行。竹枝代表湧浪、洋流和風，基本上就是海上的公路；螺貝則代表島嶼，這些島嶼彼此隔得很遠，超出視線之外。

中世紀歐洲的地圖學仍不成熟，絕大多數人也只靠想像旅行，所以地圖的用途似乎是靈性、宗教和政治的。〈圖8.4〉這種地圖非常常見，叫「T-O地圖」，以其形式而得名。聖地（也就是耶穌誕生之處）位在中心。請注意：

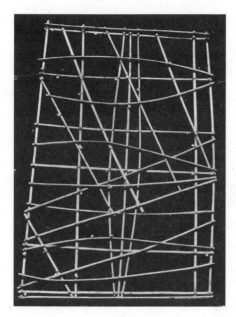

左｜圖 8.3｜馬紹爾群島船員用的枝條貝殼地圖。
上｜圖 8.4｜T-O 地圖，萊比錫（Leipzig）藏，11 世紀。

在上方的是「oriens」（東方）。「oriens」指的是「上升」，太陽上升的方向即東方。T 的水平部分是印度洋，將亞洲與歐、非兩洲分開，垂直部分是地中海，隔開歐洲和非洲。歐洲當時認為世界被一整片海環繞。T-O 地圖的空間位置和大小都很含糊，也遺漏了邊界。要是你看不清裡頭的小字，別擔心，因為重點是知道 T-O 地圖的空間佈局極度簡化：聖地在世界的中心，而當時知道的三個洲被水分開。

我們並不清楚歐洲地圖後來為什麼轉了 90 度，變成北方在上，而且此後一直維持北方在上。不過，這個觀點變化，大約發生在人類發現地磁北極的時候。事實上，更古老的、被視為托勒密（Ptolemy）繪製的地圖也是北方朝上，有人推測這是基於實用目的，因為當時的人知道的疆域大多是東西向展開。地圖不只畫下空間，還畫下很多東西。

雖然這些地圖充滿想像，也各有不同，但它們有幾個共同的關鍵特徵：

205

它們不一定依照比例；它們混合觀點；它們既是地圖，也是圖畫；它們省略大量資訊。之所以會這樣，並不只是因為無知或技術不夠成熟，而是設計上有意為之。它們顯示的資訊不多，資訊內容則隨案例而易：因紐特人的地圖精確描繪海岸線的曲折之處；馬紹爾群島的地圖著重洋流流向和島嶼的位置；伊比利半島的古人重視地貌和動物所在；中世紀歐洲人在意的則是靈性。地圖所含的資訊，正是使用者需要的資訊，簡潔明確，不會被他們不需要的資訊模糊掉。

記住地圖有這些特徵之後，我們跳過幾千年的時光，看看今天一張幾百萬人使用的地圖：倫敦地鐵圖。我沒辦法把這張圖放上來，但哈利·貝克（Harry Beck）為倫敦地鐵畫的這張圖在1931年問世之後，世界各地的運輸系統已經仿造過它無數次。奇特的是，它跟馬紹爾群島用的枝條地圖頗有雷同之處，只是洋流和島嶼變成地鐵線和車站。它既顯示也扭曲了地鐵線簡圖，把地鐵線畫成垂直、水平或對角的——顯然沒有準確反映實際曲直。啟發這張地圖的靈感來自電路圖，是時代錯誤的類比推理的迷人例子。對電子來說，地理並不重要，重要的是路線和連結，還有該從哪個閘道換別條路。貝克認為通勤者也是如此：通勤者需要的不是精確的地理，而是站與站之間的路線，還有轉乘不同地鐵線的連結。雖然貝克的設計遭到主事者反對，但在通勤者之間大受歡迎。這張圖實在簡單明瞭：地鐵線用不同顏色標示；直線、橫線、對角線非常好找；車站除了標示站名，也標上直角方形；轉乘不同地鐵線的站則用圓圈標示。從這張圖甚至能看出一些地理資訊：在手機地圖滿街跑之前的洪荒年代，我有一次要去某個地方，可是在我用的街道圖上找不到，於是我轉而研究地鐵圖，後來居然靠地鐵圖到了那個地方。

地鐵圖跟歷史上那些地圖一樣，也只納入各種資訊中的一小部分。但同樣地，它也跟那些更早的地圖一樣，收進的恰恰是使用者最需要的東西：路線和採取行動的點，尤其是切換地鐵線的進出點。地鐵圖還更進一步：它扭

曲了距離和方向。比較敏銳的讀者或許想到了：對環境的記憶也是這樣。簡要地圖即使有所扭曲，對我們還是有幫助，甚至比精確真實的地圖更有幫助，因為簡要地圖容易看、容易理解，也容易使用。因此，設計良好的簡要地圖符合兩條認知設計原則。

你也許會想：遺漏資訊和扭曲，會不會造成困惑呢？地圖就跟所有的圖解一樣（在現在這個課題裡，跟所有的溝通一樣），是設計在特定脈絡中使用的。脈絡可能是環境中感知到的東西，也可能是各人心中都具備的知識。脈絡通常能提供遺漏的資訊，並解決含糊和扭曲的問題。溝通伙伴之間自有默契：使用者知道地圖（和其他圖解）是用來做什麼的，知道它們是給特定使用者在特定脈絡下用的，也知道其他溝通對象也清楚這一點。地鐵圖是用來搭地鐵的；組裝說明是用來說明各部件怎麼組合起來。我們理解語言也是這樣：如果有人說「這裡有點冷」，我們知道對方是間接請求關窗戶或關冷氣。在語音導航跟你說「請右轉」時，你知道是在下一個交叉口右轉，而不是現在立刻右轉。

倫敦地鐵圖上也有文字和符號。好的地圖大多都是多模態的，像自然對話一樣。自然對話用的遠遠不只有詞語，還會用到語調、姿勢和外在世界的物體。

我們可以設計同時滿足多項目的的地圖，也可以為不同目的設計不同地圖。地圖讓人可以找路、探索環境、規劃行程、改變路線、找腳踏車道……等等。地圖也能建立解釋歷史的基礎，阿茲特克人就是如此，他們生動地描繪出先人跨越時空的遷徙。

地圖能說明戰況。第二次大戰期間，報紙天天以地圖說明歐洲軍隊的軍力、移動和結盟關係。地圖也能追蹤疾病的傳播，這是查明因果關係的第一步。1854年倫敦爆發霍亂時，約翰・斯諾（John Snow）這位擇善固執的醫生就使出了這一招。當時沒人知道霍亂的起因，斯諾要求在中倫敦地圖上標出

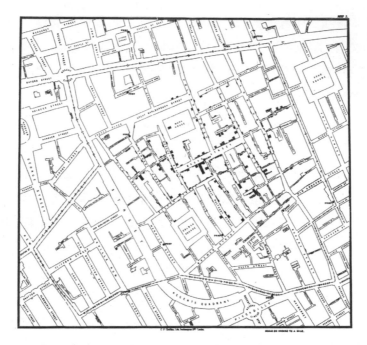

圖 8.5 ｜ 斯諾的中倫敦地圖，霍亂案例以點標記，1854年。

每個案例的位置（如〈圖8.5〉）。他發現很多霍亂案例群聚在布勞德街（Broad Street）的汲水幫浦附近，便說服當局移走幫浦。

　　此舉不但終結霍亂流行，也同時開啟流行病學。直到今天，流行病學依然十分倚重地圖。不論追查的是疾病的傳播、恐怖份子的蔓延或颱風的路徑，地圖都能增進調查、推論、發現和預測的成果。地圖能協助釐清投票模式、飢荒、水災、人口數據（如人口變化）和貧富差距，也有助於說明社會、宗教、政治、語言、基因和科技上的變化和後果。

　　請試著想看看：在生活中的重要活動裡，有哪些與在空間中移動無關？想不太出來，對吧？地圖是呈現空間資訊最自然的方式，而由於眼睛很容易去注意位置、群集和方向（還記得分組和共同命運這兩個格式塔原則吧？），

地圖能增進推論空間中的現象和空間中的移動。空間和空間中的移動，是個體、社會、政治、生物、化學和物理過程推進的基礎。除了實體地圖之外，我們還會創造概念地圖和理論地圖，藉它們表達概念之間的關係，以及概念和關係之中的變化。

IV. 地圖設計和其他設計的經驗法則

以下是設計地圖的四條經驗法則，是我們審視古今地圖之後歸納出來的。這些法則大多都以某種方式驗證過。合而觀之，它們符合前述兩條認知設計原則：首先，它們有助於讓表徵對應目標概念；其次，表徵能直接運用在目標任務上。

將現實空間裡的要素和關係，對映到表徵空間的要素和關係。亦即虛擬的或實際的頁面。

只納入對任務有用的資訊，避免不相關的資訊造成分心或混淆。

誇大、甚至扭曲實用的資訊，以便好查找、易使用。

在文字和符號有助於釐清重要資訊之處，添入文字和符號。

這些原則不但適用於設計地圖，也適用於很多其他圖解。它們結合了觀察、分析和經驗，非常實用。不過想為特定例子訂出認知設計原則，我們其實還有更直接的辦法——訴諸經驗研究。

IV.1 路線圖的認知設計原則：呈現路線和轉彎

路線圖是地圖的特殊例子，但很普遍也很常見。路線圖讓你能從A到B，從一個地點到另一個地點。我們現在在時間上小小跳躍一下，跳到1990年代晚期，去看一項地理科學的意外突破。在智慧型手機問世前很久，就在我研究室對街，有兩位專攻電腦圖學的研究生靈光乍現，冒出一個超越時代的點子：他們想研發一套產出路線圖的演算法，讓人能輕輕鬆鬆從A到B。

在當時,能從網路下載的路線圖都跟公路圖疊在一起,幾乎沒什麼用。因為這些圖是用單一比例尺畫的,真正關鍵的部分(例如交流道在哪裡)小到看不見,路線本身也淹沒在不相干的資訊裡。這兩位研究生當時看到我們的研究,關於地圖簡略為何更有幫助的部分。我們那時綜合自己和別人的研究成果,得到的結論是:因為概要路線圖(schematic route map)畫出了相關路線和轉彎的地方,所以我們會製作這種圖,也偏好這種圖,而且用這種圖時表現更好,就算這種圖並未精確畫出方向和路線,也是一樣。

這種地圖的特徵,正好是地圖專用的認知設計原則。透過經驗,我們可以為任何一種思考工具開發認知設計原則。拿地圖來說,設計地圖的原則是:明確呈現路線和採取行動的點(通常是地標),確切距離和方向反而沒那麼重要。阿格拉瓦拉(Agrawala)和史托特(Stolte)這兩位研究生應用了這些原則,寫出極為出色的演算法。這套演算法能很快產出從A到B的大量路線,在Beta測試中大受使用者喜愛。應用這些原則帶來雙重成果:它不僅讓其中一位研究生拿到博士學位,也瘋狂熱賣,有幾百萬人使用。也許更重要的是:這是快速發展的地圖科技的開端。它成了研究典範,示範如何運用經驗方法揭示認知設計原則,並將這些原則應用在其他設計案例上。

IV.2 認知設計原則的三P:
製作(Production)、偏好(Preference)和表現(Performance)

我們建立了一套經驗程序,選出一些有經驗的使用者擔任設計師,希望能找出特定設計原則。這套程序在路線圖部分是這樣進行的:製造(Production):請一組專家製作地圖(在這個例子裡是路線圖)。現在幾乎每個識字的成人都是使用地圖的專家。偏好(Preference):請另一組人為它們的品質評分。表現(Performance):請第三組人用得分較高的地圖找路。如果成品具有的特徵受到偏好,也讓人表現得更好,那麼──賓果!我們找到路線圖的認

知設計原則，也找到設計其他更多圖解的程序了！從此以後，這套揭示認知設計原則的三P程序被應用得更廣，也獲得一連串成功。在此同時，另一個程序案例也為組裝說明書開發出認知設計原則，我們馬上會講到。

V. 數字和記數

現在，我們先擱下地圖（世上最具體的外在表徵之一），談談數學（也許是世上最抽象的表徵）。在人類會用指頭記數之後，算籌是代表數字的最古老外在形式之一。算籌似乎也跟簡要地圖一樣，是普世皆備的工具。世界各地的文化一而再、再而三地發明算籌，不分時空。

算籌是抽象的，不論算的是什麼東西，一個算籌就代表一個東西。算籌不描述它算的東西，所以你看不出來它代表什麼。算籌跟地圖一樣，也有很多形式：有刻在骨頭、石頭或木頭上的，有結繩的，也有用卵石表示的。〈圖8.6〉是伊尚戈骨（Ishango bone），它有兩端，刻有記數（或許不只一組記數）。

這塊骨頭是狒狒的腓骨，在如今已是剛果民主共和國的一處洞穴發現，至少是公元前兩萬年的產物，現在收藏在布魯塞爾的比利時皇家自然科學研究所（Royal Belgian Institute of Natural Sciences）。伊尚戈骨上的刻記以耐人尋味的數目分組，這讓人不禁好奇：它們到底代表什麼？是質數嗎？不太可能。要是真是質數，他們的數學也太先進了。是朔望月嗎？還是不太可能，因為後來在同一個洞穴發現的另一塊骨頭似乎是算數（arithmetic）。學界反覆推敲之後的共識是：這些分組是算數，也許是用來計算（calculation）的。我們忍不住要想：在這塊骨頭上刻數的人，幾年後還記不記得這些刻痕代表什麼呢？我就常常在隔了一段時間之後，想不起來自己親手寫的一些註記是什麼意思。

算籌、繩結和卵石為計數（counting）提供可見的、能延續的記錄，這帶來的好處比報數或用身體部位計數大多了。伊尚戈骨留存了兩萬兩千年之

圖8.6 ｜ 伊尚戈骨，上刻記數，
剛果出土，歷史超過兩萬年。

久，壽命遠遠超過在它上面刻數的人，我們甚至還發現比伊尚戈骨更古老的
算籌。但請注意：算籌不提供總數，所以你每次都得重算有多少標記、每次
都得比對它們跟它們代表的東西。算籌是一對一的對應，想知道總數，你必
須有數字名稱或數字符號。學齡前兒童在某個階段能流暢計數，但不知總
數，你要是問他們數目多少，他們會不知所措。要到他們從「注意每個物件」
邁入「注意整組物件」、從一對一對應邁入基數，他們才能回答數目有多少。
「數算一組物件」的認知系統，跟「為一組物件算出總數」的認知系統是分
開的。我們之所以會覺得這種分裂很奇怪，是因為這些系統在成年人身上已
密切整合。

　　不過，使用算籌和了解總數畢竟是不一樣的。算籌讓你能掌握個體的情
況：我的每隻羊都吃完草回來了嗎？能來開會的人夠多嗎？戲院裡的空位還
夠嗎？用算籌對個體進行一對一的比較，可以回答這些問題。你下次問櫃臺

還有沒有兩人桌時，不妨注意一下他們拿的圖表，那通常是算籌。它顯示餐廳裡的桌子和椅子，有人坐的就畫上標記。櫃臺不計數，也不需計數，因為餐廳裡有多少客人跟他們的任務無關。櫃臺的任務是找出空桌，幫你帶位，然後在你的位子標記，於是你也被算籌代表了。

有趣的是，很多文化都有計數的禁忌，尤其是為有價值的東西（如人和牲口）計數。之所以有這種禁忌，一方面是計數把個體化約成數字，另一方面是計數顯示富有，可能遭忌。用某種形式的算籌則可以不必計數。

不過，總數對計算來說是必要的，從下列問題就看得出來：你要繳多少稅？如果每隻羊能賣50塊錢，12隻羊值多少錢？會計需要計算，工程、建築、科學和數學也需要計算。以複雜計算來說，現在普遍使用的記數系統有兩個組成部分：數字符號，以及空間中的位置。為了計算，世界各地的文化都把算籌換成效用（utility）不同的數字，而且是各自獨立完成這項改變的。剛開始時，大多數系統為一、十（或十二，視進位底數而定）、百、千發明符號，依此類推，但你應該想像得到「依此類推」會推出多少問題。拿七千八百四十六來舉例，這個數字的表徵會有7個千的符號、8個百的符號、4個十的符號，以及6個一的符號。這叫加法系統，挺笨重的，不容易讀，也不容易運算。再看看我們現在是怎麼做的：只用九個符號代表數字，加上零的符號，再從右到左固定個位、十位、百位、千位的空間位置。這叫乘法系統。用乘法系統表達七千八百四十六，只要寫7846就可以了，既容易讀又容易運算。

為滿足計算需要，各文化獨立發展出有效率的數字表示系統，也用空間位置代表數位。巴比倫人大約在公元前兩千年完成這項工程，接著是中國在公元紀元開始時做到，然後是馬雅人在公元三到五世紀間完成。算盤和計數版（counting board）都用到空間位置，它們基本上都是「表」（table）。我們現在這種用十個符號和個位、十位、百位等空間位置的系統，是印度在五世紀

左右發展出來的，13世紀傳入歐洲。加、減、乘、除等算術運算符號，則要到幾百年後才出現。

把計數挪出心中、放進世界，一開始幫助的是計數和計數的記錄。但計數進入世界後就成了思考工具，也像很多認知工具一樣，能被處理、設計、再設計。雖然對現在的我們來說，數字符號和空間位置再平常不過，但它們都是極為出色的發明，後來經過漫長的改進，才變成今天的樣貌。千百年來，我們先是把它們從心轉到頁面，再不斷嘗試、犯錯、傳出、傳入、走進死路、再嘗試。把心中的計數轉為外在世界的陣列，其重要性再怎麼強調也不為過。這些轉換靠的，是把數學放在虛擬的恆常頁面上——亦即用算盤或計數版進行計算——讓我們有個東西能看、能思索、能調整。心算再加上手和身體輔助是不夠的。把計數和計算挪出心中、放進世界，還有把數學符號依空間位置排在頁面，讓社會、農業、工程、科學和數學的複雜發展成為可能。

咸信數學是最抽象的推理方式，也是最抽象的表達推理方式。數學之所以可能，是因為有數學符號和空間位置。蘭迪（Landy）和高德斯東（Goldstone）有一篇論文的題目道出這點：〈形式符號是圖〉（Formal notations are diagrams）。他們發現：在解代數問題時，人會以間距為分組的線索，即使在間距與分組無關時也是如此。他們說：「代數是物件在空間中移動的故事。證明就是在說這些物件的故事。」原來數學證明是說故事，嗯。

V.1 數學圖與文化

我們稍稍離題一下，談談數學圖（math diagram）的差異。在街道景觀複雜度的評比上，不論是西方或亞洲的觀察者，都認為亞洲街景較西方街景複雜。也許是巧合，也許不是，亞洲社會的關係更緊密，社會比個體主義的西方複雜。我們好奇：亞洲這種複雜的傾向是否也反映到圖示，尤其是數學圖？於是，我們從加、減、乘、除四則運算著手，上 Google Images 和中國

的百度識圖搜尋相關圖示，挑出前十名，取下文字，再請歐美人和中國人評比它們的複雜度。這項研究我們做了兩次，兩次之間間隔了幾年。兩組評比者都認為：中國的算術圖比美國的複雜。我們忍不住在想：複雜的街景或複雜的社會和家庭關係，是不是讓人更能了解別的領域的複雜性呢？

之前提過，數學符號跟另一個早期認知工具——地圖——很不一樣。地圖把大空間轉入小空間，將現實世界裡的距離和空間，縮成頁面上的距離和空間。地圖是把空間直接對映到空間，數學符號則不是如此。數學用空間裡的位置為個位數、十位數、百位數等等的值編碼，這種作法較不直接，也較偏象徵。不但標記（數字的符號）與現實世界裡的東西毫無相似之處，空間關係與現實世界裡的東西也毫無相似之處。就標記來說，算籌跟現實世界裡的東西是有相似處的——抽象意義的相似：物件越多，標記就越多，兩者之間是一對一的關係。數字符號就不一樣了，「9」這個符號完全沒有顯示它比6多3。再從空間關係來看，地圖上的空間反映現實世界的空間（雖然有時候有所扭曲），數學裡的空間則不是如此。雖然做算術時要對齊欄位（從右到左依序增加），但欄位代表的關係純粹是概念上的，對映關係十分複雜。算籌與數量高度一致，一對一，不過用來計算很不方便。數學符號則是實用原則和對應原則衝突，實用原則勝過對應原則。

數學符號對我們生活的每一個面向都很重要，過去如此，現在亦然。我們在第七章談過：人跟很多動物一樣有概數感，能大致推估和比較兩組可見的東西。然而，概數感不但是概略的，也是對數的（logarithmic），亦即：同樣的差距，對小數目的影響比對大數目的影響更大。不只判斷數量是如此，判斷亮度、音量等等也是如此。修正這些錯誤要靠確切數字系統，亦即要靠測量和計算。可是，有些文化直到今天仍然沒有數字。我們的孩子在學校裡學的數學，其實是經過好幾百年發展的精巧系統。讓人意外的也許是：演化並沒有消除概數感造成的系統性錯誤。由此看來，概數系統顯然在別的面向

上對我們有好處。不論是好是壞（真相似乎總是好壞參半），這並不是人類心智唯一一個系統性錯誤。雖然有些錯誤可以藉由測量和計算改正或減低，但測量和計算絕對無法改正所有錯誤。

VI. 符號：邏輯與物理

雖然數學、邏輯、物理、化學、統計和許多其他領域的符號發展非常有趣，但很多東西我必須擱下不談。幾何學是混和系統，部分屬於現實空間，部分屬於抽象空間，還有一部分是象徵的。有趣的是，對歐幾里得來說，幾何證明就在圖上，文字只是註解，可惜原始圖解已經亡佚了。

歐拉圖（Euler diagram）是邏輯的工具之一，圓圈代表各組事物，如果圓圈有重疊，代表那幾組事物有部分交集；如果圓圈是分離的，代表那幾組事物各自獨立，相互分開；如果圓圈包住圓圈，代表某組事物包含在另一組事物之中。語言也是這樣，請想想：從〈圖8.7〉那個簡單的歐拉圖裡，可以做出多少推論？既然每個圓圈代表一組事物，我們姑且說它們代表藝術家和詩人好了。重疊部分是兩組事物的交集，代表既是藝術家也是詩人的人；兩個圓圈之外，是既非藝術家也不是詩人的人。

我們可以從這張圖明確做出幾個推論：有些藝術家是詩人；有些詩人是

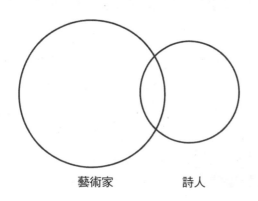

藝術家　　　詩人

圖8.7 ｜ 推理事物分類的「歐拉圖」。

藝術家；有些藝術家不是詩人；不是所有詩人都是藝術家……等等。這些關係在這張圖裡一覽無遺。用一張圖就能生動地描繪出這些冷冰冰的命題，比靠陳述想像這些命題容易多了。雖然記錄顯示，人可以靠清楚的（也就是設計良好的）文字說明建立空間心理模型，但這樣做既費時又耗力。歐拉圖省事多了。

把先驗論證擺一邊，支持歐拉圖優於推理陳述的經驗證據也是混和的。推理過程是由一個個部分組成序列，表徵可能介入了這個過程。視覺化圖像同時顯示出所有關係，可是對很多關係來說，把論證中使用的獨立命題切割成部分是很難的。然而，一串陳述做的正是如此──把整組關係切割成各自獨立的部分。這似乎又是一個實用原則勝過對應原則的例子。

從設計良好的圖推理比較容易，這事不但鼓勵很多新領域的發展，也鼓勵很多人投入心思，設法將數學、邏輯、物理、電腦科學圖像化（也精密化），以便善加利用我們理解和推理空間關係的出色能力。道理是一樣的：圖像運用「空間－運動」推理能力來進行抽象推理。目前著力研究感知和心像的認知科學家馬克‧魏斯勒（Mark Wexler），以前是物理學家。還是物理學家的時候，他研究的是〈圖8.8〉的費曼圖（Feynman diagram）。圖裡的灰色色塊代表相互獨立的宇宙。如果這兩個宇宙要協調，就必須解開底下那個色塊裡的螺旋。魏斯勒想像用拇指和食指捏著底下那兩個橢圓，往方向扭動它們（有點像翻花繩）。這個舉動讓他發現：解開底下的螺旋，會扭曲上面那個橢圓。所以移除螺旋的唯一辦法，是切斷其中一個附件。這個結論對時空和量子重力都有意義，但它超出我的理解範圍（謝天謝地，它也不在本書討論範圍）。他的直覺剛好是對的，他後來也用嚴謹翔實的文字寫出證明。

費曼圖當然深奧，它所表現的物理理論也很艱澀，但一旦看懂這張圖，它就成為有力的思考工具，跟所有好用的視覺空間表徵一樣。

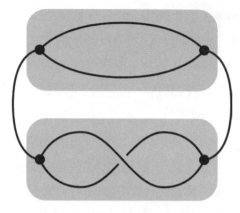

圖8.8｜物理學家馬克‧魏斯勒
靠想像扭動手指「證明」了費曼圖。

VII. 符號：音樂與舞蹈

　　音樂符號跟字母一樣，也是將聲音對映到視覺。跟書寫語言和數學符號的發展一樣，從古到今，世界各地發展出好幾個音樂符號系統。音樂有深厚的文化意蘊，也有深刻的個人特色。歌唱讓人凝聚，不論是在婚禮這樣歡樂的場合中，或是在被迫遊行這樣煩人的情境裡，音樂節奏都讓我們一起動作。好的符號有助於創作、學習、記憶和音樂表演。現在世界各地這麼多孩子學的音樂符號系統，基本上是將音樂對映成二維平面，方便記於頁面。逐漸升高的音調標示成垂直的，這種對映方式在兩個意義上很自然：第一，低音確實是聲道較低的地方發出的；第二，高音的音頻更高（雖然這個事實在音樂符號發明時還沒發現）。音樂的時間則標示成水平的，與大多數文化對時間的看法一致。音調以互相分離的音符表示，這既符合大腦感知音樂的方式，也符合大多數音樂演奏音樂的方式。因此，標準音樂符號既符合對應原則，也符合實用原則。將音調以既垂直又水平的方式對映只是起步，為掌握音樂更細膩的面向，人類一直試著讓音樂符號更加豐富，過去是如此，現在也持續這樣做。

　　舞蹈符號就難多了。發明社交舞是為了讓業餘人士也能跳，不需要芭蕾

舞或其他舞蹈表演的技巧和知識。社交舞主要是用腳在地板上做簡單的小移動，所以相對來說不難描繪。可是我們喜歡的很多舞蹈不是這樣，它們牽涉到手、腿、頭和軀幹的細緻擺動，而且還有複雜的節奏。雙人舞、三人舞、多人舞更是繁複。創造舞蹈符號系統的誘惑不小，吸引世界各地很多人嘗試。20世紀初的時候，舞蹈家、編舞家、舞蹈理論家魯道夫・拉班（Rudolf von Laban）發明了一套後來被稱為「拉班舞譜」（Labanotation）的舞蹈標記法。他用水平線把身體切成部分（很像五線譜），再用直條標示每個部位的位置。這套系統後來也被改編，用來標示其他種類的移動。不過由於它難學、難用，也無法勾勒舞蹈的很多面向，所以並沒有成為標準舞蹈符號。除了拉班之外，英國的班尼許（Beneshes）、以色列的艾許克爾（Eshkol）和瓦赫曼（Wachman），還有別的國家的其他人，也設計過類似系統，但也沒有廣獲採用。於是直到今天，舞蹈的傳授方式主要仍像荷馬時代一樣，必須由編舞者和舞者傳給別的編舞者和舞者。不過，現在的舞蹈傳授也逐漸受惠於影片紀錄。

VIII. 時間

時鐘隨處可見，在街上、在牆上、在電器上、在手腕上，也在無所不在的手機上。我們隨時都在察看時間。我們所做、所知的一切，似乎也取決於時間。我們的一切行動都本於行動的可預測性和後果，而時間是這些因果預測的關鍵。開車超車、走路超過別人、接球、進入對話、結束對話、製造笑果，都得看準時機。

我們可以用看的直接推估空間（雖然不時出錯），但沒辦法用同樣的方式直接推估時間。時間是看不見的。我們只能測量時間的效果，亦即觀察在時間裡發生、與時間的流逝密切相關的現象。我們能默默讀秒（「一秒、兩秒、三秒⋯⋯」），但沒辦法用這種方式計算小時，遑論計算天數。日晷、水鐘、沙漏、油燈（照猶太傳說，第一個光明節那一小瓶燈油居然燒了八天）、

蠟燭（馬克白的台詞：「熄滅吧！熄滅吧！短暫的燭火！」），都是透過觀察時間裡發生的可見結果來測量時間。詩人艾略特（T. S. Eliot）的〈J‧阿爾弗瑞德‧普魯弗洛克的情歌〉（J. Alfred Prufrock）：「我用咖啡匙量完我的人生。」到了晚近，我們用放射性物質衰變研判年代。這些方式優雅就優雅在它們是自行測量的（self-measuring）。時間與我們能夠解讀的可見變化有關。在埃及，方尖碑不只是獻給太陽神的紀念物，它們也是日晷，為一定距離外的人提供日或年的大約時間。巨石陣和馬雅神廟之所以依分至點排列，無疑是因為農業在我們生活中舉足輕重。掌握水、沙或影子的移動，就掌握了時間。這些計時工具是自明其義的，它們直接把時間視覺化。在更大的規模上，月亮的圓缺、星體的位置、太陽的角度，也都能用來表示時間。

　　相較之下，曆算就不是自明其義的，跟日晷、水鐘、沙漏、老爺鐘不一樣。曆算需要人創造出來。曆算的歷史牽涉很廣，跟認知、天文、農業、宗教和政治都有關係，可惜因為內容太多，沒辦法在這裡細談。我們在第七章講過：世界各地的文化都是線性地思考時間、談論時間、為時間比手勢，而且通常是水平地依閱讀和書寫方向表示時間。雖然四季是循環的，春天和冬天年年報到，可是我們的生命是線性的，不會重複，每個春天都是全新的春天。曆算也是一樣，只有部分例外。令人嘆服的阿茲特克曆算輪就是這樣，它一直是墨西哥城考古博物館的亮點。馬雅、阿茲特克和其他中美洲曆都是依太陽制訂，也都是圓形，象徵年的循環。但我們還不知道它們是給誰用、怎麼用。刻有中國曆法的甲骨則是線狀表（linear table），年代大約是公元前一千四百年。

　　目前通用的（西方）月曆，是用線性的、層級的方式排列時間：月份從左排到右，月裡的週上下垂直排，週裡的日從左排到右。時間線中的時間線依西方閱讀順序排，從左到右，從上到下。像第七章說過的一樣：我們把時間想成一條線，事件呈點狀排在這條線上，就像我們把空間想成平面，地點

以點狀排在上面。

VIII.1 因果

了解因果非常仰賴時序。除了某些令人困惑的深奧例子之外，因都先於果。了解因果是了解自己的基礎，也是了解世界的基礎。如果放開杯子，它會掉下去。坐高腳椅的寶寶很愛這樣玩，他們覺得有趣，照顧的人則煩不勝煩。觀察一連串事件的順序，是了解因果、進而控制因果的第一步，這套研究方法屢試不爽。因果是了解自身行為的關鍵、了解別人行為的關鍵、了解世界現象的關鍵，也是控制世界的關鍵。

IX. 事、人、地與物

不論在世界哪個地方的考古遺跡和歷史景點，都看得到描述事件的圖像：埃及的石碑、歐洲和南非的洞穴、克里特島的濕壁畫、吳哥窟寺廟的簷壁、夏威夷的岩壁畫、古羅馬的拱門和柱子、中國的卷軸、歐洲的掛毯、希臘的瓶子。它們描繪日常活動、神話事件和歷史事件裡的人、器具、動物等等。在喀什米爾最近發現的岩畫裡，我們看到五千年前一件驚天動地的大事——超新星（supernova，即星體爆炸）。對當時地面的那些人來說，這顯然像有兩個太陽懸在天上。這塊岩畫畫下整個場景：兩個圓形的天體放出光芒，照著底下的一場狩獵。右邊有另一個線條人指向天空，還有一隻小動物，應該是狗。

喀什米爾這塊岩畫畫的是單一戲劇性事件，埃及陵墓壁畫描繪的則經常是重複性事件，如〈圖8.9〉。這張圖是帝王谷門納（Menna）陵墓中的壁畫，時間大約在公元前1420到1411年。這張圖基本上是製作麵包的過程，從種麥一步步畫到做好麵包。在這張圖裡，我們也能看到構成複雜的古埃及社會的很多活動，從農耕、測量到抽稅都有。這些事件畫風固定，區分不同事件

圖8.9｜埃及帝王谷門納陵墓中的壁畫，描繪埃及日常生活場景，公元前1420到1411年。

的是背景、參與者的空間分組，還有他們的工具、活動和衣著。

　　我們在第二章講過：是感知和行動的特徵，為不同場景和事件賦予特色。較晚出現的圖會明確畫出框或欄，在這些框或欄裡畫入某個場景或事件的所有特徵（是這些特徵讓該場景或事件有別於其他場景或事件），把它們朝空間裡的同一個方向排列。

　　事件進行需要時間，有的慢如冰川，有的快如彈指。不論是快是慢，圖畫都停住事件。圖畫捕捉住構成事件特徵的關鍵時刻或一連串動作。**事件**（event）和**行動**（action）的區別在於：事件有開始、中間、結束，行動沒有。跑是行動，賽跑是事件。

　　心也會把事件定在關鍵時刻。心把事件的連續性轉換成步驟的序列。

我們做過一個實驗：請受試者看日常生活事件的影片（如鋪床或組裝某個家具），再請他們把這段影片分割成段。這對他們來說不是難事，他們輕輕鬆鬆就把這組連續的動作切成單元（unit）和次單元（subunit），而且對其他人切分的位置頗有同感。切分的界線對應的是行動裡的重大視覺變化，而這些視覺變化又漂亮對應目標和次目標的成果。由此可見，這些分段連結了感知和意義，所以我們可以用其中一個推論另一個。值得注意的是：在切分過程中，時間只扮演背景角色。在我們請受試者描述正發生什麼事時，他們回答的是對物體的行動步驟（例如攤開床單、包住床墊、折被、放枕頭）。這些單元和次單元花的時間也許不同，但重要的是成果。這些事件單元在因果鏈裡連結起來，而這條因果鏈完成的是最主要的目標——鋪床。在我們請人列出鋪床或組裝家具的步驟時，他們列出的步驟是一樣的。

X. 說明書

從一步步描述事件，到製作指引加以說明，只有一步之遙。帝王谷的壁畫兩者都有。說明（尤其是視覺說明）應該簡單直接，可惜實際情況常常不是如此。我們很多人都有這種挫折經驗：花了好幾天組孩子的腳踏車或新烤肉設備，可是組不出來就是組不出來，只好一直罵包裝箱裡那張令人困惑的說明書。很多說明書都是如此，它們好像只是畫出物品分解圖，其他什麼資訊也沒提供。它們把大小部件呈現得鉅細靡遺，可是沒告訴你該怎麼組裝，也沒告訴你該依序做哪些動作。

我們再一次請參與地圖設計的那些人出馬。我們覺得自己能做出更好的說明書，甚至相信自己能找出製作合用說明書的設計原則。組裝說明似乎是完美的典範任務，因為大多數人對組裝說明不陌生，也大多能照說明書完成任務，而且說明書上描繪了很多需要照指引做的相似任務。我們挑了個簡單的：組裝電視架。不是IKEA的電視架，但差不多。我們之前已經做過很多

實驗，前後找過好幾百個大學生組電視架，我們的儲藏室裡有一大堆拆卸的電視架能用。我們相信組裝家具是大學教育的重要環節。

實驗一開始也是一樣：請學生們只憑包裝箱上的圖片組電視架。他們都成功了，而其中一些人比其他人更有效率。等他們成了專家，我們請他們扮演設計師，製作能讓其他人輕鬆組裝電視架的說明書。我們請一部分人只用圖示說明，一部分人只用文字說明，另一部分人兼用圖示和文字說明。在此同時，我們也評估了他們的空間能力。結果很有趣：我們發現，空間能力較佳的人，不但組裝時更有效率，他們畫的圖示也更好，文字說明甚至更佳。換句話說，空間能力好的人，似乎不只更能理解與組裝有關的空間轉換，也更善於以文字或圖示表達這份理解。

〈圖8.10〉是一位高空間能力的受試者畫的組裝圖。我想你看得出來，這組圖不只一步步說明組裝過程，也呈現動作的視角，而且還用箭頭和指引

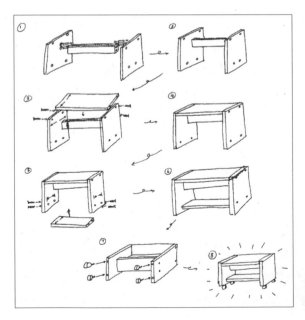

圖8.10｜高空間能力者繪製的電視架組裝圖。

說明怎麼做每個動作。每個新步驟都添入新部件。雖然這張圖並非如此，但其他很多圖都是一開頭先列出各部件的清單（像食譜一樣），結尾時畫上閃亮亮的線。簡言之，好的圖解有敘事，它說了一段有開端、中段和結尾的故事。低空間能力者的圖則是扁平的，沒有提供視角，也沒有說明動作，有時只不過是畫出各部件而已。

　　雖然高空間能力者的圖已清楚展現經驗法則，我們還是依三P步驟驗證，繼續檢視偏好和表現的部分。我們又找一組新受試者，請他們為一大堆各有差異的說明書評分（這些說明書有的是高空間能力者製作的，有的是低空間能力者製作的），結果發現：新受試者偏好高空間能力者的圖的特質——呈現每個步驟，呈現動作，也呈現視角。最後，我們檢驗表現，對結果屏息以待。我們又找了新的受試者，但只找低空間能力者（畢竟高空間能力者已是高手）。我們讓一半的受試者用包裝箱裡附的說明書，那些說明書不差，只不過沒有我們的好。結果讓我們鬆了一口氣：用我們的說明書的受試者表現得較好，組裝得也比較快。

　　請看看〈圖8.11〉，「我們」畫的說明書很漂亮吧？（說是「我們」，其實它是電腦科學家的傑作，是他們寫的聰明演算法畫的）。那個演算法從物體的模型著手，先把它拆解成部件，再以經驗法則製作組裝說明。圖解的透明性會影響開列的動作順序；圖解和動作必須一起設計，因為它們要搭配在一起。這個演算法也能用在其他東西上，例如樂高（樂高堪稱檢驗視覺說明的黃金標準），它能製作樂高說明書。雖然我很想說：「只要是孩子做得到的，大人應該也做得到，尤其是當過孩子的大人。」可是這樣講太輕率了，畢竟我們很多人都請孩子幫忙組裝過家具——他們比我們強多了。

　　綜上所述，組裝說明的三條經驗法則是：

呈現每個步驟：每個新部件都是新步驟。

呈現動作：善用箭號和指引。

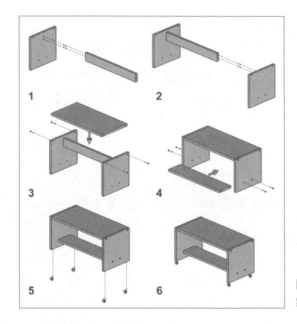

圖8.11 ｜ 演算法根據認知設計原則
製作的電視架組裝說明。

呈現動作的角度。

這些經驗法則適用範圍很廣。只要稍做調整，它們不只適用於製作事物如何發生的視覺說明，也適用於製作如何做某事的說明、心臟如何運作的說明、雨水循環的說明、法案如何通過的說明、革命如何發生的說明……等等。你或許猜到了：這些經驗法則不但適用於視覺說明，也適用於文字說明。IKEA的說明書或多或少也遵循這些經驗法則。你不妨上網搜尋看看，找一對機器人照IKEA的說明書組裝IKEA的椅子的影片，非常有趣。

XI. 圖示的語意

我們現在差不多勾勒出圖示的理論了：圖示用空間中的位置和空間中的標記傳達意義。空間中的位置主要是「左－右」、「上－下」、「核心－邊緣」。欄和列。空間中的標記是有意義的圖形（graphic form）、圖畫（depiction）、圖

像（icon）、文字、符號、點、線、框、箭號、圓形、網等等。標記常被稱做「字符」（glyph）。圖像透過形似或象徵的對應（figurative correspondences）取得意義。象徵的對應可能是隱喻（正義之秤），也可能是借代（部分代表全體，例如以王冠代表國王）。點、框、線和形似的簡單抽象圖形，則是透過它們的幾何和格式塔特性（gestalt properties）取得意義。它們可以結合起來組成大家熟悉的圖，例如網狀圖、流程圖和決策樹。

這些視覺空間元素結合起來表達的常見意義——空間、數字、時間、動物、物體、事件、因果——我們已經看了很多。它們的目的是描述、說明或重述。

XI.1 狄德羅

圖畫出現得早，圖示出現得晚。這挺令人意外，畢竟空間、時間、事件和數字的表徵很早就已出現。圖示的轉捩點是狄德羅（Diderot）和達朗貝爾（d'Alembert）編的《百科全書，或科學、藝術和工藝的系統詞典》（*Encyclopedia, or a Systematic Dictionary of the Sciences, Arts, and Craft*），簡稱《百科全書》。這部作品不僅雄心十足，卓越出色，它還建立了一套標準圖示。這部作品是18世紀晚期祕密印刷和出版的，前後超過二十年。當時正逢多事之秋，政治風波和社會騷動不斷，沒過多久就發生了法國大革命。在很多人眼中，《百科全書》具體而微地體現出18世紀的啟蒙價值。最近一本討論這個主題的書的副標，精準道出何謂啟蒙價值：理性、科學、人文主義和進步。

《百科全書》製作超過三千張圖示，而且是系統性製作，很多圖示在設計上是統一的。它們為很多行業提供了優雅的視覺說明，例如〈圖8.12〉描繪的別針作坊。

《百科全書》的編者顯然認為圖示概念需要說明，也發明了一套在圖示中說明圖示概念的體系。因此，《百科全書》的圖示既是圖示，也是圖示學

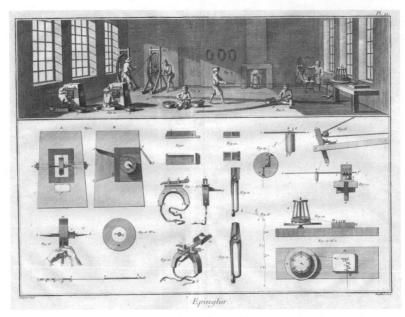

圖 8.12 ｜ 別針作坊圖，取自狄德羅與達朗貝爾合編之《百科全書》，18世紀晚期。
值得注意的是，這張圖發揮了雙重功能：它既呈現出作坊的活動，也提供何謂圖示的視覺說明。

（diagrammatology）的一課。你可以看到這張圖分成兩個部分，每一部分都用
框框圍起來。上方部分畫的是場景：一間大房間，光從窗戶照進來；房裡有
一扇門和一座爐，牆上有裝飾；作坊工人各以合適的工具完成自己的任務。
人物和工具的比例尺和位置合乎比例，光線很自然，場景有景深。這張圖就
像風景畫或室內場景化，對《百科全書》的讀者來說，這種藝術風格並不陌
生。不過底下的部分很不一樣，完全不是場景。它是平的，跟牆一樣；它只
呈現工具，而且上下左右排得整整齊齊。零件並沒有按照原比例繪製，而是
放大，讓讀者能看清楚。工具依功能分組，而非依照它們在作坊中的位置分
組。光線和陰影不一致，不是反映自然光，而是為了凸顯工具的特徵。圖上
可以看到標籤，讓讀者能循線查考圖示之外的資訊。圖上也有比例尺。

對我們來說，這種表現方式並不難懂，可是對18世紀的人來說，這恐怕讓他們困惑。這張圖就像型錄或網路頁面。對18世紀的人來說，這張圖透過對比圖示和自然場景（後者才是他們熟悉的畫風），教他們怎麼看和解讀圖示。

《百科全書》貼切地以一組樹狀圖開始，將知識分成記憶、推理、想像三支，每一支又開枝散葉細分下去。還記得吧？樹狀圖是一種特別的網狀圖──有單一起源的網：大觀念分成分支，分支又分成更小的分支。對今日知識界來說，啟蒙時代這部鉅作竟已把記憶、推理、想像看做知識的基本分支，實在讓人既激動又敬畏，在研究認知科學的人看來尤其如此。

如你所見，狄德羅的圖用了圖示的很多要素：空間中的位置、空間中的排列、空間中的標記、空間中的圖畫，文字和符號也都特地為了溝通目的而全部重塑。更重要的是，它們不僅說明它們已經說明的東西，也說明如何從圖示的角度解讀它們。

XI.2 空間中的位置

很多反映語言和捕捉想法的空間結構，會被放進世界以描繪想法，像線、框和網一樣。看圖的人無可避免會注意到：時間通常是從左往右，量的增加則是由下往上。對我來說，這似乎不只是約定俗成而已，它似乎也反映出我們怎麼思考時間，還有我們怎麼思考其他事物。如我們先前所見，人把時間想成一條水平進行的線。這條線的行進方向雖有不同，但經常對應於閱讀和書寫方向，是文化的產物。向上反映的是違反重力所需的資源，像高度、力量、健康、財富等等。樹木、大象和人類長高之後變得更強；健康的人站得直；錢越多能堆越高。這很能解釋為什麼好的東西多半往上。人順利的時候能站上世界顛峰，不順遂的時候會跌落谷底。在大多數情況下，中性向度通常是水平的（例如時間），具有價值意義的向度是垂直的（例如健康和財富）。

XI.3 自然而然繪圖所顯示的事：
垂直攸關價值，水平是中性的，閱讀順序很重要

如果這些對應是自然發生的（時間以閱讀順序水平行進；量向上增加），也許在小孩子身上也能看到這些現象，不因文化有別。好幾年前，在我剛迷上研究人類把想法放進世界的方式時，我正好輪休，去了以色列。由於以色列大多數人學的，是從右到左閱讀和書寫的語言（希伯來文和阿拉伯文），因此它提供了很獨特的研究機會。回美國後，我們又加上英文使用者當樣本，從四歲大還沒學過閱讀的孩子到大學生，找了超過一千兩百人。我們請他們排列時間概念、數量概念和偏好概念。雖然這三個概念離空間思考一個比一個遠，但它們都可以空間化，參與者也的確將它們空間化，連學齡前兒童都不例外。我們坐在這些孩子旁邊，請他們以貼紙代表這些概念，把它們貼在一張方形紙上。以時間為例，我們會這樣說：「想想看你吃早餐、午餐和晚餐的時間。我先貼一張貼紙代表午餐，你再貼兩張貼紙代表早餐和晚餐。」接著，實驗人員把代表午餐的貼紙貼在紙的中央，然後請孩子貼貼紙代表另外兩餐，一張代表一餐，依對抗平衡（counterbalanced）次序。在數量概念方面，我們請他們排列一把、一包和一櫃糖果。在偏好概念部分，我們請他們排列喜歡、討厭和不喜歡也不討厭的食物。我們請孩子們為每個概念排兩個例子。

我們首先想知道的是：小孩子會不會把這些抽象概念對映到空間裡呢？答案顯然是「會」。孩子們毫不猶豫就把貼紙貼到紙上，而且大多貼得有條不紊。我們接著想知道的是：他們會不會把時間、數量和偏好看做一個向度？如果會，他們應該會把貼紙貼成一條線；如果不會，他們可能會把貼紙重疊貼在一起，或是整張紙到處貼。把貼紙隨機貼而非貼成一條線，反映的是分類式思考。以思考方式來說，分類式思考比向度式思考（dimensional thinking）簡單。有一些四到五歲的孩子是這樣，但大多數都把貼紙排成一條線，代表他們知道這些例子是依序排在一條潛在向度上。把時間排成線的年紀，小於把數量排成線的年紀；把數量排成線的年紀，又小於把偏好排成線的年紀。換句話說，越抽象的概念，到年紀越大才對映到空間中的直線上。

水平是中性的，而且可能是依閱讀順序而行。我們的下一個問題是這條線的方向。做研究的時候，你永遠不知道會發生什麼，我們對結果驚訝不已：只有時間與閱讀／書寫方向對應。說英文的人傾向把時間對映為從左到右，說阿拉伯文的人傾向把時間對映為從右到左（已有其他實驗複製這項發現）。說希伯來文的人兩種情況都有。這可能是因為數字在希伯來語學校教的是從右到左，在阿拉伯語學校裡教的是從右到左；也可能是因為他們更常接觸西方語言。現在來看我們驚訝的部分：閱讀和書寫方向，並不影響數量和偏好的排列方向。繪圖慣例（graphing convention）也不影響，佈局各隨其意。不過，不分文化和年紀，量的增加一定是向上、向左或向右，絕不會向下。所以「上」和「增加」的關連的確在起作用，閱讀順序和繪圖慣例則否。

雖然這些結果不如我們希望的那麼嚴整，但加上從語言得到的可觀證據之後，它們證明：有些繪圖「慣例」並不是任意的，而是根植於人的思考方式——時間是中性向度，水平行進；多是具有價值意涵的向度，垂直向上，反重力。這些原則在實務上可能有衝突，也可能被推翻。經濟學家畫失業率和通貨膨脹的圖就是這樣，失業率提高和通貨膨脹增加都不是好事，可是線條卻是向上。但願這不是因為經濟學家心腸壞，而是因為必須反映數字增加，而數字有優先性。

閱讀／書寫方向是文化的產物，而且剛好對認知影響深遠。好幾年前，我在大英博物館看了一場可愛的展覽，展的是印度西北的宮廷畫。很多畫畫的是一群饒富魅力的女人跟著——其實是追著——一位風度翩翩、自我感覺良好的大君。在年代較早的畫裡，追的方向是向左，可是到了某個時點之

後，追的方向變成向右。追求方向轉變的時間，似乎就在當地書寫語言方向改變的時候。循閱讀方向移動看起來更順暢也更自然，逆閱讀方向移動看起來像是被迫的，也比較吃力。本書封面上那個精力充沛的人，一開始設計時是朝左邊跑，改成朝右之後，動作馬上顯得更優美也更流暢。日文跟希伯來文和阿拉伯文一樣，閱讀方向也是由右往左，所以在日本漫畫譯成西方語言之後，翻印畫面總是顯得哪裡不太對勁。在看到左向動作時，西方足球裁判更容易宣判犯規。

動作不是唯一一個受閱讀和書寫方向影響的特性，偏好和能動性（agency）也是如此。在西方語言中，受到偏愛和更有權力的人，他們的圖像更常出現在左邊，例如男性比女性略常出現在左邊。偏好和權力都與語言密切相關。在語言裡，偏好常常是依序列出，最受偏愛的排第一；行動宣告通常也以行動者為始。

XI.4 中心／邊緣

中心之為焦點，以及邊緣之為周邊（peripheral），與視覺直接相關：對於出現在我們視網膜上、位在視野中間的東西，我們自然看得比出現在邊緣的東西清楚。這也許是因為：不論我們把焦點放在哪裡，在此時此刻，它就是對我們的思考最重要的東西。我提一個雖然古怪、但可能可以支持這個論點的證據：在人畫出自己的人際網絡時，會把自己畫在正中間。我還聽過一件事，但可能是假的：據說在20世紀初的時候，非洲有個領導人亟欲跟上現代潮流，找人勘測整個國家。在得知首都並不位在全國中心後，他下令把首都移到中心──在地圖上移到中心！這比實際遷都簡單多了。

XI.5 空間中的標記：字符

我們在狄德羅那裡看到框、線、樹狀圖／網和表──欄和列。狄德羅當

然不是第一個使用這些工具（device）的人，用它們的人很多。為了讓圖示的語意更加豐富，我們必須添入圖像、符號、點、塊（blob）、箭號等等。這些工具的意義與它們的幾何或格式塔特性相關，它們的意義也是眾所公認的。請想想最基本的三個：點、線、圈（enclosure）。它們分別對應零維、一維和二維，它們的意義也分別對應三個英文介系詞：at、on和in。這些介系詞有空間意義，而且這些意義還延伸到時間和其他方面：at the corner（在轉角）、at two o'clock（在兩點時）、at attention（立正）、at risk（有風險）；on the tennis court（在網球場上）、on your mark（各就各位）（預備——跑！）、on time（準時）、on drugs（吸毒）；in the train station（在火車站裡）、in an hour（在一小時內）、in a muddle（一團亂）。很多工具的意義已獲研究確立，只能稱為經驗語意（empirical semantics）。我們接下來談談其中幾個。

因為沒有更好的術語可以稱呼這些有意義的標記，我們姑且採用目前使用的術語：**字符**。有些字符一看就知道它的意思，括號就是如此，它代表包圍和分隔，跟框框一樣。我們在鍵盤上就能看到好幾種括號：()、[] 和 {}。因為括號是彼此相對的弧，包圍它們圈住的東西，所以我們很自然就會把括號解讀成「圈」（enclosure），文本正好充滿有意義的視覺和空間工具，例如括號和段首空格。

雖然有些字符的意義一望便知，但有些字符有多重意義（跟某些字詞一樣）。圓可以代表「圈」，籠統的圈，形式不特定也不相關。但如果只看圓的周（perimeter），不管圓裡面的東西，圓也可以代表「循環」，亦即周而復始、沒有終點的過程。線可以連結不同地點（在路線圖裡是如此），可以連結不同概念（在網狀圖裡是如此），線也可以代表界限、邊界、立場（「劃清界線」）或紅線。線可能是失去的立場，可能是被無視威脅跨越的紅線，也可能是跨不過的界限。

XI.6 路線圖的要素：點、線、塊

在談得太抽象之前，我們先回到現實世界，繼續為這些工具的意義確立經驗證據。幾年以前，我們在傍晚五點左右到宿舍門口堵人，問饑腸轆轆的學生知不知道某間高人氣速食店在哪裡。如果他們知道，我們就請他們告知路線，不過是請其中一半的人畫簡圖表示，另一半的人用寫的描述方向。他們畫的簡圖和寫的說明五花八門，有的冗長仔細，有的簡單明瞭。〈圖8.13〉是其中兩個。

我們很高興樣本如此多樣，但也不禁好奇：畫圖和文字描述的潛在結構一不一樣呢？答案是「一樣」。畫圖和文字描述都以動作分段，在這個例子裡是轉彎。轉彎通常是轉到新路。確切方向和確切距離不重要，甚至對簡要地圖來說也是如此。因為它們是速寫，它們本來可以是類比式的，本來也可以準確反映距離和方向，但它們遠非如此。不論是畫圖或文字說明，路線指示都由幾個部分組成：起點，接著是一連串在選擇點的動作（通常是轉到新街道，或是在地標或交叉口變更路線），最後在目的地結束。在這個例子裡，

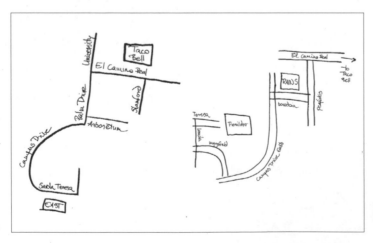

圖8.13｜兩名受試者畫的簡要地圖。

目的地是塔可鐘速食店（Taco Bell）。簡要地圖是一連串配上情境的線，這些線和情境代表路線、街道，以及代表路標或選擇點的點或塊。簡要地圖是網的一部分。事實上，在另一個實驗裡，我們請受試者畫的是整塊區域的簡要地圖，他們畫出來的就像張網，構造是一整組點和線，亦即地點和路線。

XI.7 點

點不移動，它們只停在那裡，立正站好。它們是交叉口，是火車站，是地圖上的一座城。你或卡車或火車從一個點移動到另一個點，沿著一條線，但點停在它們原來的位置。點是網路中的伺服器：伺服器停在原地，資訊透過線路從一個伺服器傳到另一個伺服器。點代表所有可視為靜止的東西：概念圖裡的某個概念；社會網絡裡的某個人。點是變動不居的世界裡短暫的穩定。線能藉由移動連結點，從一個地點移動到另一個地點，讓一個人移向另一個人，讓一個想法移向另一個想法。

XI.8 線

線隨處可見，不分內外，我對線很著迷。有用手畫在紙上的線，有實際上不存在、眼睛卻看得出來的線（這種線叫卡尼札圖形〔Kanizsa figures〕，以提出者為名。你可以在〈圖8.14〉看到他的其中一個圖形），還有我們移動時用身體創造的線。世界是線構成的：街道是線，建築物是線，橋是線，平地是線，所有平行和垂直的東西都是線。線在設計中比比皆是：書櫃、玩具櫃、戲院裡一排排的座位、沿街道排列的一棟棟大樓，還有大樓上一排排的窗戶，都是線。地圖和繪畫裡也都有線。

我不是唯一一個為線醉心的人。畫家蒙德里安（Mondrian）對線條既著迷又喜愛，在〈百老匯爵士樂〉（Broadway Boogie Woogie）裡，他將他對曼哈頓橫的、直的、平行的、垂直的線的愛化為永恆。克利（Paul Klee）和康丁斯

圖8.14 │ 卡尼札三角形
讓人產生線的錯覺。

基（Wassily Kandinsky），這兩大包浩斯學校（Bauhaus）傳奇畫家，都熱愛點、線和平面這些簡單的幾何圖形。事實上，它們不只是簡單的幾何圖形，也是內涵豐富的概念，線尤其如此。線充滿意義，也創造意義。線可以拉直、彎曲、扭轉、結合，創造出我們所能畫出、或想出的任何事物，無窮無盡。克利和康丁斯基都是視覺藝術家，雖然他們的作品本身並不會動，但它們都是動態的、流動的。讓它們動起來的是線條。克利講過：「線是外出散步的點。」康丁斯基也說過：「線恰恰對反於原型圖畫要素——點。」要創造線，你必須移動手。動內在於線，線也能傳達各式各樣的動。對克利和康丁斯基來說，不論是移動或運動，動都是世界的根本，也是世界的自然狀態。他們都以繪畫探索和認識動，也創造動。

　　單一的線可以向上、往下、伸直或彎曲；成組的線可以和諧搭配，也可以雜亂無章，音樂就是這樣。它們都是動的方式。

XI.9 集合（container）：塊、圓、方塊、長條

　　從枯燥的學報到暢銷報刊，到處都看得到長條圖和線形圖，甚至有人用它們開玩笑。它們的用法有時讓人困惑，我們不禁好奇讀者會怎麼解讀。我

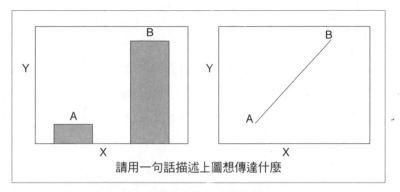

請用一句話描述上圖想傳達什麼

圖8.15 │ 請實驗受試者解讀的圖片之一。

們認為：即使長條圖和線形圖呈現的是同樣的數據，它們傳達的概念是不一樣的。線呈現的是關係，它們說的是：這條線上的點，在同樣的潛在向度上有不同的價值。如果確實如此，線型圖應該解讀成趨勢。相對地，長條是集合，它們說的是這些東西分屬不同組別。如果的確如此，長條圖就該解讀成個別比較。我們曾經做過實驗，請一大組人看好幾張不同的圖片，問他們這些圖想說的是什麼，〈圖8.15〉是其中一張。

　　在某些例子裡，我們給圖標上文字：「8歲兒童和10歲兒童的身高」，或「男性和女性的身高」。以線條呈現「數據」時，參與者把它看做趨勢，回答「功能從A到B增加」、「身高隨年紀增加」等等。以長條呈現「數據」時，參與者把它們看做分開比較，回答的是「B類比A類大」、「10歲兒童比8歲兒童高」等等。如果線形圖和長條圖的意義是如此，實驗反過來做應該結果一致。於是我們又找了一組受試者，分別請他們畫代表趨勢的圖，或是畫代表分開比較的圖。結果的確如我們所料：參與者畫線形圖代表趨勢，畫長條圖代表分開比較。因此在製作和解讀圖示時，圖的形式（線形圖或長條圖）起的作用，要比其所代表的數據更大，不論該數據是連續的（如身高）或各自獨立的。

XI.10 線和框

接著，我們把對視覺圖形的語意的調查伸向探索、推論和發現，這些都是對資訊呈現的重要運用。家長、主管和偵探都有一項任務：掌握不同的人在不同時間在哪些不同地點。方法之一是給他們追蹤的人列一張「時間－地點表」。不過，如果你感興趣的是掌握個別人士的時地行蹤，你可能會更偏好給每個人畫一張他們在不同地點的線形圖。我們的三P原則（製作、偏好、表現）在這裡也適用。我們設計了另一項實驗任務，受試者們都做得很開心。我們拿線形圖或表格請他們看，請他們盡可能依此提出推論，越多越好。計算推論數比我們原本以為的複雜（前面講過，研究總是充滿意外），但表格引出的推論似乎比線形圖更多樣，數目也更多。表格帶出相當有趣的社會和個性推論，這些推論不但遠遠超過實際資訊，也遠遠超過線形圖帶出的推論。如果兩個人在同一個時間出現在同一個地點，他們一定是朋友。三更半夜去健身房的一定是夜貓子。不去健身房的人一定身材鬆垮。表格比較不會框限思考，但因為它們提供的推論不多，看表格的人需要想更多。線則會影響對時間推論的詮釋。因此，設計者必須做出選擇：該框限觀看者的思考呢？還是該支持很多種推論，但要求觀看者想更多？這需要兩相權衡。

XI.11 箭號

我們在路線圖研究中看到點、線、塊，還有圈。有一種線別具特色——箭號。箭號是不對稱的。它有指標（通常在其中一端），用來表達不對稱的關係。線呈現的是頁面上的路線和關係，箭號呈現的是不對稱的路線和關係。

箭號有經驗基礎。弓射出的箭飛往其所瞄準的方向；海水的沖蝕也在沙上畫出箭形。可是箭號跟點、線、框不一樣，古代沒有箭號，甚至到啟蒙運動都還沒有箭號。不過，以前的人會用腳印或手指表示方向：刻在古城艾

圖8.16 ｜ 該往哪走？威尼斯的路標箭號。

菲索斯（Ephesus）石頭路面的腳印指出妓院的方向；中世紀文獻裡畫的手指指出重點。我們現在熟悉的箭號，似乎要到20世紀才變得普遍，但看看它們現在多麼常見！克利和培根（Bacon）等藝術家以箭號入畫。數學和化學將箭號的使用正式化。箭號也出現在路標，但有時候令人困惑。在威尼斯這座最難找路的城市裡，雖然交叉口會標示重要景點該往哪走（例如聖馬可廣場〔San Marco〕和里亞托橋〔Rialto〕的位置），但箭號經常指向不同方向。這種例子很多，〈圖8.16〉是其中一個。

現在，箭號已經累積了很多意義。美國學齡前兒童還不會閱讀，就已經能正確解讀指示移動方向的箭號（上樓梯或下樓梯），即使圖示對方向指示得模稜兩可，也是如此。同樣地，他們知道箭號能用來指事件的時序，即使在光有圖示顯得模稜兩可時，也是如此。

為發掘箭號的語意，我們像先前一樣搭配解讀和製作進行實驗。我們用的是腳踏車打氣筒、汽車煞車和滑車系統的圖，因為我們和其他人在之前的研究中用過這些圖，知道它們派得上用場。我們重新設計這些圖，其中一組用箭號表示動作，另一組沒有箭號。我們找來一大群大學生，分別拿六張圖

中的其中一張給他們看，再請他們用文字描述那張圖說了什麼。

出現箭號完全改變圖的意義。看有箭號的圖的人，對該系統的動作講的是一步步的因果描述。有受試者這樣敘述有箭號的腳踏車打氣筒圖：「在你壓下腳踏車打氣筒把手時，它會把空氣擠入圓筒，這會讓閥打開，讓空氣流入連接輪胎的管子。」請注意「壓」、「擠」、「打開」、「流入」這幾個動詞——它們都是運動的動詞。我們再來看看受試者怎樣描述有箭號的滑車系統圖：「拉動繩索時，上面的滑車會轉動，從而牽動中間的滑車，中間的滑車又造成下面的滑車轉動。」另一方面，看沒有箭號的圖的人在描述這些系統的結構時，用的會是「是」（is）和「有」（has）之類的動詞。以滑車系統為例，一位看無箭號圖片的受試者這樣開始：「這個系統有三個滑車，第一個是接在天花板。」在腳踏車打氣筒部分，一位受試者對無箭號圖片的描述是：「腳踏車打氣筒是一個圓筒和一個把手構成的，底部有接活塞。」我們以動詞為基礎為這兩種描述取名，傳達出動作／行為／因果的描述叫功能式（functional）描述，另一種叫結構式（structural）描述。

接著，我們找來新的受試者，把實驗倒過來做：我們分別讓他們讀其中一個系統的結構式描述或功能式描述，再請他們根據描述簡單畫出該系統的圖。〈圖8.17〉有兩個例子。

為功能式描述繪圖的人果然畫了箭號（右邊那張），而且他們沒有為零件標注文字。相反地，為結構式描述繪圖的人沒有用箭號（左邊那張），但有為零件標注文字。簡言之，箭號被理解成指示因果動作序列，也被製作來描繪因果動作序列。製作和理解（表現）彼此相映。箭號的語意就跟線狀圖和長條圖的語意一樣，也是雙向的。

在我們埋頭研究箭號和動畫時，瑞秋·麥肯棋這名勤奮的大學生，收集了STEM教科書中出現的幾百個箭號（包括生物學、化學、物理學和工程學的教科書）。雖然歸給箭號的意義超過一百個，但我們的大型調查發現其實

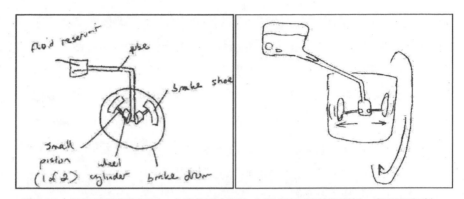

圖8.17｜據描述製作的圖示。左邊的圖有標注文字（看不清楚沒關係，那不是重點），
是讀汽車煞車的結構式描述的人畫的；右邊的圖有畫箭號，是讀功能式描述的人畫的。

是七個左右：連結（例如對部件的標注）；表示時間上的下一步；表示因果
關係的下一步；表示運動；表示運動的種類或方向（例如波浪狀箭號）；表
示增加或減少；表示看不見的力量（如風或引力）。這些不同的用法在很多
例子裡並不明確，同一張圖裡的箭號也常有三、四種意義。一張岩石循環圖
或氮循環圖裡的某個箭號，指的到底是移動？時間上的下一步？還是看不見
的力量？你就是弄不清楚。可以想見這些含糊之處帶給學生多少困難！

XI.12 動畫

你也許跟很多人一樣，現在心裡在想：何必在箭號上多費心思，用動畫
表達在時間裡開展的過程不就好了？用時間裡的變化呈現時間裡的變化，豈
不正好符合對應原則？你不是唯一一個這樣想的。也因為大家都這樣想，所
以現在只要是你想像得到的東西，幾乎都有教育動畫，在時間裡發生的過程
實在太多了。問題是：在仔細而妥切地比較靜態圖示和動畫之後，我們發現
動畫並沒有更有助於理解和學習。這個結果讓我們困惑，所以我們又試了好
幾個簡化版的動畫，但還是發現動畫並未更具優勢。不過，我們倒是跟很多

人一樣，也發現好的圖比好的敘述更有助於學習。在看過很多動畫之後，我們終於知道問題出在哪裡了：很多動畫違反實用原則。動畫裡的過程發生得太快，快到我們來不及理解，我們有時甚至不知道該看哪裡。另外，動畫只是呈現，沒有說明。好的說明會把過程分割成對物體的動作、成因和結果。動畫通常是以實際時間長度推展，但成因和結果未必是以相等的時間長度發生。這並不是說動畫沒有效果，它們的確能幫助我們掌握時間或空間中的簡單變化。然而，必須用心設計才能做出說明效果良好的動畫，也必須仔細確認它們真的能做到它們該做的事。

XI.13 與介面互動：手勢

手勢介面（gesture interface）流行得很快，這無疑是因為它們善用了一項優勢：人天生就有用手表達意義的欲望。手勢介面的成功關鍵就是這個：讓手勢對應意義。舉例來說，我們發現：小孩子在iPad上比不連續手勢（discrete gesture）解不連續型數學問題時（主要是加法），表現得比比連續手勢（continuous gesture）時更好。另一方面，在解推估型問題的時候，比連續手勢表現得較好。

XI.14 顯眼好記

教科書裡的很多圖和圖表看起來差不多，這沒什麼好奇怪的，因為它們都是同一個繪圖軟體畫出來的。要讓某個東西好記，就要讓它顯得獨特。單調的點、線和框是死的，為它們賦予生命的辦法之一，是把它們改成象形符號或圖像。在政治人物或演員的網頁上，他們有時會把游標做成自己的臉。手繪的圖或圖表可以顯得獨特、漂亮又好記。在第二次世界大戰前的樂觀國際精神下（可惜這種精神並未能阻擋悲劇發生），維也納學派的哲學家和語言學家曾投注心血，試圖創造普世相通的溝通工具。在語言上，他們發明

了Esperanto（世界語）；在圖形上，他們創造出Isotype（全名是：International System of Typographic Picture Education）。Isotype是一套簡單的象形符號（例如拖拉機或工廠的符號），發明它的奧圖‧紐拉特（Otto Neurath）後來逃到英國。畫長條圖的時候，只要把紐拉特這些符號畫進長條，就能讓人輕鬆看出它所比較的變項是什麼。

現在世界各地都愛用圖示，其中一個有趣的用法是解決衝突或預防衝突。協調者召集各方人馬，聽他們講自身關切的部分，簡單把它們寫在一面大白板上，隨討論進行而修改。在對協調者講出自身關切的過程裡，大家必須把它們整理過一遍，等於為自己、也為別人釐清了它們。另一方面，在白板上呈現彼此的交集和分歧，常常能讓當事各方看出解決之道。實在很神奇！

再來看另一個例子，藝術家和漫畫家現在有了新差事：視覺記錄。〈圖8.18〉這張可愛的視覺筆記是朴允（音譯：Yoon Bahk）畫的，記錄的是我幾年前的一場演講。那是一場很精采的「繪畫－藝術－認知」會議，辦在紐約大都會藝術博物館（Metropolitan Museum）。第九章的部分內容也出自這場演講。

XII. 圖示好，效果好

多年以來有大量研究顯示：圖示對學習、教學、記憶都能發揮良好效果，甚至對說服也很有幫助，而且圖示往往比平鋪直敘的文章有效得多。這適用於很多主題的教學、學習和說明，STEM相關主題尤其如此。圖示之於文字的優勢很容易解釋：圖示比文字更直接地對映出意義。這讓圖示更容易呈現某個東西長什麼樣子、怎麼做某件事，或是某個東西是怎麼運作的。一如往例，好的設計很重要，我們希望能告訴大家做出好設計的訣竅。當然，同樣的道理也適用於文章，好的設計是關鍵。

如果你喜愛故事勝於數據，我正好有個好例子，關於一張救了幾百萬人生命的非常簡單的圖示。1997年，《紐約時報》專欄作家紀思道（Nicholas

圖8.18｜朴允為作者一場演講繪製的視覺筆記。

Kristof）撰文提及自己之前寫的一篇專欄，說他那篇文章改變了比爾及梅琳達・蓋茲基金會（Bill and Melinda Gates Foundation）的目標，讓他們把關注焦點從賣電腦轉至全球健康。不過，紀思道後來發現：蓋茲夫婦之所以改變目標，不是因為他的文章扣人心弦，而是因為吉姆・派瑞（Jim Perry）設計的一張簡單的圖。我們一聽，馬上去找那張圖看。那張圖的確非常簡單，大部分是文字，沒有長條或線條，只有一張表格，標題是「因水而死」（Death by Water）。在標題下方，左邊那些欄位列出四種與水有關的疾病，以及每年因為那種疾病而死的人數；右邊那些欄位與左邊的對齊，一一描述每種疾病的痛苦過程。在1997年，因為這些疾病而死的總人數是353萬人。我想，應該從來沒有一張圖（或一段話）比它更有影響力。

XIII. 創造效果良好的圖、圖示、圖表、表格和資訊圖表

訊息和接收者是設計的根本。你想說什麼？對誰說？我們已經談過工具，還有好幾個設計原則、指引和經驗法則。點、線、框、長條圖、網狀圖、樹狀圖、表格（即排列起來的框）等眾多形式，每一個在脈絡中各有意義。地圖上的線跟圖表上的線意義不同，就像「clothes *line*」（晾衣繩）、「*line of work*」（行業種類）和「ticket *line*」（購票隊伍）的「line」各有不同意義。這些形式可以分開來用，也可以合起來用。想想它們可能促成什麼意義和推論。考慮一下空間中的位置。加進合適的圖像、字詞、句子和符號。你也可以運用別的意義要素：顏色、材質、字型、大小等等。如果你希望人們記得你的圖，請讓它顯得獨特。不論你做的是什麼，請讓它好看——至少試著讓它好看。實際找人驗證你的設計直覺，最好能用上三P原則。切記世上沒有唯一的最佳方案。就像美麗有很多方法，唱歌有很多方法，成為優秀的運動員、企業家或演員有很多方法，能發揮效果的設計也有很多——所以設計不斷推陳出新！現在來談訊息的部分。

XIV. 論述的形式：描述、解說和故事

回來談我們對大學教科書裡的圖示所做的大型調查。我們發現那些圖示有幾種論述形式（discourse form），最基本的是描述（description）、解說（explanation）和故事（story）。描述包括對葉子或細胞各部位的標示（labeling），以及各種葉子或細胞的樣本。解說包括對光合作用和細胞分裂的說明。故事包括孟德爾（Mendel）發現遺傳的經過，還有華生（Watson）和克里克（Crick）發現DNA雙螺旋結構的經過。是的，它們都可以做成圖示。

描述、解說和故事是圖示論述的三大類型，也是純文字論述的三大特徵。每一種都以前一種為基礎，也拓展了前一種。任何一則特定論述（不論

是文字的或圖示的），都可能混和這三種類型。**描述**呈現的是空間或時間中事物的狀態，例如地圖或時間線。**解說**加上因果關係：滑車系統如何運作？怎麼登記投票？**故事**不但有上述所有特徵，還有別的特徵：除了最重要的敘事之外，還有懸疑、劇情、情緒、主角、反派等等。不曉得你有沒有注意到，「故事」現在成了時髦用語，每個人都在尋找故事，每個人也都在寫故事（其實那些往往是描述和解說——跟這個一樣）。故事蔚為風潮是有道理的，因為故事對我們影響很大。故事都有角色，有我們支持的好角色，也有我們討厭的壞角色。這些角色跟我們一樣，有欲望、有目標，也有情緒（而且這些欲望、目標和情緒有時候是衝突的）；他們會惹上麻煩，也會從麻煩中脫身；他們可能屢屢嘗試一再失敗，也可能一試再試最後成功。我們為故事的懸疑和情感欲罷不能；它們有令人難忘的生動細節；它們有讓我們銘記在心的道德情操、人生智慧或金玉良言。簡言之，故事效益驚人——但請切記**認知第一定律：好處必有代價**，有優點就一定也有缺點。

　　故事的大問題是：它們會蓋過我們心中的事實。故事多采多姿、引人入勝又讓人難忘。故事與事實和數據形成強烈對比：數據把個體化約成點或數字，而故事不但與生命有關，故事本身也有生命。我們可以從故事學到人生教訓。數據枯燥乏味，數字容易混淆。一則恐怖攻擊的故事能讓幾百萬人陷入恐懼；一則幸運中獎的故事能讓幾百萬人掏錢買彩券。

　　除了描述、解說和故事之外，還有兩種論述形式值得一提：**對話**（conversation）和**論證**（argument）。對話是互動的，它帶動交流，讓各方做出貢獻。對話不宜由一個人主導。在此同時，對話對內容和方向控制不多，容易變成各說各話（也經常變成各說各話）。「現代」媒體的特點之一，就是強調圖示、資訊圖表、動畫、文學、音樂、戲劇和藝術的互動，並期待讀者／觀眾／聽眾一同參與創造意義。雖然閱聽大眾的確參與了互動，但這種互動常常是單向的，所以稱媒體為「互動式的」實在有點不知所以。「互動式」的概念似

乎是：你看（或聽）完一件事之後，產生了自己的想法，由於有了這個想法，你第二次看時能看到不同的角度。這又是一個螺旋，它也是第九章談到的很多創作的基礎。

接下來是論證，政治和法庭劇對此都不陌生。學術界也不乏論證，我們用論證來支持或反駁理論、立場或預測。在辯護——也就是提出論證——的時候，人們提出能支持他們倡議的立場的證據或分析。雖然他們也期待對方反駁，但通常只期待對方的反駁能為我所用——利用對方的反駁狠狠殺球。

XV. 故事：漫畫！

要談說故事，就不能不談漫畫，因為它是最有創意的說故事形式。由於漫畫用上了所有種類的描繪和詞語，我們想表達的東西能應用到更廣的層面，不只應用到文章形式的故事，還應用到視覺化。漫畫呈現的通常是在空間中行動的身體，亦即本書的基本主題。漫畫也是圖示：它們用框框來包含和分割，它們把框框上下左右排列，按頁面分組。它們以很多方式運用語言和符號。

用圖說故事比比皆是。到處都看得到漫畫裡的超級英雄，他們已經成了神話，每有新作，必讓粉絲瘋狂。漫畫形式的嚴肅作品不但啟發優秀作者，也得到主流讀者歡迎。現在還有很多出色的學術入門漫畫，介紹歷史、心理學、哲學、物理、化學、統計——只要你想像得到的，應有盡有。漫畫新聞日益蓬勃。家長、老師和圖書館員為孩童、寶寶、青少年買的漫畫越來越多，孩子們也都非常喜歡。

XV.1 漫畫對我們好，對我們的孩子也好

漫畫就像所有故事一樣，它們可以是感性的、刺激的或好笑的，它們給人樂趣。它們可以成功達成教育或宣導目的。它們在傳遞訊息時善用媒介：

在使用圖畫的效果可能更好時，就用上各式各樣的圖畫；在使用語言的效果可能更好時，就用上各式各樣的語言；在同時使用兩者能發揮加乘效果時，就同時使用兩者。漫畫跟文章形式的故事不一樣，它們不但教我們怎麼看，還教我們該看什麼，對這個越來越愛用視覺溝通形式的世界來說，這兩種能力非常重要。漫畫能吸引讀者，尤其是年輕、對閱讀興趣不大的讀者。到目前為止，已有幾十份研究顯示漫畫對教學有幫助。我之所以會岔題談這個，是因為漫畫長久以來受到很多誤解，連美國國會都對詆毀漫畫參上一腳。他們說：雖然漫畫並沒有讓年輕人變得暴力或變成共產黨，但它們太簡單了，所以看漫畫其實稱不上**閱讀**，漫畫是該被瞧不起的次等文化——才怪！漫畫也是一種藝術形式。

從很多漫畫家身上，我們已經看到漫畫能做到什麼，還有漫畫是怎麼做到的，例如傳奇漫畫家艾斯納（Will Eisner）和史畢格曼（Art Spiegelman）。另一位漫畫大師麥克勞德（Scott McCloud）則是畫了一部談漫畫的漫畫，它也已經成為這個領域的經典[3]。他們的洞見不但帶給之後的漫畫家啟發，也推進了認知科學研究。我接下來會談談他們成功的因素，亦即他們運用的許多精巧手法的一部分，但請切記：漫畫最基本的規則就是——打破規則！

XV.2 圖比文字好記

圖是漫畫之所以更具優勢的重要部分。圖不只比文字好記，在溝通上也比文字更快也更直接（我們在第二章談過這個）。圖能呈現文字無法呈現的動作、情緒和場景的細微之處。看看表情符號有多少，它們的變化遠遠超過LOL或OMG等網路黑話；看看GIF檔多受歡迎：在2016年，每天有10億個GIF檔誕生；再看看大家多迷Instagram：在2018年，每天有九千五百萬

---

3 編註：指的是《理解漫畫》（*Understanding Comics*）這本書。

則貼文。圖天生就是萬人迷，數量日日暴增。

XV.3 圖能呈現，文字能訴說

史畢格曼稱漫畫（comics）為混搭（Co-Mix），藉此強調漫畫是圖和文字兩種媒介的結合。漫畫不但讓圖和文字發揮到極致，甚至讓它們更上一層樓，彼此合作、互動、互補、補充、對比、反駁、融合和混和。在這個意義上，漫畫與電影、劇場和電玩有相似之處，但漫畫更無拘無束。漫畫是十分靈活的媒介，它不但擺脫其他多媒體的侷限，更讓我們能盡情發揮創意，天馬行空地運用各種形式的媒介。漫畫不但容許創意，甚至鼓勵、催化創意。

XV.4 漫畫鼓勵檢視，也獎勵檢視

漫畫這種媒介的豐富內涵必須詳加檢視。而這些看和理解漫畫的習慣，可以轉移到認識現實生活中的人、場景和情境，也可以轉移到認識頁面上的地圖、圖表、視覺化和圖示。跟漫畫一樣，面對面溝通也是豐富而多模態的，結合了聲音要素和視覺要素（聲音要素有嘆氣聲、笑聲、咕噥聲、詞語，以及隨語調而變化的句子；視覺要素有笑容、皺眉、聳肩、點頭、用指頭指，以及手和身體的動作）。

XVI. 故事有開端、中段和結尾

早在亞里斯多德的《詩學》（Poetics）裡，就說過故事有敘事弧（narrative arc）。小說家弗瑞塔格（Gustav Freytag）則是把故事視覺化成三角形：行動先上升到化解衝突的高峰，再下降到收攏線索的結局。敘事弧讓故事有明確的開端、中段和結尾，但正如大導演尚盧·高達（Jean-Luc Godard）所說：「故事必須有開端、中段和結尾，但三者未必是這個順序。」

XVI.1 開端

首先，引起興趣。漫畫常常以幾頁「潑濺」（splash）開頭，亦即把故事片段「潑」到頁面上，通常是對開雙面。潑濺頁就像歌劇或芭蕾的序曲，以藝術手法透露接下來的一些線索。像角色列表、場景布置或食譜材料。概觀整體讓你知道該注意什麼、能預期什麼，它們引誘你、刺激你，讓你對即將出現的東西充滿好奇。

XVI.2 中段：分割

我們的心會分割、連結、時而再連結它在外界感受到的一切。身體分割的部分由關節連結，物體也一樣，分割的部分由黏膠和釘子連結。事件裡有目標和次目標。句子裡有子句和片語，在說話時由停頓隔開，在頁面上由標點隔開。分割經常有上下層級之分，有部分和部分的部分，像年分成月，月分成週，週分成日，日再分成小時。對於任何事物的認識都始於拆解與組合。分開的部分有其獨立意義，整體也有整體的意義。

漫畫用框、頁和章分割故事，分得明確，也分出層級。漫畫把時間的片段放進框裡，這些框依行列而行，橫跨頁面的空間。文章則是以段和章分割（還記得吧？段首空格也是視覺工具）。漫畫家常依對開雙面的圖框思考，也就是讀者翻頁時所看到的。內容必須以對開雙面、一框接著一框呈現。框以有系統的方式使用，構成故事的空間結構。

漫畫頁面上還有框和框之間的空隙，它們被生動地稱做「溝」（gutter）。漫畫的框沒有關節或黏膠，它們之間的溝是空的，等著被讀者填滿，或是讓讀者把心懸著。

需要填滿的不只有漫畫裡的溝。我們從世界接收到的資訊永遠是不完整的，而我們不斷試著讓它們完整，從部分資訊跳向結論。我們只看到朋

友一部分的臉，或是只聽到他們的聲音，就判斷是他們。小孩子一聽到「功課」，就知道該做什麼。我們聽到警笛聲就知道出了意外，即使沒親眼目睹也知道是如此。眼前出現陰影，就知道後方有東西靠近。我們不只填入物體，也填入脈絡：即使看見的是某個東西的特寫（垃圾桶），我們也會想起以正常距離看它的樣子，並填入場景。請想想認知第七定律：**心會填進遺漏的資訊**。

漫畫框的功能不只是分割和包含，它們的形式本身就帶有意義。它們的大小和形狀可以變化，可以完全消失，可以傾斜，可以是圓形或橢圓形，可以平整或呈鋸齒狀，可以寬，可以窄——什麼形狀都可以，視目的而定。它們可以重疊，也可以一個框在另一個框裡。它們可以變成箭號、指示、圓圈或滾筒。在說故事的時候，這些變化可以拿來製造最大效果。

麥克勞德將漫畫中框到框的轉換分成：時刻到時刻（moment-to-moment）、動作到動作（action-to-action）、主體到主體（subject-to-subject）、場景到場景（scene-to-scene）、角度到角度（aspect-to-aspect），還有前後不相關的轉換（non sequitur）。但我懷疑世界上有沒有「不相關」這種事，畢竟人總是在不同事物上找連結，又尤其愛給奇怪的組合建立連結。你可以驗證看看這個分類，看看它是否適用文章裡的段落。不過，這個分類至少適用我們對事件的認知：在分割生活事件的時候，我們是在新動作、新物體、新人物、新場景出現時做分割。時間到時間的分割，指的是將比較大的行動切成小片段、延長該時刻，或是製造懸念（例如蜘蛛陰森森地爬過身體）。角度到角度的分割有同樣效果：暫停動作，從不同視角檢視空間，玩味整體場景而非動作本身，藉此審視不同物體、不同人物和這些人物看到的東西。作者可以運用這些轉換設定步調，從緩慢、深沉而神祕的，到快速、混亂而……神祕的。製造神祕是神祕的。

XVI.3 中段：連結

語言必須前後一致才能讓溝通便捷。語言有明確辦法連結句子或句子的部分。你也許沒聽過「回指」（anaphor）這個術語，但你可能用過它，也知道它的意思。它指的是「帶回」（carry back）——前兩句的「它」都是回指。如果你懂它是什麼（這裡的「它」又是回指），你就懂回指。代名詞是典型的回指：它、他們、她、他。

漫畫能用視覺回指建立連續性和一致性，它也的確這樣做了。把出現在某個框裡的東西帶到下一個框，就是回指。善用回指能讓視覺說明更有力。亞德里安・遠峰（Adrian Tomine）為《紐約客》畫的封面〈架上一生〉（Shelf Life）就是如此（2008年2月25日）。他用漫畫訴說書的一生，從寫作、出版、上架，到被購買、丟棄，最後被街友燒來取暖。對作者們來說，這個漫畫真是令人洩氣。請看那本紅色的書，它從一個框挪向另一個框，既提供連續性，也提供焦點，它提醒讀者：這個故事說的是書。

XVI.4 中段：不連結

漫畫不是非連結不可，因為它們各自分開，跳接輕而易舉，不像電影、戲劇、文章是連續的。電影靠剪輯分段，戲劇以幕分段，文章則用段落和章節分段。不過，在每一個大的部分裡，該媒介的語用（pragmatics）還是會引人期待連續性。漫畫的語用容許大幅度跳接，甚至沒有示意便進行跳接。

XVI.5 中段：框內

漫畫真正的藝術在框裡。你必須推進故事（即推進行動）、建立脈絡、引起視覺興趣，步調要引人入勝，節奏要不時變化。其中一項重大選擇是：該強調行動還是脈絡？文化和語言對這項選擇的影響驚人。大家普遍認為：

東方文化比西方文化連結更深，而西方文化強調的是個人主義。既然動作展現的是人與人之間的關係（如擁抱、打、追），那麼東方漫畫應該比西方漫畫更常描繪動作吧？有些語言（如英文和中文）有豐富的詞彙表達動作姿態（manner of motion）：昂首闊步（swagger）、溜（slink）、奔（scamper）、大搖大擺（sashay）。也有些語言（如義大利文和日文）有很多詞彙描述進、出、上升和跑，但表達動作姿態的動詞卻很少。在表達動作的詞彙很豐富的語言裡，漫畫應該更常描繪動作吧？我們去過很多國家，在世界各地的漫畫店收集這些語言和文化的漫畫，這件事帶給我們不少樂趣。我們拿掉圖裡的字，接著請歐美人和亞洲人評比：這張圖描繪的主要是動作還是場景？雖然評比人的文化背景不同，但他們的回答是一致的，我們的兩項預測也都獲得支持：東方文化的漫畫更常描繪動作；在表達動作姿態的詞彙很多的語言裡，漫畫也更常描繪動作。而中國這個有很多動詞描繪動作姿態的東方文化國家，他們的漫畫動作最多。

XVI.6 結尾

由於我們評比了各種漫畫的動作，我們也檢視了敘事弧。結果發現：整體來說，的確是行動先上升到高峰，再下降到結局。

XVII. 創造意義

漫畫建立意義的方式很多、也很獨特。我接下來會挑出幾個介紹，在圖已屬於公共財的時候附上圖。

XVII.1 多元視角

漫畫有時候能兼顧動作和場景。以長壽漫畫《汽油巷》（*Gasoline Alley*）為例（原作者是法蘭克·金〔Frank King〕），它經常把時間疊加（superimpose）

圖 8.19 │ 法蘭克·金的漫畫封面，同時呈現空間和時間。看不清楚內文沒關係，那不是重點。

在空間上。《汽油巷》裡有很多好例子，〈圖 8.19〉是其中一幅。

　　這張圖用整張頁面呈現故事背景，即場景的總覽。這樣的場景可能出現在海邊，也可能就在附近。作者把故事疊加在這些框裡的場景上，而這些框又以一般常見的方式排列在場景上。你從背景中看出場景設定，同時又在

同一個空間裡一框一框地看出故事。電影當然也是這樣，一幀一幀地播出故事。但漫畫同時讓你既看出背景，也看見行動中的角色的特寫，而且它們停在原地，你可以一看再看。

　　藉由把一個框切開或交織片段，框可以一次描繪兩個故事。在這種時候，一個故事成為另一個故事的背景，提供想像和翻轉空間。這種手法能用來訴說同時發生、但各自獨立的事件，或是為正在發生的事件提供背景事件。舉個傷感的例子：前景是雜亂的客廳，一名滿臉鬍渣的年輕男子聚精會神，在電腦上尋找約會地點，顯然專注得忘了一切。背景則是他的漂亮情人，一臉堅決，拖著滿滿的行李，準備離開他們的家，離開他們的兩人世界。切割畫面在文藝復興和荷蘭繪畫中很常見。彼得·德·霍赫（Pieter de Hooch）經常在同張畫裡畫下屋子內外的場景，讓觀看者能對照更多，也思考更多，在視覺上和社會上都是如此。

　　框也能同時描繪兩種觀點。以楊謹倫《華裔美國人》（*American Born Chinese*）的一張圖為例：畫面左邊是一班學生的視角，他們在聽老師介紹一個戴眼鏡的華裔男生；畫面右邊是那個男生的視角，他看到的是班上白人同學不友善的臉。鏡子和鏡頭也能發揮同樣效果。有張圖是這樣：一名年輕女性自豪地向鏡頭展示她釣到的大魚，但鏡頭焦點卻是她的露背裝，而不是她釣到的魚。

　　克里斯·韋爾（Chris Ware）是這種手法的大師，他把故事建築在建築上，也建築在建築裡（是的，我在玩文字遊戲）。他的圖呈現整體和部分、建築物的部分的插圖，還有人和物。視角和焦點不斷變換，有遠有近，正如我們的眼和心平常的習慣。

XVII.2 字詞等等

　　漫畫能以很多方式運用書寫語言的特點，而且很多方式非常奇特。大家都熟悉對話框和想法框，前者以曲線型的箭號向下指向說話者，後者用上升

的泡泡連結思考者跟想法框。它們在空間中的位置顯示出空間中的行動，所以漫畫家很愛畫只有對話框和想法框的漫畫，除此之外什麼也沒有，你必須自己想像其他部分。漫畫裡也常有旁白。旁白通常以標準文本放在框底或框頂，再用較小的框包住。漫畫還會用 #%$& 表示噪音、臭味和不宜寫出的髒話。字詞本身的外觀也可以用來表示勇敢、怯懦、暴力或文雅。外觀尖銳、呈鋸齒狀的詞代表強烈的中斷性事件（如無意義詞「tekata」），想想馬勒維奇（Malevich）和康丁斯基；外觀服貼、平滑而模糊的詞代表柔和緩慢的事件（如無意義詞「meluma」），想想羅斯科。

XVII.3 對比字和圖

誠如麥克勞德和其他人所說，字和圖可以彼此互補、補充、對比，甚至反駁。最後一種可以發揮戲劇性的反諷效果。在瑪贊‧莎塔琵（Marjan Satrapi）的《茉莉人生》（*Persepolis*）裡，九歲大的瑪贊偷聽到父母說叔叔在牢裡受酷刑，被「大卸八塊」（cut to pieces）。漫畫家把瑪贊對這句話的理解畫成：叔叔被放在肉販的砧板上，像雞一樣被從關節剁開。在作家尼爾‧蓋曼（Neil Gaiman）和畫家戴夫‧麥基恩（Dave McKean）兩位英國人的作品《暴力案件》（*Violent Cases*）裡，主人翁差不多也是九歲。有一次他叔叔來家裡拜訪，講起黑幫老大艾爾‧卡彭（Al Capone）的事，他聽得目瞪口呆。他叔叔說某人惹到卡彭，所以「給抹了」（rubbed out）。在英式英文裡，「抹」既指「擦掉」也指「殺掉」，而主人翁只知道第一種意思，所以他想像的畫面是一張黑道流氓的臉被擦掉。你同時讀到令人膽戰心驚的文字，也看到想法以圖呈現出來。

XVII.4 修辭手法

漫畫和卡通經常運用修辭手法：雙關語、隱喻、明喻、借代、頭韻……，種類比希臘人取過名字的還多。溫瑟‧麥凱（Winsor McCay）將這些

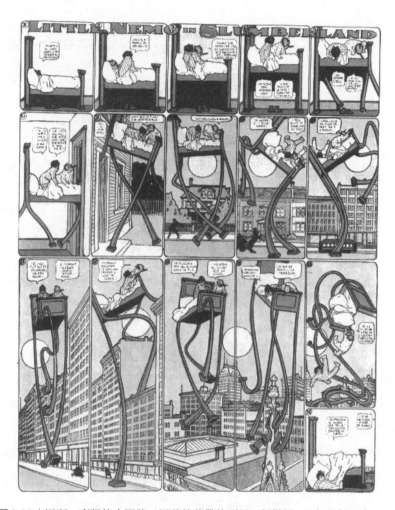

圖 8.20 │ 溫瑟‧麥凱的小尼莫。尼莫的夢帶他到另一個世界，又把他扔回床上。
字看不清楚沒關係。

手法運用得出神入化，舉例來說，他把曼哈頓的一條街捲進一位體面商人走
進的跑步機裡。〈圖8.20〉是他的另一個例子：小尼莫睡著作夢，像是被床
載著到處逛。漫畫快結束時，夢驟然告終，床把小尼莫扔回床上。他的畫風

圖 8.21 | 山米的噴嚏弄垮自己的圖框。

讓人心裡不禁響起史蒂芬‧萊許（Stephen Reich）和菲利普‧葛拉斯（Philip Glass）的音樂。如果你覺得這個作品似曾相似，好像與另一位傑出的視覺藝術家莫里斯‧桑達克（Maurice Sendak）的作品雷同——的確如此。桑達克很崇拜麥凱，經常借用他的概念向他致敬。

有些漫畫或可稱做「自我描述型漫畫」（self-describing comics）或「視覺頭韻」（visual alliteration）。請看〈圖 8.21〉，溫瑟‧麥凱的〈小山米打噴嚏〉（Little Sammy Sneeze）。山米終於打出噴嚏時，圍繞他的框框也垮了——他一臉不解。

〈圖 8.22〉出自《瘋狂喵喵》（Krazy Kat），為表現這場追逐激烈得讓人喘不過氣，畫家讓整張畫呈對角下行。

漫畫可以把概念具體化、擬人化，賦予它們生命。賴瑞‧高尼克（Larry Gonick）對這件事樂此不疲，也已經為遺傳、歷史、幾何、化學等學術主題

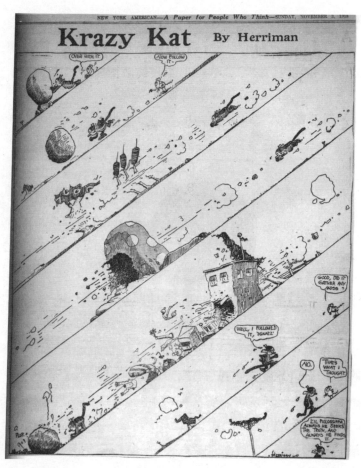

圖 8.22 ｜ 為放大瘋狂喵喵的速度感，喬治・赫里曼（George Herriman）把圖畫成斜的。

畫了入門漫畫。在他的書裡，孟德爾會為你解說基礎遺傳學；豌豆排列成圖，圖又逐漸變得抽象；山丘變成圖裡的斜線，而隨著斜率的講解，它們又變成可以重新調整的棍子；一條魚得意洋洋地從水裡爬出來，驕傲地說：「我是第一個登陸的！」而他後頭那條魚冷冷地說：「是喔？好像蟲子們先了一步。」化學元素長出頭、腳和手臂，彼此對話，一邊說明它們是怎麼連結成分子的，

一邊親身示範。弱元素瘦小，強元素一身肌肉。高尼克把函數解釋成輸入－輸入裝置，並將它擬人化成會吃會拉的小雞。令人印象深刻的圖和生動的文字無縫接軌，渾然天成，與傳統教科書形成強烈對比。

XVII.5 多重意義

　　視覺圖像還有另一種絕技：同時表達很多意義，一語雙關不費吹灰之力。女超人漫畫裡有一頁是這樣的：她在畫面左邊講電話，電話是舊式的，有條曲折的線。電話線向右延伸，包住右邊的三個小框，每個框裡都是她的通話對象。換言之，這條線既是電話線，也形成圍住她通話對象的框，整體來看，這條線也說明她找他們參與某個計畫。另外，在吉姆・歐塔凡尼（Jim Ottaviani）的《生猛科學：科學家的故事》（*Two-Fisted Science: Stories About Scientists*）裡，正專注於研究的伽利略（Galileo）後方畫了一個圓圈。圓圈分成四塊，其中三塊是他用望遠鏡發現的天體的局部，右下方那塊是他觀測天文的圓窗的局部，圓窗旁正是他的望遠鏡。就像我們之前談過的，圓圈和其他形狀可以表示很多種意義。在史畢格曼的《崩潰》（*Breakdowns*）裡，每一章都以圓圈開始。那些圓圈或是棒球，或是他的眼睛。2008年11月18日的《紐約客》封面是包柏・史塔克（Bob Staake）畫的，那期在歐巴馬第一次勝選後發行，封面的圓圈令人驚艷，一次發揮三重意義。那一期整個封面是黑的，只掛著一顆明亮的滿月，滿月的圓形既是「Yorker」的O，也是「Obama」的O。月光灑在林肯紀念堂上，堂前水池隱隱倒映紀念堂的廊柱。

　　漫畫隨時隨地都在打破規則。雖然漫畫原則上是把故事擺進框裡，在頁面上依時序進行，但你也可以選擇打破框框，耍弄時間。在歐塔凡尼畫的費曼故事裡[4]，有個畫面是這樣的：左邊的框是費曼在哥倫比亞大學讀書的女

4　編註：《漫畫費曼》（*Feynman*），繁體中文版本由天下文化翻譯出版。

友，她在跟一個男人跳舞；右邊的框是在麻省理工學院求學的費曼，他跟一群女人在一起，談笑風生（懂了吧？）。這兩個框之間是一張東岸地圖，費曼的手向後伸出他的框，越過那張地圖，拿一封信給他正在跳舞的女友。麥特・費澤爾（Matt Feazall）也用過類似的視覺手法，打破一個框，進入另一個，從過去侵入未來：他餓了，但身無分文，於是把釣魚線甩出他現在的框，伸進未來的框裡拿錢買晚餐，讓未來的他氣個半死。

所以，如果你想脫離故事，你只需要脫離圖框。在維斯納（Wiesner）那本有趣的《三隻小豬》裡，第一隻小豬被大野狼吃掉後就是這樣：他安全地待在框與框之間的溝裡，探頭入框，叫第二隻小豬出來跟他一起躲。後來第三隻小豬也跑出框。最後，三隻小豬一起把故事的框推倒在地，並踐踏它們抗議。小孩子看得懂：故事必須在圖框裡，所以脫離圖框就是脫離故事。於是你進入另一個故事，一個關於故事的故事。

克拉格特・強森（Crockett Johnson）的繪本《阿羅有枝彩色筆》（*Harold and the Purple Crayon*）或許是最可愛的。阿羅長得活像小天使，大人小孩看了都喜歡。他用彩色筆開啟冒險，畫出他闖蕩的旅程。餓了，就畫棵蘋果樹；準備重新啟程上路，就畫隻龍幫他看守蘋果樹。沒想到那隻龍嚇到他了，他拿著彩色筆的手開始發抖，意外畫出波浪。阿羅淹進水裡，趕緊再畫一條船自救。故事就這樣進行下去。最後，他靠著自己畫的月亮找到回家的路，安全回到床上。也許這全是夢吧。

傑出的南非藝術家威廉・肯特里奇（William Kentridge）有演員般的敏銳，他很懂一件事：在空間中移動的身體和思考能創造故事。他發明了一種新的藝術形式。上YouTube看看他的影片，或是去世界各地的美術館和歌劇院找找他的作品。他先用木炭畫一個場景，把那張圖照下來，修改之後再照一張，最後把這些照片串成動畫。他畫了很多人物，有胖子，有菸不離手的大老闆，有他美麗的妻子，還有一位深具魅力的藝術家——沒錯，那是他的外

遇對象。有動物遷徙，也有人類遷徙——被迫離開家園的有色人種，一群接
著一群。有知名地點，有房間，有辦公室，有城市裡的街道，有海灘，有草
原。各種東西漸次變形成別的東西，像想法一樣：遷徙的動物變成流水，身
體變成地景，星星被線連結起來，線條又變成頭，一間空無一人的房間變成
戶外哀悼場景。藝術家的想法在報紙上隨風飄向他的戀人。鳥從死者身上飛
升。這些故事說得大聲明確，說得歷歷在目，卻沒用上一個字。

9 | 以頁面對話：設計、科學和藝術

Conversations with a Page: Design, Science, and Art

在這一章，我們透過畫圖結合藝術和科學。我們會談到：人會把想法放到頁面，以眼睛、手和標記進行一場沒有言語的對話，藉由這種方式去看、去想、去釐清和創作。接著我們離開頁面回到心，揭示創意的關鍵。

> 想知道你要畫什麼，你得先開始畫。
> ──畢卡索

> 畫畫的可貴之處，正是你無法言詮之處。
> ──布拉克（Braque）

I. 用畫的來看和發現

達文西總是畫個不停。他用畫來看，他用畫思考，他也用畫創作。連他那顆聰慧淵博的心，都沒辦法想像他那些驚世駭俗的構想，所以他必須用手把它們放到眼前。畫能揭示事物的結構，而對達文西的思考來說，更重要的是：畫能揭示事物的動作──它們怎麼運作？能做什麼？靜態的畫可以是動態的。他畫人和其他動物的骨頭和關節上黏著的肌肉與韌帶，藉此判斷身體會怎麼動。他畫樹木開枝散葉，以了解它們如何成長和分枝，也藉此發現分

枝的比例規則。他畫血管的分支，以學習血液的流動。他畫過很多裝置的設計圖（幫浦、樂器、飛行器等），以思考它們的運作機制。他畫流水，藉此觀察它們的流動，並理解漩渦和湍流是怎麼形成的。漩渦吸引他（drew him in），而他畫（drew）它們。他知道，他繪畫時的手部動作與他試圖了解的動作相仿；他用他的手了解那些動作。達文西不是數學家，他的思考是視覺的和空間的，他從模式、形式和形式的類比做推理，從頭髮的捲曲和水流的漩渦做推理，從子宮裡的胎兒和殼裡的種子做推理。他畫，他看，他想，然後再畫。一再重複。達文西用畫探索和修正概念，也用畫創造新概念。他是相當早有意識地以畫畫當經驗方法的人。其他人跟著這樣做，現在也有人繼續跟進。

　　畫畫逼出抽象，素描的力道又比著色的繪畫強得多，因為素描只有心所想的和手所畫的線條。現實世界的線條可能太多，也可能太少。畫可能出於心，而非出於看。但無論是出於心或看，都是心決定該畫哪些線條、怎麼畫，還有這些線條代表什麼。雖然畢卡索用寥寥幾條曲線表現身體，賈科梅蒂（Giacometti）以大量小塊黏土塑出一張臉，可是對他們兩位來說，遺漏的都比留下的多。抽象容許很多可能性。觀看者可以自行填入遺漏的東西，每個人填進的東西可能都不一樣，甚至每次看時填入的東西都可能不一樣。也許正是這點，讓好的藝術作品如此有趣。

　　達文西是深具先見之明的神經學家和心理學家。他了解當時認知和情緒方面的主流理論，也在大腦和身體中驗證它們。那些理論影響他所看到的和畫的。他跟大家一樣，一開始找的是能確認它們的證據。但最後，他畫的大腦和身體推翻了那些理論，而他選擇相信他的畫。畫是經驗研究的一種形式。光是觀察頭骨、骨骼、肌肉、心臟和心室還不夠，在你畫下它們、揭露它們的形式和連結方式之前，你都不算真正觀察到它們，當然也不算真正了解它們。別的科學家也仔細研究達文西的畫，從他的畫求知。

達文西的一些設計在當時不被接受，但幾百年後證實是可行的，例如他草草畫在某張手稿邊緣的降落傘，還有他為橫跨伊斯坦堡金角灣（Golden Horn）設計的一座優雅木橋。他曾向鄂圖曼蘇丹提過這個建議，但蘇丹認為不可能，予以婉拒。這項計畫消失四百年後重見天日，挪威藝術家韋爾恩·桑德（Vebjørn Sand）決定將它付諸實行，用這個設計取代挪威一座人行天橋。這座優雅的拱形結構在2001年啟用。

達文西不是唯一一個用畫當經驗研究方法的人。雖然歌德（Goethe）是文學家，以小說、劇本、詩作聞名，但他也是畫家。他認為最能表達他的想法的是畫，而非文字。他熱愛大自然和大自然裡的一切，愛大自然本身，也愛它有如寓言。他跟達文西一樣，也相信自然會透過它的形式透露其功能，還有畫是發現形式和功能的方法。他同樣受形式的相似性吸引，並以此推測功能的相似性。

藝術家保羅·克利才華洋溢，畫了很多充滿創意又耐人尋味的畫作。但他真正著迷的是「動」，他的很多畫也是對動的研究。他用畫捕捉動的精髓，也用畫了解動的本質。當代藝術家潔瑪·安德森（Gemma Anderson）融會歌德和克利的繪畫技巧，以這些技巧為發現的工具，用它們觀看、思考、訴說、畫畫。她與一個由生物學家、拓樸學家和其他專家組成的團隊合作，一起探索形式和它們的形成。這些計畫以繪畫和雕塑的形式進行，既推進了科學，也創造出藝術，兩全其美，相得益彰。

II. 用畫的來理解和學習

達文西的技巧對很多人都有幫助，不只適用於少數天才或腦袋複雜的科學家。把概念畫在紙上也有助於一般人了解科學，對小孩子來說也是如此。我們的研究顯示：學生學科學時，若能為科學現象創作視覺說明，學習效果會比寫課堂上典型的文字說明更好。我們的實驗方法是：教一群國中生一個

圖9.1 │ 學生對化學鏈的視覺說明

圖9.2 │ 學生對化學鏈的視覺說明

有點難度的STEM概念——化學鏈。確定他們是第一次學這個概念後，我們先用一般方式教他們：用課本、講課和討論進行教學，每個過程都用大量視覺資料。等他們學會之後立刻進行測驗，看看他們對分子結構和化學連結的過程掌握了多少。我們把他們分成兩組，請一半的人用視覺方式說明，另一半的人用文字說明。接著，我們對他們的知識和理解進行第二次測驗。第一個令人驚訝的發現是：儘管兩次測驗之間沒有再次教學或學習，兩組學生在第二次測驗中都進步了。光是自己說明化學鏈一次，學生的知識和理解就會進步。第二個令人印象深刻的發現是：畫視覺說明的學生，進步得比寫文字說明的學生更多。我拿其中兩個視覺說明當例子，一個在〈圖9.1〉，另一個在〈圖9.2〉。你一眼就能看出它們是學生自己想的，不是照搬他們在課本或課堂上看過的圖或其他視覺資料。你也會馬上注意到圖裡有趣的比喻，一張是鯊魚捉電子，另一張是線條人開心地給電子。這些圖交織成敘事，變成一段過程的故事。這裡跟之前一樣（之後也是一樣），重要的是圖而不是文字，字看不清楚沒關係。

現在，我們來自由猜測一下：為什麼畫視覺說明，要比寫文字說明更有助於理解和學習？第一個原因你現在應該已經很熟悉了：把世界中的過程對映到頁面空間，比對映成文字更直接。圖的另一個優點是：它提供檢查完整性的機會。（全部都說明了嗎？有沒有漏掉哪個部分？）圖也提供檢查一致性的機會。（這樣畫說得通嗎？）達文西之所以用畫思考，很可能也是因為圖有這三個特點：直接對映、檢查完整性和檢查一致性。除此之外，圖還有第四個特點：它提供推論的平台。

III. 用畫來創作

事實是：在現在這個紙張價廉的時代，藉畫畫來思考的情況隨處可見，有時是一個人畫，有時是一群人一起畫。餐巾紙就很好用，交談時隨手都能

抓到一張，科學家用，橄欖球教練用，工程師、發明家、數學家、舞台設計師、建築師、商業創新家、專利律師，還有很多職業的人都這樣用。我還看過一篇文章的標題是：「投資需要知道的事，全都能寫在餐巾紙上。」有些網站和書籍專門收集餐巾紙圖解，也有些網站和書籍教你怎麼畫和使用餐巾紙圖解，你可以自己找來看。你還可以參加餐巾紙圖解比賽。《建築實錄》（*Architectural Record*）從2010年起就贊助這種比賽，選拔畫得最好的餐巾紙圖解。有些科學實驗室有系統地用畫圖或圖解追蹤進度。不論是理論性研究或經驗性研究，都用問號表示過程中的未知事項，希望後續研究能解決這些問題。

　　建築和設計都需要畫畫。設計圖是畫，建造建築的指示是畫，營建計畫也是畫。在實務上，建築師、產品設計師和其他很多職業，都得仰賴各式各樣的畫、照片和模擬圖。這些圖各以不同方式注解，依使用目的而定。畫是設計師和工程師的思考工具，他們藉此將模糊的想法化為具體，也藉此檢查這些想法是否一致以及可行與否。據說設計師會與他們的草圖對話：思考、畫畫、觀看、再思考、再畫……一再修正。這種對話是可以觀察和研究的。方式是請設計師在設計當下或事後回顧時說出想法，再把設計各階段的思考、畫和看連結起來。由於設計本身主要是眼、手和紙上標記的互動，回顧報告效果較好，因為這種方式不會干擾他們思考。從設計師的報告裡，我們看到設計過程中很迷人的面向。

　　我們希望捕捉到設計開展的過程，藉此一窺設計的基礎。為此我們找來兩位經驗老道的建築師，以及七位新手建築師，請他們設計一座位在山腰的美術館。這間美術館要收藏一百幅畫，附雕塑公園、售票處、咖啡廳、禮品店、停車場等等。我們拍下他們畫草圖的過程。其中一張設計草圖在〈圖9.3〉。你看得出來它是梗概，塗寫斑斑，結構和外型都很模糊，簡單來說：圖畫得不甚明確。不過，模糊正好是創意思考的關鍵，因為模糊容許、甚至鼓勵重新

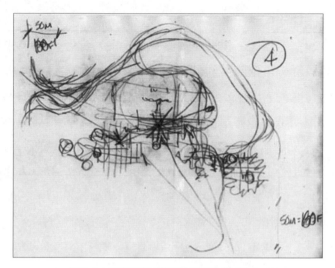

圖 9.3 ｜ 建築師為美術館畫的初步草圖。

詮釋。同理，抽象也扮演類似角色。設計時間結束後，研究人員與設計師一起重看錄影，只要看到他們下筆做標記的鏡頭，就問他們當時在想什麼。接著，研究人員仔細把設計師的陳述分段，分段依據的是陳述所表達的內容：形貌、空間關係、功能關係、背景等等。同樣內容的段落連在一起，即使它們原本是分開的。設計師陳述他們當時琢磨的大致想法，以及思索時的洞視和變化。

結果發現，專家建築師和新手建築師有兩項重大差異：新手建築師的大部分觀察和洞視是關於知覺關係（perceptual relation），而建築老手的思考大多是關於功能關係（functional relation）。此外，建築老手的思考多半與其他思考連結。知覺關係指的是直接而明顯出自草圖本身的關係，如形貌、模式或主題。功能觀察則需要從草圖做推論，常常是把草圖動態化。這些觀察無法直接從草圖看出，例如交通動線，或是一天或一年的光線變化。簡言之，新手能看出草圖、設計圖和其他圖像裡已經有的東西，並從中思考，而透過

圖去想像不在圖裡的東西，則需要天分或專業。這項差異也是專業與否的關鍵。不只設計建築是這樣，棋藝、工程和音樂的專業差異也是如此。

這幾位設計師經常提到：他們原本是出於某個原因畫了某處，但後來又看這個地方時，他們看出了新東西。他們在自己的草圖裡得到出乎意料的發現。換言之，他們重新詮釋了自己的草圖。事實上，我們都能得到很多出乎意料的發現。仔細分析專家的陳述後，我們發現：在建築師重組（regroup）草圖裡的要素時、看出新模式時，還有新的組織方式浮現時，往往會出現非預期發現。感知上的重組啟動良性循環：重組帶來新洞視，新洞視又帶來重組。請看〈圖9.3〉，那也是一位經驗老道的建築師畫的草圖。它充滿不確定，而正是這些不確定，為重新組織、新洞見和發現留下空間。電腦軟體輸出的高精準構圖，反而無法為他們引發新詮釋。

為直接檢驗這個解釋，我們想出一般人也能做的任務。我們設計了一些

圖9.4 | 我們請參與者一次又一次看這些簡圖，試著對它們提出新詮釋。

270

充滿不確定的草圖，如〈圖9.4〉所示。

　　我們找了一群大學生當受試者，請他們一次又一次地看每張簡圖，每一次看都提出新詮釋。我們告訴其中一半的受試者：把簡圖中的部分重組，是尋找新詮釋的好策略。至於另一半的受試者，我們只請他們仔細看。接著他們邊答，我們邊算有幾個新詮釋，直到他們放棄為止。答完之後，我們問他們用的是什麼策略，畢竟受試者未必會照研究人員建議的做（這點大人小孩都一樣）。獲建議重組部分的那一組，有些人並沒有重組部分；而只被告知仔細看的那一組，有些人重組部分。於是我們重新分組，一組是自述有重組部分的受試者，另一組是沒有重組部分的。事實上，自述有仔細看也有重組部分的受試者，找出的新詮釋是沒有仔細看部分的將近兩倍。他們也堅持得更久。這或許是因為專注不同部分有助於產生新詮釋。

　　追蹤性研究顯示：有經驗的設計師比一般人更善於發現新詮釋。我們因此開始研究：除了專業之外，還有哪些能力能發揮這種效果？於是在另一個實驗中，我們發現可以從兩種彼此沒有關連的能力，預測新詮釋的數量。其中一種能力是：在更大、更複雜的構造中，看出特定外觀的孤立圖形的能力。測試這種能力的測驗叫嵌圖（embedded figures）。這種技能是知覺的，需要仔細檢視部分。另一種能力是找出字詞之間的遙遠關聯。舉例來說：哪個詞跟「寡婦」、「咬」、「猴子」有關聯？答案是蜘蛛。哪個詞跟「睡」、「垃圾」、「豆子」有關？袋子。哪個詞跟「鴨」、「摺」、「錢」有關？帳單。這種技能是言語的或聯想的，需要擴散性思考（divergent thinking）。換言之，一種能力是知覺技能，另一種能力是認知技能。第一種是由上而下的，第二種是由下而上的。這兩種技能整合在我們的「建構性知覺」（constructive perception）裡，亦即為尋找意義而重組外在表徵。擁有其中一種技能就能想出更多新概念，兩者皆備則益處加倍。在涉及眼、心和頁面標記的對話中，建構性知覺似乎是成功的關鍵。

　　我們後來試著以其他策略增加新詮釋。我們發現：讓受試者交錯看不同簡圖，比讓他們重複看同一張更有幫助。交錯或間隔呈現同一張簡圖，或許有助於想出新關聯，這種現象與培養（incubation）有關，與擺脫固著也有關。在創意發想和問題解決中，這種效果人盡皆知。有趣的是：在學習上，間隔練習的效果也比單次大量練習更好，原因或多或少是一樣的。

　　重組部分是由下而上的知覺策略。由於建構性知覺同時牽涉知覺技能和認知技能，我們推測：由上而下的認知策略，應該也有助人們想出更多詮釋。於是，像先前一樣，我們請受試者看每張簡圖多次，並請他們每次都提出新詮釋。我們請其中一組採用由下而上的策略，指示他們重新組織、調整或組合簡圖，盡量用不同的方式看它們，以便想出新詮釋。我們請另外一組採用由上而下的策略，指示他們思考新領域、新設定、新種類的物體或生物，以便想出新詮釋。最後一組是無策略的控制組。在這個實驗裡，只有採用由上而下的策略那組，想出的新詮釋明顯多於無策略的控制組。我們認為，這是因為一般成年人具有豐富的由上而下知識，所以對他們來說（對我們也是一樣），發想新範疇、新事件、新設定，並運用它們重新詮釋在不同脈絡的東西，相對來說比較容易。從另一方面來說，對於重構和重組不明確的簡圖，一般成年人不太可能有豐富的練習和經驗。因此，一般人能輕易採用由上而下的策略，可是採用由下而上的策略時，就沒有那麼得心應手。由下而上的策略是運用在我們眼前的頁面上的世界；由上而下的策略則是從頁面回到心，而心中儲存的大量人、地、事、範疇、轉換、網絡和策略，全都能用來產生新概念。在接下來尋找創意的關鍵的過程裡，我們會把討論停留在心。

IV. 創意

　　達文西有創意，建築師有創意，設計師有創意，我們其他人呢？我們很

多時候需要即興發揮：鞋帶突然斷了；食譜上的某種材料沒了；行李的把手掉了。即興發揮指的是找出辦法解決問題，而辦法常常是用別的東西替代原本的東西（或者說，以不常見的方式使用常見的東西），例如用安全別針或迴紋針把鞋帶連上，用醋替代食譜上的檸檬，或是綁條繩子暫代把手。為常見的東西找出新用法，是設計課的暖身運動，就像彈鋼琴練音階或踢足球練腳法一樣。有沒有什麼策略，能讓我們為東西找出更多用法和創意用法？我們擱下外在世界的草圖，轉而探索心中的草圖。

我們似乎擺脫不了我們的時代精神。21世紀時代精神的兩個關鍵要素——創新和心——也踏進研究領域。現在每個人和每個國家都想創新（有些人甚至用從哈佛輟學當創新策略——看看比爾・蓋茲多成功！），每個人也都想強化心的力量，用的方法有些是合法的，有些不是。現在不論是文章或節目，只要提到心，立刻能引起注意。它們談的可能是正念（mindfulness），也可能是心神漫遊（mind wandering），大家兩種方法都想了解、也都想嘗試，卻沒發現兩者是矛盾的。先說重點：不論是創新或心，關鍵都在觀點取替（perspective taking）。你大概發現了：觀點也是我著迷的主題。

很多研究宣稱心神漫遊有助於創意，據說這種方法能讓人想出常見事物的新用法。如果的確是這樣，那真是好消息，因為我們一直希望（也夢想）做白日夢對我們有益。你不妨跟棒球教練講看看。或是跟五年級老師講看看。好吧，也許「心神漫遊能增加點子」這說法不無道理，畢竟心神漫遊讓想事情的人不固著，不在同一個癥結鑽牛角尖，而人人都有鑽牛角尖的時候，連專家也不例外。就讓心飛馳吧，想飄到哪裡就飄到哪裡，休息一下，散散步，這有助於引起新聯想，而其中某些聯想可能啟發新的思考方式。然而，心神漫遊（或漫遊世界）隨機產生的聯想，未必與你的問題有關，也未必有建設性。心神漫遊也許能讓你跳出窠臼，但它無法讓你回到正軌，也無法提供找出新解方的好策略。

　　保羅‧安德魯是眼光卓越的建築師，巴黎戴高樂機場便是他設計的，他還設計了很多令人驚艷的機場和公共建築，在世界各地超過四十座。我有一次問他：「你都從哪裡開始？」

　　「從裡面開始。」他說。

　　他的意思是他從你開始。你必須離開你目前的位置，並輕輕鬆鬆地被引導到你該去的地方。身為設計師，你必須從你無法設計的東西開始──從使用你的設計的人（或生物）開始。不論是做環境規劃的設計公司（如IDEO）、為偏遠地區設計淨水系統、為發展中國家設計廉價燃料，還是重新設計購物車或電子設備，都需要用「以人為中心」（human-centric）這種方法進行設計，我們稱它為**共感式設計**（empathetic design）。設計者會仔細研究一群使用者的情況，觀察他們實際上怎麼做，並思考哪種新產品或服務也許能改善他們的生活。共感的觀點確實能提供有效的研究策略：想想人的生活，採取使用者的觀點。

　　我們從標準擴散性思考任務出發（為常見的東西找新用途），比較了心神漫遊和共感思考兩種策略。我們預先試過選用的東西，確定大家可以為它們找出新用途。我們的實驗挑的是雨傘、鞋子、掃把、椅子、手電筒和手機。我們請受試者盡可能為每樣東西想出新用途，越多越好。心神漫遊組要做的是讓心漫遊，共感組要做的是想像不同職業的人（園丁、藝術家、消防員等等）有何反應，思考他們可能用哪些新方式使用這些東西。換句話說，我們請受試者從這些職業的人的觀點，去想這些東西能有什麼新用途。因為大家對這些職業都不陌生，所以受試者不難設想他們的觀點。我們如實告知兩組受試者：推薦給他們的策略（心神漫遊和共感思考）已證實有效。我們也安排了不給策略的控制組。

　　結果共感觀點組輕鬆勝出，心神漫遊組的表現沒有比控制組更好。事實上，很多控制組的人說他們只是讓心漫遊。雖然兩種作法似乎都能讓人擺脫

固著，但只有共感方法有助於發現新用途。採取別人的觀點，能讓人想出更多新用途，以及更多有創意的新用途。「有創意的用途」指的是只有一個人或少數幾個人想到的點子，例如：用雨傘當烤肉串或首飾；用鞋子當寵物鳥外出箱或隔音器；用手電筒當肉槌或調酒瓶。對於從藝術家說起、也會以藝術家結束的這一章來說，很切題的是：最有創意的觀點是藝術家的！藝術家從任何東西都能創造出藝術。

IV.1 觀點取替

共感法並沒有辦法解決所有的設計問題，當然也無法解決達文西面對的某些大自然的挑戰，例如治水和抵抗風災。共感法的核心是觀點取替，在上述實驗中，是取用不同職業使用者的觀點。觀點取替和觀點切換（perspective switching）的應用範圍都很廣，廣到幾乎能應用到任何方面。雖然進行思考和創作的是人，但取用的觀點未必一定要是人類的。有數學家講過，他們的解題策略之一是：用幾何學的方式看代數問題，或用代數的方式看幾何問題（達文西很懂幾何，再度切題）。

仿生學（biomimicry）鼓勵新觀點。建築師和設計師都用仿生學得出不錯的成果，而且它們既討人喜歡、又功效卓越。蝸牛啟發樓梯；鯊魚皮膚上的小「鋸齒」啟發一系列競賽用泳衣；鳥喙啟發日本子彈列車的車鼻。更有名的是瑞士阿爾卑斯山上的芒刺，這種總是沾上登山者褲子的小東西啟發了魔鬼氈。

改變媒介也會改變觀點。銅、鐵、鋁、鐵弗龍、鋼筋混凝土、鈦和矽，全都帶來創新。有的建築師變成手藝超群的糕點師，他們的作品美得出奇，讓你捨不得入口。放眼歷史，技術的進展也經常改變觀點、改變思考方式、改變生活方式：火；農業；輪子；拱；懸臂：書寫；數學符號；印刷術；羅盤；廉價的紙；蒸氣機；電；網路；望遠鏡；顯微鏡；X光；斷層掃描；穿

隧顯微鏡。最後幾樣名符其實地帶來新觀點，讓我們能用新方式去看。一開始時，這些新物質、新技術、新觀看方式只是取代傳統用具，但它們沒多久就開啟新用法。請想想iPhone，我們現在很少用它講電話了，但它多了好幾千種別的用途，有些是無意為之也絕對不推薦的，例如迎頭撞上車子或別的路人。

孔恩（Kuhn）說的科學典範轉移也是觀點改變，名符其實的觀點改變：從托勒密天動說到哥白尼地動說；從亞里斯多德物理到牛頓力學，再到愛因斯坦相對論。「過程」的概念一直是很多科學的基礎（亦即從開始階段到一連串事件，最後以結果集大成），生物學也是如此。過程是不錯的故事，有開端、中段和結尾。然而，把生物學視為過程的觀點，阻礙了我們看見和認識恆定，而恆定也是生物學、工程學和其他科學的核心。恆定是一組事件不斷循環，沒有起點，也沒有終點。改變一再被相反的改變扭轉，讓「結果」維持穩定狀態。原型案例是恆溫器：溫度低於設定值時，開啟暖氣；溫度達到設定值後，關閉暖氣；溫度太高時則開啟冷氣。沒有開始，也沒有終結（除非你關掉它）。

再舉另一個例子。這個例子很生動，是辛達塔‧穆克吉（Siddhartha Mukherjee）在《紐約客》上發表的。主流比喻一直將治療癌症視為戰爭：外來細胞入侵身體，在體內建立殖民地，接著擴散，進一步攻擊其他器官。癌症被當成殘酷無情的死敵，非消滅不可。消滅它們的武器有手術、放療和化療。我方當然會有附帶損害，但戰爭就是如此。直到最近才有研究者提出不同觀點：有些癌症雖在體內著床（implant，請注意用詞的變化），但不會擴散。在解剖非因癌症過世者的時候，有時會在他們體內發現很多這種殖民地。耐人尋味的是：為什麼這些癌症會殖民，但不會擴散呢？於是出現新的比喻：癌症有如種子，它需要合適的土壤才能生長。如果是這樣，我們就該把重點放在土壤。改採土壤的觀點帶來新的研究方式和新療法：破壞土壤。

V. 預測與觀點取替

　　我們接著來看預測未來，談談超級預測家（superforecaster）。保持耐心，我們馬上會告訴你什麼是超級預測家。你或許已經猜到了：跟觀點取替有關。菲利普‧泰特洛克（Phil Tetlock）多年以前開始研究職業預測家，也就是以預測明年或十年後的變化為業的人（主要是預測政治和經濟趨勢）。未來對經濟學家、商人、政治人物十分重要——對我們每一個人也都很重要。可是，經濟和政治事件出奇難料，哪些歌曲、電影、推文、書籍會紅也同樣難料。天氣當然也難以預測。泰特洛克前後花了十年，研究很多位收入豐厚、自稱能預測未來的專業預測家，但他發現，他們的預測並不比猴子擲飛鏢更準。（為什麼他們這麼不可信，卻有人付錢向他們徵詢建議呢？）然而，儘管結果如此（可能也正是因為結果如此），泰特洛克和他的團隊改變了觀點。他們開始好奇：有沒有人**真的**擅長預測呢？此後，他們辦了好幾次預測比賽（現在也還在辦）。泰特洛克他們向這些志願參賽者提出可驗證的問題，例如：到20XX的時候，X國的GNP會是多少？Z國在20ZZ年會不會爆發革命？結果發現：少數幾個人真的預測得比瞎猜更準，也比別的人更準，而且不只一次，是好幾年都如此。這些人是超級預測家。

　　研究者當然想釐清這些超級預測家為什麼這麼厲害（我們其他人當然也想知道）。的確，他們都受過教育，也很聰明，但遠遠算不上出類拔萃。的確，他們非常關注新聞。的確，他們對可能性感覺敏銳，不只會講「一定」、「可能」、「不可能」而已。的確，他們喜歡挑戰、有好奇心、想法開放。他們也都很努力。有趣的是，他們都很謙虛。他們知道世界有多麼不確定。

　　可是在我（不無成見地）看來，他們最重要的特質是觀點取替。他們會仔細建構支持自身直覺的分析。首先是確認偏誤。事實上，用確認偏誤起步並不壞，反正要是找不到強烈支持，拋掉它就好了。接著，他們會挑戰自己

的分析：這種看法可能出什麼錯？有沒有漏掉什麼？透過刻意採取相反的立場，逐漸消除確認偏誤。他們會問：政治或經濟領域的張三、李四或其他知名專家，會怎麼預測呢？照甲、乙、丙或其他理論，會怎麼評估這種情況呢？超級預測者的想法夠開放，容許在得知別人迥然不同的分析後，改變自己的預測。

做過類似建議的不乏其人。史瓦茲（Schwartz）在《哈佛商業評論》（*Harvard Business Review*）講過：「永遠要挑戰自己的信念。」他稱此為「深化」（deepening），除此之外，他也認為人該「加寬」（widening，採取多元觀點）和「加長」（lengthening，考量長期結果和意義）。

觀點取替不只對創意和解決問題很重要，對人生也很重要，畢竟人生很大部分是在解決問題，也需要創意。國際外交和內部溝通都需要觀點取替，在家裡、在職場、在街上也需要觀點取替。角色扮演是觀點取替，認知行為治療是觀點取替，同理心也是觀點取替。我的意思不是觀點取替很簡單，它常常十分困難。確認偏誤可能阻礙觀點取替，自我保護可能阻礙觀點取替，情緒也可能阻礙觀點取替。觀點取替並不保證成功，但它是個好方法。它也許很難，但它最後真的能克服偏見、化解情緒、保護自己。

我們已經看到很多尋找新觀點的方式：重組部分；採取其他觀點（可以是其他角色、地點、事件、分類、生物、物理過程或物質的觀點，也可以是其他研究方法、學科、國家、哲學、宗教、意識形態的觀點）。當你自己的對手，挑戰你自己的觀點。採取其他觀點的方式還有很多，有些與我們已知的東西有關（可能是從生活中得知的，也可能是透過學習得到的），所以，我們常常只需要提醒自己這樣做而已。

VI. 觀點：內在視角和俯視視角

現在，我們可以跳向俯視視角，從更寬闊的層面看不同觀點。尋找不同

觀點的方式很多，其中一種是探索周遭世界——概念的世界。這個探索循著一條穿過概念空間的路而行，空間裡的每個地點都提供不同觀點。這是內在視角。還記得吧？心最大的特色之一是：運用從內對於世界的探索，創造一張彷彿從上俯視的地圖。俯視能一網打盡很多視角，數量遠比從任何視角看到的都多。現在請想想認知第一定律：有所得必有所失。廣闊的俯視觀點必定遺漏內嵌觀點的很多細節。俯視觀點的「得」是抽象。俯視保有每個地點和觀點的核心特色，但遺漏細節。個別特徵消失，留下來的是整體特徵。俯視顯示的是地點之間的關係（在這裡是概念之間的關係）。

總結來說，發現新觀點的方式有：

四處移動：採取別的人或物的觀點。

向上移動：抽象化——尋找觀點之間的共同點；尋找觀點之間的連結。改變共同點、特徵、界限。改變關係。重組並重複。

VII. 藝術與人生

現在，讓我們從心回到頁面，回到草圖和藝術。安德蕾‧康托維茲（Andrea Kantrowitz）不只是位藝術家，她也研究其他藝術家的作法。她運用我們研究建築師的方式：拍下九位饒富經驗的藝術家的作畫過程，隨後與他們重看影片，請他們談談作畫時在想什麼。她試過在他們作畫時與他們交談，但談話會干擾作畫這個非言語的過程。作畫時，藝術家沉浸於一場無聲的對話，一場心、手和頁面上的筆觸的對話。康托維茲則是從外觀看，在藝術家填滿頁面時錄下他們的手部活動。手用標記填滿空間的模式，透露出有趣的風格差異：有些藝術家重複回到已經畫過的地方，有些藝術家一路直奔，很少回頭修改。但他們都在探索。

重看錄影時，藝術家對作畫過程提出很多說明。他們把作畫看成旅程，他們解釋說自己在做的是探索，不是漫遊。剛開始時，他們邊畫邊感覺作畫

方向，筆觸是實驗性的，很容易改變或畫成另一個東西。此時尚未確定方向。不過，這些藝術家已經從經驗中得到信心，知道遲早會有新東西從筆觸和探索裡冒出來，即使它們並不在計畫之中（或者說，正是因為它們不在計畫中）。這些藝術家說，他們會讓自己迷失或犯錯。有幾位是故意迷失，刻意讓自己陷入困境，這樣才不會挑容易的路走，也才能發現新路。有幾位說他們進入另一個世界，一個能安全探索的世界。而作畫過程就像旅程一樣，他們有時候會發現自己轉錯了彎，於是回到犯錯的地方，重新來過。大多數人會發現錯在哪裡，並加以修改。修改方式有時是擦掉，但也有人寧可留下錯誤，讓它們成為這幅畫的一部分。最後，畫作開始露出形貌。他們說：到這個時候，畫會反過來對他們說話。他們對自己見到的感到驚喜，也深感興奮。他們會發現很多把部分組合成整體的方式。形式逐漸冒出（請注意：不是他們主動想出來），使他們注意到需要填上哪些空間，從而將它們填上。畫作完成自身。

　　這是一趟探索之旅，不是漫無目的地遊走，但也沒有既定目標，它是即興發揮的，也許會轉錯幾次彎，錯過幾個地點，但這是一場發現之旅。在創作新建築、新產品或開發新事業時，設計者走的是同樣的探索與發現之旅。在解決問題時，科學家、偵探、數學家、分析師，以及我們所有人，走上的也是同一場探索與發現之旅。對藝術家來說，作畫不只是旅程，更是故事，有開端、中段和結尾，充滿曲折、扭轉、情緒起伏、變動、驚喜、失望、挫折、不確定、發現、興奮和懸疑。創作都是這樣。人生也是如此。

10 世界是圖示

The World Is a Diagram

我們在這一章會看到：我們在空間裡的行動設計世界；設計創造抽象模式，這些模式不但吸引眼睛注意，也傳遞資訊給心；動作抽象化為手勢，作用在思考上，模式則化成圖示傳遞想法。空間裡的行動創造抽象（*actions in space create abstractions*），這個螺旋稱做「spraction」。

城市是有無數部件的機器，而這些部件由人的姿勢累積而成。
——R・索尼特（R. Solnit）與 J・傑利・沙皮羅（J. Jelly-Schapiro）合編：
《不休之城：紐約市地圖集》（*Nonstop Metropolis: A New York City Atlas*）

圖 10.1 | 心設計世界。

圖 10.2 ｜ 大自然設計的世界。

I.設計世界

我讀小學的時候，上學路上會經過一棵大橡樹，樹幹低處有兩個突出的直角彎枝。據說那是波塔瓦托米族（Potawatomi）在18世紀末留下的路標。那棵樹在一座大公園裡，公園裡還有另一棵樹在幾年前被彎成路標。雖然公園保留了一塊塊野地，但還是有鋪好的步道、一座棒球場和一座滑冰場（我曾在一週之內在那裡摔斷手兩次）。公園修得齊整，四周方正，旁邊是一排一排的小屋、我的小學和幾間商店。

〈圖10.2〉是大自然設計的世界（除了柏油之外）。再看看〈圖10.3〉，那是我們周遭現在的樣子。現在要找未經人工斧鑿的地方，已經非常不容易。我們的世界，已經變得跟我們四處漂泊的祖先的世界很不一樣。在屋子裡，我們把書排在書架上，把碗盤擺進櫥子，把工具放入箱子，用抽屜和衣櫃收納衣物。我們不只是把它們往書架或抽屜一擺，還會分門別類，大類別底下

圖10.3 ｜我們設計的世界。

又分出小類別。盤子擺進櫥子，再依大小疊好，碗也一樣。分類裡還有分類，層級中還有層級。毛衣擺一個抽屜，襪子和內衣擺別的抽屜，這些抽屜又擺進衣櫃。有概念上的容器和邊界，也有具體的容器和邊界。書可以依主題排列，也可以依出版年月或尺寸排列。書放在一個房間（房間也是大盒子），碗盤放另一間，衣物又放另一間，每個房間都有不同主題，不同的東西依閱讀、做飯、穿脫衣物等目的各自放在一起。著裝時，我們分別為上身、下身和腳選擇不同穿著。擺餐桌時，我們為每一個人放上盤子、餐巾、餐具和杯子。一個對應一個。

　　屋裡是這樣，我們再看看屋外（〈圖10.4〉）。城市是街道的模式，建築沿路排列，又依照住宅、商業、文教、休閒等功能分區──又是分類。建築上有一排一排的窗戶和陽台，你可以立刻看出它們有對稱、重複和一對一的對應。這些模式是我們手的動作創造的。這些排列帶有資訊，這些資訊不需

圖 10.4 │ 義大利帕多瓦（Padua）的百草廣場（Piazza delle Erbe）市集。

文字，而且嬰兒、孩童和外國人都懂。這就是空間的語言。

認知第九定律：我們依我們組織心裡的東西的方式，來組織外界的東西。不但世界反映心，我們之前也看到：心也反映世界。這個循環是實實在在的螺旋。

II. 設計自己

我們設計又設計的不只是世界，還有我們自己。首先是身體。人類穿上衣物的年歲已不可考，原本是為了保暖或保護自己不受傷，後來是為了裝飾身體。在很久很久以前的考古遺跡裡，我們已經能看到身體的裝飾、顏料、面具和珠寶。古人使用這些物品的原因隨人猜測，很多人也猜過了。我小時候在芝加哥菲爾德自然史博物館（Field Museum of Natural History）看過一排銅像，當時看得入迷。那些銅像描繪的是全球各地的人，有的民族為頭重新塑

形，有的民族鑿齒，有的民族在身體上彩繪，有的民族用一個個銅環拉長脖子，長到不能拿下銅環。纏足雖然已經在中國消失超過一個世紀，但芭蕾舞者和想成為芭蕾舞者的人，還是會把腳綁起來。年輕女孩總巴望著穿耳洞，這彷彿已經成為少女的成年禮。一個世代厭惡的，另一個世代可能覺得很酷。刺青既古老又新潮，現在像時髦衣物或髮型一樣，成為快速發展的藝術形式。

II.1 移動得更遠，也更便捷

　　為美而做的設計（或者說，為美的文化印象所做的設計）固然重要，但另一類設計更加重要——為提升感知世界、在世界裡移動、在世界裡行動的能力所做的設計，亦即提升知覺、腳和手的能力所做的設計。人類很早就開始穿鞋。牧人從遠古時代就用枴杖助行；母親用手或背巾帶孩子；人們把籃子放在頭上、背在背後、拿在手裡，或是用扁擔扛在肩上，小心翼翼保持平衡。王公貴族出門乘轎；平民百姓或是坐在家人的臂彎或肩膀移動，或是坐手推車或雪橇代步。我們那些沒有車子的祖先，靠馬匹、駱駝、驢子、狗和馴鹿，到達用腳走不到的遠方。而現在，為我們完成這些任務的，變成嬰兒車、輪椅、機車、溜冰鞋、飛機和火箭。

　　還記得漢斯·羅斯林講的吧？提升經濟級數的關鍵，是能在世界上移動得更遠。第一級時，你只有腳。想爬上第二級，你必須有腳踏車；第三級需要摩托車，第四級需要汽車。能在世界上移動得更遠，帶來的遠遠不只是經濟機會。在世界上移動得遠能開啟新視野、增加新觀點、帶來新知識。移動得遠意味著認識更多地方、更多人和更多事。移動得遠代表你知道更多條路，你的地圖也更大。移動得遠能拓展所有機會。長久以來，科技發明的目的是讓更多人能移動得更遠。有些人甚至到了月球，而其他人看著他們上月球。

　　妙就妙在這裡：我們現在甚至不必離開安樂椅，都能嘗到移動得遠的

成果。在某些科技讓我們移動得越來越遠的同時，另一些科技讓世界離我們越來越近，近到我們當下身處的位置。很久很久以前，只有富有的人負擔得起通信，但現在我們不但可以即時通訊，而且只需動動指頭（這倒是好壞參半）。電話曾經是驚天動地的發明，可是在影音科技提升之後，電話也被行動裝置取代。我們的身體現在根本不必動，就能靠智慧型手機、擴增實境和虛擬實境暢遊全球。如果我們需要動（醫生也建議如此），我們可以在健身房的跑步機上動腳，不必去比健身房更遠的地方。而在跑步機上，我們可以自己挑虛擬世界觀光，想去不必爬的馬丘比丘？沒有交通阻塞的曼谷？還是沒有空氣汙染的北京？任君選擇。如果需要人際互動，我們可以用影音通訊跟遠方朋友敘舊，也可以開視訊會議跟相隔萬里的同事討論。換句話說，能用虛擬方式帶我們到天涯海角的設備和高速網路，也是另一種移動工具。高速網路和高速噴射機，你比較想用哪一種呢？另一方面，擴增實境和虛擬實境裡的經驗，也可以被實際行動和實際感受提升。所以在我們暢遊虛擬的馬丘比丘時，我們感覺得到腳下有石礫，也能嗅出空氣稀薄——而且免受高山症之苦。

我們提升了在空間裡移動身體的能力，也提升了感知和手部動作。現在，我們很多人不戴眼鏡很難行動自如。眼鏡、望遠鏡和顯微鏡提升了我們看的能力，讓我們看得更遠，幾乎能看到宇宙盡頭和時間初始。它們也讓我們看見微小的東西，幾乎能看到宇宙裡組成萬物的基本粒子。當然，這些粒子不斷在動，天體物理學家必須深入地下洞穴捕捉它們。麥克風和助聽器提升了聽覺。義肢、義手、機器人和其他裝置提升了手部動作。這些發明數不勝數，而且越來越多。

II.2 提升心智

提升世界、行動和感知固然重要，提升心智更加重要。教學、合作、教

育都相當倚賴人際互動，在生命早期就已開始。雖然只要有人就能進行這些活動，但運用書本、玩具等等效果更好。樹枝和石頭也是不錯的「教具」。人會模仿，看小孩子模仿大人往往很有趣。黑猩猩和倭黑猩猩也會模仿，牠們藉由模仿來彼此學習。只要有一隻黑猩猩想出撬開堅果的好辦法，其他黑猩猩就跟著模仿。不同的黑猩猩群落會發展出不同的辦法。有趣的是，雖然黑猩猩會模仿另一隻成功的黑猩猩，但對於能以同樣方式達成同樣目的的機器，牠們不會去模仿。

不過，黑猩猩不會教導彼此，人類會。教學的基礎在幼年即已就位：遊戲。交錯擊掌之類的遊戲不只需要模仿，也需要掌握節奏、同步和變換，輪流出招，像對話一樣。這類遊戲也需要合作，玩的人必須注意彼此的動作，一起參與，一同專心完成任務。人類的教學和合作是由照顧者提升的（值得注意的是，猿類沒有這種現象），照顧者負責示範，也負責引導。在引導和教學上，手勢扮演重大角色，語言則協助這些互動，西方文化尤然。命名遊戲本身有賴一同注意和手勢——用手指或用視線指。值得一提的還有很多，得寫另一本書才講得完。

III. 思考

我們在空間裡行動，在空間裡移動，也在空間裡度過一生。大多數時候，我們是用腳在空間裡移動身體。我們用腳從世界裡的一個地方移動到另一個地方所走的路，不只在地上留下痕跡，也在我們的心裡留下痕跡。路越常被踏過，就變得越明顯，它們成為可以放進地圖的路線。路線和地點構成網絡，如大腦裡的神經元網絡、身體裡的血管網、地面上的河川網、電腦系統裡的資訊網，以及政府中的權力網。常去的地點變成鄰近地區（neighborhood）或中繼，而且會越來越明顯，它們的框又累積更多行動。有時候，整張網會由其中一個框主導（這個框可能是大腦、心臟或總統），於是網變成有單一根

源的樹狀圖。這些模式既是空間上的模式，也是時間上的模式：有節奏的點、線、重複、排序和循環。沒有分開的時間和空間，生產線、編織、音樂、網球賽、打掃房子，莫不如此。它們是一個個動作組成的序列，是時間和空間裡的路線和地點。它們創造出形式，而這些形式被用來表示概念和概念之間的關係。

接下來談手。對物體做動作的多半是手，而且做得相當靈巧。手碰觸、扭轉、舉、推、拉、組合、分開、拿、組織、丟、灑、混、倒、調整、分類、建構、拆解，以上千種方式對物體做動作。在此同時，我們的眼察看、細審、瞥、檢視。請注意這些動詞，因為我們談思考時用的也是這些詞。思考是對心理物體（概念）做的心理行動，而非對具體物體做的具體行動。思考全在心裡。我們接下來談姿勢。姿勢是具體行動，但不是作用在具體物體上。姿勢是對無形物體的行動，亦即對概念的行動，對只存在於做姿勢的人或對話對象（如果有的話）心裡的概念的行動。我相信你記得姿勢的重點：姿勢有助於思考。如果思考是內化的行動，那麼外化的對思考的行動——亦即表現迷你版動作的姿勢——應該也有助於思考。的確是這樣。姿勢不但有助於我們自己思考，也有助於別人思考。

簡圖、圖表、圖示、圖解、模型、卵石、餐巾等各種形式的圖，也是如此。它們外化了思考，因此也推進思考。把心裡的概念從心中取出、放入我們眼前的世界，不僅有助於我們自己思考，也有助於別人思考。把想法放入世界是合作的關鍵，是協同作業的關鍵，是人類社會的核心——彼此配合——的關鍵，也是生存的關鍵。

姿勢和圖都是抽象的。它們縮小、截短、簡化也概化。姿勢並不表現整個動作，只表現動作的一小部分。姿勢很像表示動作的詞，舉例來說：「提高」（lift）沒有說是怎麼提高的，可能是用一根指頭提高、一隻手提高、兩隻手提高、八隻手提高，或是用機器提高、用叉子提高。不論你是從地上提高

一片碎屑，或是提高一台鋼琴，都是用同一個字。如果姿勢擺得對，它其實能更精確地表現是怎麼提高的。簡要地圖畫的是概略路線，省略很多資訊，只留下簡化而變形的資訊。

姿勢跟圖示和其他圖一樣，也用別的方式將想法抽象化。姿勢能在空間中創造整體概況，它們為概念設好舞台。我舉一個因為相當實用、所以常常使用的例子——比較和對照：一隻手把一組想像的東西擺到身體的一邊，另一隻手把另一組想像的東西擺到身體的另一邊。「一方面……另一方面……」（on the one hand, on the other hand）這種表示方式也是如此。欄和列在頁面上，想像的東西在空中。除此之外，你在比較時也會左右指，指的方向各自代表一組獨立的概念。你用手勢就能把比較和對照表現出來，不需言語。再舉另一個例子：沿水平線為事物排序。排的可以是時間中的事件順序，也可以是喜歡的電影、餐廳或棒球隊的排序。你可以比圓圈，代表循環的事件；也可以比向上的垂直線，代表溫度、成就、權力、心情等等。這些又是形式。我說的「這些」指的是頁面上的圖示，還是空中的手勢呢？都是。手勢和圖示都把想法放進世界，它們整理想法，也將想法抽象化。在「思考」這盤棋裡，手勢和圖示都把棋子放上棋盤；在「思考」這齣戲中，手勢和圖示都把概念放上舞台。

我們的生活裡充滿模式和形式。我們的腳在空間中移動所創造出來的有：點、路線、框、網、樹狀、環形。我們的手在設計世界時創造出來的有：框、線、環形（這三個跟前面一樣）、欄、列、對稱、重複，還有一對一的對應。我們將這些模式和形式放上頁面，用它們代表很多種概念，以及概念間的很多種關係。它們變成地圖、表格、圖表和圖示。它們組織我們心理的想法，將這些想法呈現給別人，也幫助我們產生更多想法。在數學、物理學、生物學、化學和工程學裡，我們可以發現更多模式和形式。空間中的模式和形式是這些學問的基礎。它們形塑、轉化、旋轉、平移、拆解也組合。拱和

結晶是如此，巴克球（Bucky ball）和莫比烏斯環（Mobius strip）也是如此。

IV. 人類設計的世界說空間的語言

　　從我們創造和圍繞我們的空間形式和模式裡，可以得到很多資訊。它們本身就充滿資訊。它們告訴我們它們是什麼，還有怎麼跟它們互動。它們也表達抽象——邏輯、數學和電腦科學裡的那種抽象：書架和生產線的線性次序；廚房櫥櫃、衣櫃抽屜和超市貨架的分類和分類層級；為每個人擺餐具的一對一對應；建築物的對稱和重複。房間依主題布置：廚具放廚房；個人保養品放浴室；社交和休閒用具擺客廳。這些組織方式不是大自然創造的，而是我們用心、有意識地以人類行動為人類行動創造的。它們是為某個目的創造出來的。書架、窗戶和建築的直行和橫列構成模式，而這些模式是絕佳的格式塔。它們是表格，也是圖。它們之所以依這些方式排列，正是為了吸引我們注意，邀請我們尋找它們的意義。我們通常能想出它們的意義，小孩子也能，因為到處都看得到它們：家裡的每一個人都有盤子和刀叉，也都有餐點；盤子依大小疊在櫥櫃；床和枕頭在臥室；毛巾和浴缸在浴室。我們在心裡用的是這些組織方式，在家裡用的也是這些組織方式，在街上用的還是這些組織方式。

　　街道還有另一層意義。街道固然是照我們布置住家和超市的方式組織的（依框、線、行、列、次序等等來布置），但街道不只如此：街道有標示，有時候像圖，有時候有文字（但往往沒有）。於是，整個世界變得像一連串的籃球場、高爾夫球場、足球場和棒球場。各種顏色和風格的線條，為汽車、摩托車和腳踏車標出行人穿越道、公車道、腳踏車道、汽車道、單向道、迴轉道和停車場。它們明確標出不同功能：斑馬線是行人穿越道；腳踏車道是綠的；停車場是對角線或平行線，大小依車身而定，像汽車尺寸的框。馬路上的箭號告訴你此處不可轉彎，或必須迴轉。路上畫的腳踏車告訴你這裡是

腳踏車道，車不能開進來，也別在上面溜達。敢跨越雙黃線你就麻煩大了。不論這些線代表的是停車場、轉彎、跨越或禁止跨越，它們都有法律地位。法律是畫在路上的線。法律也出現在不同形狀和顏色的標誌上：六角形代表「停」；三角形代表「幹道車先行」；禁止迴轉和單向道都用箭號表示。紅綠燈也有法律效力：最上面的紅燈代表「停車」，最下面的綠燈代表「通行」。法律居然可以不是文字，而是街道上的線和沿線設立的號誌，實在有趣。

　　世界被畫成圖示。我們已經把我們的集體心智放入世界。世界這張圖是資訊，它告訴你你在哪裡，還有你的周遭有些什麼東西。它告訴你能去哪裡、什麼時候去，也告訴你不能去哪裡、什麼時候不能去。它讓你知道什麼能做，什麼不能做。它控制、引導也協助你在世界裡怎麼移動和行動。從這裡進，由那裡出。如此一來，大家才不會撞成一團。斑馬線和綠燈可以通過；資源回收的垃圾放綠筒，紙類放另一個，鐵鋁罐又放另一個。世界這張圖有標示，像你在超市買的水果一樣。它排成框和線，框有各種形狀，上頭飾以指示行動的顏色和符號。人類設計過的世界是張圖，它以空間裡的地點和標示揭示它的意義，也引導我們的行動。從上朝下的視角是地圖，從裡朝外的視角告訴我們哪裡給人走、哪裡給汽車、公車或腳踏車走、什麼時候該停、什麼時候該走、什麼地方停車、什麼地方進、什麼地方出。在我們的書架上、櫥櫃裡、餐桌布置上和建築上的模式，表達出抽象的概念：分類、層級、重複、一對一對應，以及線性次序。我們怎麼組織世界，就怎麼組織自己的心和人生。

　　我們的行動所創造的模式不是隨機的，它們不像遍地灑落的樹葉、沙丘上的沙痕或森林裡的樹木。它們整齊而規則，有的平行、有的垂直、有的對稱、有的重複。它們圈住東西，也分開東西。它們是世界裡的事物的鷹架。它們不是憑空冒出來的，一定是為了某個原因才出現在這裡，而我們有時不費吹灰之力就看得出原因，我們也運用這些資訊引導自己的思考和行動。

　　地面上的形式和模式，是我們用腳的行動創造的，有地點、路線、環狀等等。建築、餐桌和電腦螢幕上的形式和模式，是我們用手的行動創造的，有行、列、堆疊、次序、嵌入、對稱等等。這些形式和模式是很好的格式塔，它們既吸引眼睛注意，也傳遞資訊給心。我們將這些行動和模式跟創造它們的事物分開，再運用它們代表別的東西。它們能代表的東西很多，是非常有用的行動和模式，它們在頁面，在空中，也在世界裡。我們用手在空中比畫的手勢，將創造這些形式和模式的行動抽象化。它們把對實際物體的實際行動，變成對想像的物體——概念——的概略行動。於是，它們變成對思考的行動，對任何一種想法的行動。我們用手在頁面上畫的圖示，將我們用來整理世界裡的物體的模式抽象化。我們用它們在頁面上整理想法，創造有助於思考的思考工具。為每一個人。這一切全都起於我們在空間裡的行動，是一個向上的螺旋，謂之「spraction」——**空間裡的行動創造抽象**（*actions in space* create abstractions）。

認知九大定律
The Nine Laws of Cognition

認知第一定律：好處必有代價。

認知第二定律：行動形塑感知。

認知第三定律：感覺先行。

認知第四定律：心智能蓋過感知。

認知第五定律：認知反映感知。

認知第六定律：空間思考是抽象思考的基礎。

認知第七定律：心會填進遺漏的資訊。

認知第八定律：當思考超出心的負荷，心便將思考放入世界。

認知第九定律：我們怎麼組織心裡的東西，就怎麼組織外界的東西。

圖片版權

Figure Credits

Figure 1.1. Source: OpenStax College, *Anatomy & Physiology*. OpenStax CNX. July 30, 2014.
Retrieved from http://cnx.org/contents/14fb4ad7-39a1-4eee-ab6e-3ef2482e3e22@6.27

Figure 3.1. Source: Tversky, B., & Hard, B. M. (2009). Embodied and disembodied cognition: Spatial perspective-taking. *Cognition*, 110(1), 124–129.

Figure 4.3. Source: Adapted from Kosslyn, S. M. (1980). *Image and mind*. Cambridge, MA: Harvard University Press.

Figure 4.4. Source: From Novick, L. R., & Tversky, B. (1987). Cognitive constraints on ordering operations: The case of geometric analogies. *Journal of Experimental Psychology: General, 116*(1), 50–67.

Figure 4.5. Source: Wai, J., Lubinski, D., & Benbow, C. P. (2009). Spatial ability for STEM domains: Aligning over 50 years of cumulative psychological knowledge solidifies its importance. *Journal of Educational Psychology, 101*(4), 817.

Figure 5.1. Source: Guidonian hand from a manuscript from Mantua, last quarter of fifteenth century (Oxford University MS Canon. Liturgy 216. f.168 recto) (Bodleian Library, University of Oxford).

Figure 8.1. Source: Photo by Scott Catron. May 14, 2006. Retrieved from https://commons.wikimedia.org/wiki/File:HuntSceneNMC.JPG

Figure 8.2. Courtesy of Professor Pilar Utrilla. Utrilla, P., Mazo, C., Sopena, M. C., Martínez-Bea, M., & Domingo, R. (2009). A paleolithic map from 13,660 calBP: Engraved stone blocks from the Late Magdalenian in Abauntz Cave (Navarra, Spain). *Journal of Human Evolution, 57*(2), 99–111.

Figure 8.3. Source: British Museum, Department of British and Mediaeval Antiquities and Ethnography, *Handbook to the Ethnographical Collections* (Oxford, England: Trustees, British Museum, 1910), 170. https://www.flickr.com/photos/internetarchivebookimages/14783361945/

Figure 8.4. Source: "Map" in *Encyclopaedia Britannica* (11th ed., Vol. XVII, p. 638). Retrieved from https://commons.wikimedia.org/wiki/File:EB_1911_Map_Fig_10.png

Figure 8.5. Source: Snow, J. (1855). *On the mode of communication of cholera* (2nd ed.). London, England: John Churchill. Retrieved from http://matrix.msu.edu/~johnsnow/images/online_companion/chapter_images/fig12-5.jpg

Figure 8.6. Source: Intitut Royal des Sciences naturelles de Belgique, Bruxelles.

Figure 8.8. Courtesy of Mark Wexler (1993).

Figure 8.9. Source: Swetz, F. (2012). *Mathematical expeditions: Exploring word problems across the ages*. Baltimore, MD: Johns Hopkins Press. Photograph by Jon Bodsworth between 2001 and 2011.

Figure 8.11. Source: Agrawala, M., Phan, D., Heiser, J., Haymaker, J., Klingner, J., Hanrahan, P., & Tversky, B. (2003, July). Designing effective step-by-step assembly instructions. *ACM Transactions on Graphics (TOG), 22*(3), 828–837.

Figure 8.12. Source: Diderot's *L'Encyclopédie* (1762). Retrieved from https://commons.wikimedia.org/wiki/File:Defehrt_epinglier_pl2.jpg

Figure 8.13. Source: Tversky, B., & Lee, P. (1999). Pictorial and verbal tools for conveying routes. In C. Freksa & D. M. Mark (Eds.), *Spatial information theory. Cognitive and computational foundations of geographic information science. Lecture Notes in Computer Science* (Vol. 1661). Berlin, Germany: Springer, Berlin, Heidelberg.

Figure 8.14. Source: Fibonacci. Retrieved from https://en.wikipedia.org/wiki /Illusory_contours#/media/File:Kanizsa_triangle.svg

Figure 8.15. Source: Zacks, J., & Tversky, B. (1999). Bars and lines: A study of graphic communication. *Memory & Cognition, 27*(6), 1073–1079.

Figure 8.17. Source: Heiser, J., & Tversky, B. (2006). Arrows in comprehending and producing mechanical diagrams. *Cognitive Science, 30*(3), 581–592.

Figure 8.18. Visual notes courtesy of Yoon Bahk. Photo courtesy of Andrea Kantrowitz.

Figure 8.19. Courtesy of Chicago Tribune and estate of Frank O. King. Retrieved from http://www.mascontext.com/issues/20-narrative-winter-13/comics-and-architecture-comics-in-architecture-a-not-so-short-recount-of-the-interactions-between-architecture-and-graphic-narrative-1/

Figure 8.20. Source: McCay, W. (c. 1913). Seite des Comicstrips Little Nemo in Slumberland. Retrieved from https://commons.wikimedia.org/wiki/File:Little_nemo_the_walking_bed.jpg

Figure 8.21. Source: McCay, W. (1905, September 24). *Little Sammy Sneeze* comic strip. Retrieved from https://commons.wikimedia.org/w/index.php?curid=30363015

Figure 8.22. Source: Carlin, J., Karasik, P., & Walker, B. (Eds.). (2005). *Masters of American comics*. Los Angeles, CA: Hammer Museum and the Museum of Contemporary Art, Los Angeles, in association with Yale University Press.

Figure 9.1. Source: Bobek, E., & Tversky, B. (2016). Creating visual explanations improves learning. *Cognitive Research: Principles and Implications, 1*(1), 27.

Figure 9.2. Source: Bobek, E., & Tversky, B. (2016). Creating visual explanations improves learning. *Cognitive Research: Principles and Implications*, 1(1), 27.

Figure 9.3. Source: Suwa, M., & Tversky, B. (1997). What do architects and students perceive in their design sketches? A protocol analysis. *Design Studies, 18*(4), 385–403.

Figure 9.4. Source: Suwa, M., & Tversky, B. (2003). Constructive perception: A metacognitive skill for coordinating perception and conception. *Proceedings of the Annual Meeting of the Cognitive Science Society, 25*(25).

All photos in Chapter Ten are courtesy of the author.

參考書目

Bibliographic Notes

Chapter 1 ——身體的空間：空間中的行動

皮質區選擇性地受物體、臉孔和身體活化

Grill-Spector, K., & Weiner, K. S. (2014). The functional architecture of the ventral temporal cortex and its role in categorization. *Nature Reviews Neuroscience, 15*(8), 536–548.

Kanwisher, N. (2010). Functional specificity in the human brain: A window into the functional architecture of the mind. *Proceedings of the National Academy of Sciences, 107*(25), 11163–11170.

Weiner, K. S., & Grill-Spector, K. (2013). Neural representations of faces and limbs neighbor in human high-level visual cortex: Evidence for a new organization principle. *Psychological Research, 77*(1), 74–97.

物體的最佳視角

Palmer, S., Rosch, E., & Chase, P. (1981). Canonical perspective and the perception of objects. In J. B. Long & A. D. Baddeley (Eds.), *Attention and performance*, IX. Hillsdale, NJ: Erlbaum.

Tversky, B., & Hemenway, K. (1984). Objects, parts, and categories. *Journal of Experimental Psychology: General, 113*(2), 169.

（體覺）侏儒

Azevedo, F. A., Carvalho, L. R., Grinberg, L. T., Farfel, J. M., Ferretti, R. E., Leite, R. E., & Herculano Houzel, S. (2009). Equal numbers of neuronal and non-neuronal cells make the human brain an isometrically scaled-up primate brain. *Journal of Comparative Neurology, 513*(5), 532–541.

特化的個別神經元

Perrett, D. I., Harries, M. H., Bevan, R., Thomas, S., Benson, P. J., Mistlin, A. J. … Ortega, J. E. (1989). Frameworks of analysis for the neural representation of animate objects and actions. *Journal of Experimental Biology, 146*(1), 87–113.

名稱比圖片抽象

Morrison, J. B., & Tversky, B. (2005). Bodies and their parts. *Memory & Cognition, 33*, 696–709.

對物體部位的比喻式運用

Lakoff, G., & Johnson, M. (2008). *Metaphors we live by*. Chicago: University of Chicago Press.

Tversky, B., & Hemenway, K. (1984). Objects, parts, and categories. *Journal of Experimental Psychology: General, 113*(2), 169.

嬰兒的大腦發展

Bremner, A. J., Lewkowicz, D. J., & Spence, C. (2012). *Multisensory development.* Oxford, England: Oxford University Press.

Eliot, L. (1999). *What's going on in there? How the brain and mind develop in the first five years of life.* New York, NY: Bantam Books.

Posner, M. I., & Rothbart, M. K. (2007). *Educating the human brain.* Washington, DC: American Psychological Association.

扭曲視線的鏡片

Mack, A., & Rock, I. (1968). A re-examination of the Stratton effect: Egocentric adaptation to a rotated visual image. *Perception & Psychophysics, 4*(1), 57–62.

Stratton, G. M. (1897). Vision without inversion of the retinal image. *Psychological Review, 4,* 341–360, 463–481.

工具使用擴大身體基模

Maravita, A., & Iriki, A. (2004). Tools for the body (schema). *Trends in Cognitive Sciences, 8*(2), 79–86.

Martel, M., Cardinali, L., Roy, A. C., & Farnè, A. (2016). Tool-use: An open window into body representation and its plasticity. *Cognitive Neuropsychology, 33*(1–2), 82–101.

Quallo, M. M., Price, C. J., Ueno, K., Asamizuya, T., Cheng, K., Lemon, R. N., & Iriki, A. (2009). Gray and white matter changes associated with tool-use learning in macaque monkeys. *Proceedings of the National Academy of Sciences, 106*(43), 18379–18384.

以為橡膠手是自己的手

Beauchamp, M. S. (2005). See me, hear me, touch me: Multisensory integration in lateral occipital-temporal cortex. *Current Opinion in Neurobiology, 15*(2), 145–153.

Botvinick, M., & Cohen, J. (1998). Rubber hands "feel" touch that eyes see. *Nature, 391*(6669), 756.

Ehrsson, H. H., Wiech, K., Weiskopf, N., Dolan, R. J., & Passingham, R. E. (2007). Threatening a rubber hand that you feel is yours elicits a cortical anxiety response. *Proceedings of the National Academy of Sciences, 104*(23), 9828–9833.

嬰兒對目標導向的行為的理解

Falck-Ytter, T., Gredebäck, G., & von Hofsten, C. (2006). Infants predict other people's action goals. *Nature Neuroscience, 9*(7), 878–879.

Sommerville, J. A., & Woodward, A. L. (2005). Pulling out the intentional structure of action: The relation between action processing and action production in infancy. *Cognition, 95*(1), 1–30.

Sommerville, J. A., Woodward, A. L., & Needham, A. (2005). Action experience alters 3-month-old infants' perception of others' actions. *Cognition, 96*(1), B1–B11.

鏡像神經元

Rizzolatti, G. (2005). The mirror neuron system and imitation. *Perspectives on Imitation: Mechanisms of Imitation and Imitation in Animals, 1,* 55.

Rizzolatti, G., Fadiga, L., Gallese, V., & Fogassi, L. (1996). Premotor cortex and the recognition of motor actions. *Cognitive Brain Research, 3*(2), 131–141.

運動共鳴

Fadiga, L., Craighero, L., & Olivier, E. (2005). Human motor cortex excitability during the perception of others' action. *Current Opinion in Neurobiology, 15*(2), 213–218.

Iacoboni, M. (2009). Imitation, empathy, and mirror neurons. *Annual Review of Psychology, 60,* 653–670.

Iacoboni, M. (2009). *Mirroring people: The science of empathy and how we connect with others.* New York, NY: Picador.

人類的鏡像神經元

Mukamel, R., Ekstrom, A. D., Kaplan, J., Iacoboni, M., & Fried, I. (2010). Single-neuron responses in humans during execution and observation of actions. *Current Biology, 20,* 750–756.

孩童以移動路徑判斷某個物體有沒有生命

Gelman, R., Durgin, F., & Kaufman, L. (1996). Distinguishing between animates and inanimates: Not by motion alone. In D. Sperber, D. Premack, & A. J. Premack (Eds.), *Causal Cognition: A Multidisciplinary Debate* (pp. 150–184). Oxford, England: Clarendon Press.

專家的大腦對看到的動作更有反應

Calvo-Merino, B., Glaser, D. E., Grezes, J., Passingham, R. E., & Haggard, P. (2005). Action observation and acquired motor skills: An FMRI study with expert dancers. *Cerebral Cortex, 15*(8), 1243–1249.

球員比教練更善於預測射籃會不會進

Aglioti, S. M., Cesari, P., Romani, M., & Urgesi, C. (2008). Action anticipation and motor resonance in elite basketball players. *Nature Neuroscience, 11*(9), 1109–1116.

Knoblich, G., Butterfill, S., & Sebanz, N. (2011). Psychological research on joint action: Theory and data. *Psychology of Learning and Motivation, 54,* 59–101.

從移動的關節上的光點了解行動

Johansson, G. (1973). Visual perception of biological motion and a model for its analysis. *Perception & Psychophysics, 14*(2), 201–211.

Kozlowski, L. T., & Cutting, J. E. (1977). Recognizing the sex of a walker from a dynamic point-light display. *Perception & Psychophysics, 21*(6), 575–580.

從見到的動作認自己比認別人容易

Loula, F., Prasad, S., Harber, K., & Shiffrar, M. (2005). Recognizing people from their movement. *Journal of

Experimental Psychology: Human Perception and Performance, 31, 210.

與別人的行動同步

Neda, Z., Ravasz, E., Brechte, Y., Vicsek, T., & Barabasi, A.-L. (2000). The sound of many hands clapping. *Nature, 403*, 849–850.

van Ulzen, N. R., Lamoth, C. J., Daffertshofer, A., Semin, G. R., & Beek, P. J. (2008). Characteristics of instructed and uninstructed interpersonal coordination while walking side-by-side. *Neuroscience Letters, 432*(2), 88–93.

其他物種的合作

Daura-Jorge, F. G., Cantor, M., Ingram, S. N., Lusseau, D., & Simões-Lopes, P. C. (2012). The structure of a bottlenose dolphin society is coupled to a unique foraging cooperation with artisanal fishermen. *Biology Letters,* rsbl20120174.

Hare, B., & Woods, V. (2013). *The genius of dogs.* London, England: Oneworld Publications.

Plotnik, J. M., Lair, R., Suphachoksahakun, W., & De Waal, F. B. (2011). Elephants know when they need a helping trunk in a cooperative task. *Proceedings of the National Academy of Sciences, 108*(12), 5116–5121.

Tomasello, M. (2009). *Why we cooperate.* Cambridge, MA: MIT Press.

Tomasello, M., & Vaish, A. (2013). Origins of human cooperation and morality. *Annual Review of Psychology, 64*, 231–255.

Visco-Comandini, F., Ferrari-Toniolo, S., Satta, E., Papazachariadis, O., Gupta, R., Nalbant, L. E., & Battaglia-Mayer, A. (2015). Do non-human primates cooperate? Evidences of motor coordination during a joint action task in macaque monkeys. *Cortex, 70*, 115–127.

協調合作行動

Knoblich, G., Butterfill, S., & Sebanz, N. (2011). Psychological research on joint action: Theory and data. *Psychology of Learning and Motivation, 54*, 59–101.

Knoblich, G., & Sebanz, N. (2008). Evolving intentions for social interaction: From entrainment to joint action. *Philosophical Transactions of the Royal Society of London B: Biological Sciences, 363*(1499), 2021–2031.

Sebanz, N., Bekkering, H., & Knoblich, G. (2006). Joint action: Bodies and minds moving together. *Trends in Cognitive Sciences, 10*(2), 70–76.

Sebanz, N., Knoblich, G., & Prinz, W. (2005). How two share a task: Corepresenting stimulus-response mappings. *Journal of Experimental Psychology: Human Perception and Performance, 31*(6), 1234.

Zacks, J. M., Tversky, B., & Iyer, G. (2001). Perceiving, remembering, and communicating structure in events. *Journal of Experimental Psychology: General, 130*(1), 29.

合作時的大腦

Frith, U., & Frith, C. (2010). The social brain: Allowing humans to boldly go where no other species has been. *Philosophical Transactions of the Royal Society B: Biological Sciences, 365*(1537), 165–176.

Hasson, U., Ghazanfar, A. A., Galantucci, B., Garrod, S., & Keysers, C. (2012). Brain-to-brain coupling: A mechanism for creating and sharing a social world. *Trends in Cognitive Sciences, 16*(2), 114–121.

Hommel, B. (2011). The Simon effect as tool and heuristic. *Acta Psychologica, 136*(2), 189–202.

Hommel, B., Colzato, L. S., & Van Den Wildenberg, W. P. (2009). How social are task representations? *Psychological Science, 20*(7), 794–798.

Sebanz, N., Knoblich, G., Prinz, W., & Wascher, E. (2006). Twin peaks: An ERP study of action planning and control in coacting individuals. *Journal of Cognitive Neuroscience, 18*(5), 859–870.

在對話中協調以創造意義

Clark, H. H. (1996). *Using language.* Cambridge, England: Cambridge University Press.

模仿增進相似性

Chartrand, T. L., & Van Baaren, R. (2009). Human mimicry. *Advances in Experimental Social Psychology, 41*, 219–274.

Van Baaren, R., Janssen, L., Chartrand, T. L., & Dijksterhuis, A. (2009). Where is the love? The social aspects of mimicry. *Philosophical Transactions of the Royal Society of London B: Biological Sciences, 364*(1528), 2381–2389.

Chapter 2 ——環繞身體的泡泡：人、地、物

對人、地、物的判斷很快

Biederman, I. (1972). Perceiving real-world scenes. *Science, 177,* 77–80.

Fei-Fei, L., Iyer, A., Koch, C., & Perona, P. (2007). What do we perceive in a glance of a real-world scene? *Journal of Vision, 7*(1), 10–10.

Greene, M. R., & Fei-Fei, L. (2014). Visual categorization is automatic and obligatory: Evidence from Stroop-like paradigm. *Journal of Vision, 14*(1), 14–14.

Greene, M. R., & Oliva, A. (2009). The briefest of glances: The time course of natural scene understanding. *Psychological Science, 20,* 464–472. doi: 10.1111/j.1467-9280.2009.02316.x

Hafri, A., Papafragou, A., & Trueswell, J. C. (2013). Getting the gist of events: Recognition of two-participant actions from brief displays. *Journal of Experimental Psychology: General, 142*(3), 880.

Kahneman, D. (2011). Thinking fast and slow. New York, NY: Farrar, Straus and Giroux.

Kraus, M. W., Park, J. W., & Tan, J. J. (2017). Signs of social class: The experience of economic inequality in everyday life. *Perspectives on Psychological Science, 12*(3), 422–435.

Potter, M. C., & Levy, E. I. (1969). Recognition memory for a rapid sequence of pictures. Journal of Experimental Psychology, 81, 10–15.

失明者恢復視力後的問題

Sinha, P. (2013). Once blind and now they see. *Scientific American, 309*(1), 48–55.

Von Senden, M. (1960). *Space and sight: The perception of space and shape in the congenitally blind before and after operation.* London, England: Metheun.

大腦有專門區域辨識人、地、物

Downing, P. E., Jiang, Y., Shuman, M., & Kanwisher, N. (2001). A cortical area selective for visual processing of the human body. *Science, 293*(5539), 2470–2473.

Grill-Spector, K., & Weiner, K. S. (2014). The functional architecture of the ventral temporal cortex and its role in categorization. *Nature Reviews Neuroscience, 15*(8), 536–548.

Kanwisher, N. (2010). Functional specificity in the human brain: A window into the functional architecture of the mind. *Proceedings of the National Academy of Sciences, 107*(25), 11163–11170.

Weiner, K. S., & Grill-Spector, K. (2013). Neural representations of faces and limbs neighbor in human high-level visual cortex: Evidence for a new organization principle. *Psychological Research, 77*(1), 74–97.

對日期的超凡記憶

LePort, A. K., Mattfeld, A. T., Dickinson-Anson, H., Fallon, J. H., Stark, C. E., Kruggel, F., ... McGaugh, J. L. (2012). Behavioral and neuroanatomical investigation of highly superior autobiographical memory (HSAM). *Neurobiology of Learning and Memory, 98*(1), 78–92.

物的分類

Borges, J. L. (1966). *Other inquisitions 1937–1952.* New York, NY: Washington Square Press.

Brown, R. (1958). How shall a thing be called? *Psychological Review, 65*(1), 14.

Rosch, E. (1978). Principles of categorization. In E. Rosch & B. B. Lloyd (Eds.), *Cognition and categorization* (pp. 27–48). Hillsdale, NJ: Erlbaum. [I took the lovely Borges quote from Eleanor Rosch's influential paper summarizing her work on categorization.]

嬰兒學詞彙的速度很快

Miller, G. A., & Gildea, P. M. (1987). How children learn words. *Scientific American, 257*(3), 94–99. http://dx.doi.org/10.1038/scientificamerican0987

基本層

Brown, R. (1958). How shall a thing be called? *Psychological Review, 65*(1), 14.

Markman, E. M. (1989). *Categorization and naming in children: Problems of induction. Cambridge, MA: MIT Press.*

Rosch, E. (1978). Principles of categorization. In E. Rosch & B. Lloyd (Eds.), *Cognition and categorization* (pp. 27–48). Hillsdale, NJ: Erlbaum.

部分連結起基本層

Brown, R. (1958). How shall a thing be called? *Psychological Review, 65*(1), 14.

Rosch, E. (1978). Principles of categorization. In E. Rosch & B. Lloyd (Eds.), *Cognition and categorization* (pp. 27–48). Hillsdale, NJ: Erlbaum.

Tversky, B., & Hemenway, K. (1984). Objects, parts, and categories. *Journal of Experimental Psychology: General,* 113(2), 169.

臉孔的特色

Diamond, R., & Carey, S. (1986). Why faces are and are not special: An effect of expertise. *Journal of Experimental Psychology: General, 115*(2), 107.

Liu, J., Harris, A., & Kanwisher, N. (2010). Perception of face parts and face configurations: An fMRI study. Journal of Cognitive Neuroscience, 22(1), 203–211.

Tanaka, J. W., & Farah, M. J. (2003). The holistic representation of faces. In M. A. Peterson & G. Rhodes (Eds.), Perception of faces, objects, and scenes: Analytic and holistic processes (pp. 53–74). Oxford, England: Oxford University Press.

認臉能力

Wilmer, J. B. (2017). Individual differences in face recognition: A decade of discovery. *Current Directions in Psychological Science, 26,* 225–230. Summarized in Einstein, G., & May, C. (2018). Variations in face recognition ability: Stable, specific, and substantial. *APS Observer, 31,* 38–39.

臉盲症

Calder, A. J., & Young, A. W. (2005). Understanding the recognition of facial identity and facial expression. *Nature Reviews Neuroscience, 6*(8), 641–651.

Duchaine, B. C., Parker, H., & Nakayama, K. (2003). Normal recognition of emotion in a prosopagnosic. *Perception, 32*(7), 827–838.

Rosenthal, G., Tanzer, M., Simony, E., Hasson, U., Behrmann, M., & Avidan, G. (2017). Altered topology of neural circuits in congenital prosopagnosia. *bioRxiv,* 100479.

Sacks, O. (2009). *The man who mistook his wife for a hat.* London, England: Picador.

情緒與合作

Harari, Y. N. (2014). *Sapiens: A brief history of humankind.* New York, NY: Random House.

感覺先行

Frijda, N. H. (2000). The psychologists' point of view. In M. Lewis, J. M. Haviland-Jones, & L. F. Barrett (Eds.), *Handbook of emotions* (pp. 59–74). New York, NY: Guilford Press.

Frischen, A., Eastwood, J. D., & Smilek, D. (2008). Visual search for faces with emotional expressions. *Psychological Bulletin, 134*(5), 662–676.

Roberts, N. A., Levenson, R. W., & Gross, J. J. (2008). Cardiovascular costs of emotion suppression cross ethnic lines. *International Journal of Psychophysiology, 70*(1), 82–87.

Zajonc, R. B. (1984). On the primacy of affect. *American Psychologist, 39*(2), 117–123.

同理

Chartrand, T. L., & Bargh, J. A. (1999). The chameleon effect: The perception– behavior link and social interaction. *Journal of Personality and Social Psychology, 76*(6), 893.

Hatfield, E., & Rapson, R. L. (2010). Emotional contagion. In I. B. Weiner & W. E. Craighead (Eds.), *Encyclopedia of psychology*, 4th ed. Hoboken, NJ: Wiley.

Madsen, E. A., & Persson, T. (2013). Contagious yawning in domestic dog puppies (*Canis lupus familiaris*): The effect of ontogeny and emotional closeness on low-level imitation in dogs. *Animal Cognition, 16*(2), 233–240.

Romero, T., Konno, A., & Hasegawa, T. (2013). Familiarity bias and physiological responses in contagious yawning by dogs support link to empathy. *PLoS One, 8*(8), e71365.

Saxe, R., & Kanwisher, N. (2003). People thinking about thinking people: The role of the temporo-parietal junction in "theory of mind." *Neuroimage, 19*(4), 1835–1842.

Waters, S. F., West, T. V., & Mendes, W. B. (2014). Stress contagion: Physiological covariation between mothers and infants. *Psychological Science, 25*(4), 934–942.

Yong, M. H., & Ruffman, T. (2014). Emotional contagion: Dogs and humans show a similar physiological response to human infant crying. *Behavioural Processes, 108*, 155–165.

從臉部辨認情緒

Ekman, P., & Friesen, W. V. (2003). *Unmasking the face: A guide to recognizing emotions from facial clues.* Los Altos, CA: Malor Books.

Oatley, K., Keltner, D., & Jenkins, J. M. (2006). *Understanding emotions.* Malden, MA: Blackwell.

Tracy, J. L., & Robins, R. W. (2008). The automaticity of emotion recognition. *Emotion, 8*(1), 81.

情緒與辨認情緒的細微變化

Barrett, L. F. (2006). Are emotions natural kinds? *Perspectives on Psychological Science, 1*(1), 28–58.

de Gelder, B., Meeren, H. K., Righart, R., Van den Stock, J., van de Riet, W. A., & Tamietto, M. (2006). Beyond the face: Exploring rapid influences of context on face processing. *Progress in Brain Research, 155*, 37–48.

Lewis, M., Haviland-Jones, J. M., & Barrett, L. F. (Eds.). (2010). *Handbook of emotions.* New York, NY: Guilford Press.

Russell, J. A. (1994). Is there universal recognition of emotion from facial expressions? A review of the cross-cultural studies. *Psychological bulletin, 115*(1), 102.

Russell, J. A., & Barrett, L. F. (1999). Core affect, prototypical emotional episodes, and other things called emotion: Dissecting the elephant. *Journal of Personality and Social Psychology, 76*(5), 805.

分辨味道的細微差異

How does our sense of taste work? (2016, August 17). Retrieved from https://www.ncbi.nlm.nih.gov/pubmedhealth/PMH0072592/

顏色、基本色彩和蠟筆

Berlin, B., & Kay, P. (1991). *Basic color terms: Their universality and evolution.* Berkeley: University of California Press.

Brown, R. W., & Lenneberg, E. H. (1954). A study in language and cognition. *Journal of Abnormal and Social Psychology, 49*, 454–462.

Crayola. (n.d.). Explore colors. Retrieved from http://www.crayola.com /explore-colors/

Rosch, E. H. (1973). Natural categories. *Cognitive psychology, 4,* 328–350.

評判情緒需依脈絡和文化而定

Adolphs, R. (2002). Recognizing emotion from facial expressions: Psychological and neurological mechanisms. *Behavioral and Cognitive Neuroscience Reviews, 1,* 21–62.

Barrett, L. F. (2017). *How emotions are made: The secret life of the brain.* New York, NY: Houghton Mifflin Harcourt.

Barrett, L. F., Mesquita, B., & Gendron, M. (2011). Context in emotion perception. *Current Directions in Psychological Science, 20,* 286–290.

Mauss, I. B., Levenson, R. W., McCarter, L., Wilhelm, F. H., & Gross, J. J. (2005). The tie that binds? Coherence among emotion, experience, behavior, and physiology. *Emotion, 5,* 175–190.

Niedenthal, P. M. (2007). Embodying emotion. *Science, 316*(5827), 1002–1005.

庫里肖夫效應

Baranowski, A. M., & Hecht, H. (2016). The auditory Kuleshov effect: Multisensory integration in movie editing. *Perception,* 0301006616682754.

Barratt, D., Rédei, A. C., Innes-Ker, Å., & Van de Weijer, J. (2016). Does the Kuleshov effect really exist? Revisiting a classic film experiment on facial expressions and emotional contexts. *Perception, 45*(8), 847–874.

Calbi, M., Heimann, K. Barratt, D. Siri, F., Umiltà Maria A., & Gallese, V. (2017). How context influences our perception of emotional faces: A behavioral study on the Kuleshov effect. *Frontiers in Psychology, 8,* 1684.

Mobbs, D., Weiskopf, N., Lau, H. C., Featherstone, E., Dolan, R. J., & Frith, C. D. (2006). The Kuleshov effect: The influence of contextual framing on emotional attributions. *Social Cognitive and Affective Neuroscience, 1*(2), 95–106.

眼中之心

Baron-Cohen, S., Wheelwright, S., Hill, J., Raste, Y., & Plumb, I. (2001). The "Reading the Mind in the Eyes" test revised version: A study with normal adults, and adults with Asperger syndrome or high-functioning autism. *Journal of Child Psychology and Psychiatry, 42*(2), 241–251.

Michaels, T. M., Horan, W. P., Ginger, E. J., Martinovich, Z., Pinkham, A. E., & Smith, M. J. (2014). Cognitive empathy contributes to poor social functioning in schizophrenia: Evidence from a new self-report measure of cognitive and affective empathy. *Psychiatry Research, 220,* 803–810.

New York Times. (2013, October 3). Can you read people's emotions [blog post]. Retrieved from https://well.blogs.nytimes.com/2013/10/03/well-quiz-the-mind-behind-the-eyes/

Warrier, V., Grasby, K. L., Uzefovsky, F., Toro, R., Smith, P., Chakrabarti, B., ... Baron-Cohen, S. (2018). Genome-wide meta-analysis of cognitive empathy: Heritability, and correlates with sex, neuropsychiatric conditions and cognition. *Molecular Psychiatry, 23*(6), 1402–1409. doi:10.1038/mp.2017.122

解讀情緒時，眼部表情的重要性大於嘴部表情

Lee, D. H., & Anderson, A. K. (2017). Reading what the mind thinks from what the eye sees. *Psychological Science, 28*(4) 494–503. doi:10.1177 /0956797616687364

透過看臉快速判斷能力，能預測選舉結果

Ballew, C. C., & Todorov, A. (2007). Predicting political elections from rapid and unreflective face judgments. *Proceedings of the National Academy of Sciences, 104*(46), 17948–17953.

Olivola, C. Y., & Todorov, A. (2010). Elected in 100 milliseconds: Appearance-based trait inferences and voting. *Journal of Nonverbal Behavior, 34*(2), 83–110.

Todorov, A. (2017). *Face value.* Princeton, NJ: Princeton University Press.

Todorov, A., Olivola, C. Y., Dotsch, R., & Mende-Siedlecki, P. (2015). Social attributions from faces: Determinants, consequences, accuracy, and functional significance. *Annual Review of Psychology, 66*, 519–545.

Todorov, A., Said, C. P., Engell, A. D., & Oosterhof, N. N. (2008). Understanding evaluation of faces on social dimensions. *Trends in Cognitive Sciences,* 12(12), 455–460.

從身體推測情緒

Aviezer, H., Bentin, S., Dudarev, V. & Hassin, R. R. (2011). The automaticity of emotional face-context integration. *Emotion, 11,* 1406–1414.

Aviezer, H., Trope, Y. & Todorov, A. (2012). Body cues, not facial expressions, discriminate between intense positive and negative emotions. *Science, 338,* 1225–1229.

Aviezer, H., Trope, Y., & Todorov, A. (2012). Holistic person processing: Faces with bodies tell the whole story. *Journal of Personality and Social Psychology, 103*(1), 20.

Coulson, M. (2004). Attributing emotion to static body postures: Recognition accuracy, confusions, and viewpoint dependence. *Journal of Nonverbal Behavior, 28*(2), 117–139.

De Gelder, B. (2009). Why bodies? Twelve reasons for including bodily expressions in affective neuroscience. *Philosophical Transactions of the Royal Society of London B: Biological Sciences, 364*(1535), 3475–3484.

從身體分辨動作

Downing, P. E., Jiang, Y., Shuman, M., & Kanwisher, N. (2001). A cortical area selective for visual processing of the human body. *Science, 293*(5539), 2470–2473.

Kourtzi, Z., & Kanwisher, N. (2000). Activation in human MT/MST by static images with implied motion. *Journal of Cognitive Neuroscience, 12*(1), 48–55.

Liu, J., Harris, A., & Kanwisher, N. (2010). Perception of face parts and face configurations: An fMRI study. *Journal of Cognitive Neuroscience, 22*(1), 203–211.

Schwarzlose, R. F., Baker, C. I., & Kanwisher, N. (2005). Separate face and body selectivity on the fusiform gyrus. *Journal of Neuroscience, 25*(47), 11055–11059.

從視線分辨意圖

Sartori, L., Becchio, C., & Castiello, U. (2011). Cues to intention: The role of movement information.

Cognition, 119(2), 242–252.

從視線了解事件

Hard, B. M., Recchia, G., & Tversky, B. (2011). The shape of action. *Journal of Experimental Psychology: General, 140*(4), 586.

Mennie, N., Hayhoe, M., & Sullivan, B. (2007). Look-ahead fixations: Anticipatory eye movements in natural tasks. *Experimental Brain Research, 179,* 427–442. doi:10.1007/s00221-006-0804-0

Pierno, A. C., Becchio, C., Wall, M. B., Smith, A. T., Turella, L., & Castiello, U. (2006). When gaze turns into grasp. *Journal of Cognitive Neuroscience, 18,* 2130–2137. doi:10.1162/jocn.2006.18.12.2130

Sebanz, N., & Frith, C. (2004). Beyond simulation? Neural mechanisms for predicting the actions of others. *Nature Neuroscience, 7*(1), 5–6.

嬰兒也了解意圖

Brooks, R., & Meltzoff, A. N. (2005). The development of gaze following and its relation to language. *Developmental Science, 8*(6), 535–543.

D'Entremont, B., Hains, S. M. J., & Muir, D. W. (1997). A demonstration of gaze following in 3-to 6-month-olds. *Infant Behavior and Development, 20*(4), 569–572.

Sommerville, J. A., & Woodward, A. L. (2005). Pulling out the intentional structure of action: The relation between action processing and action production in infancy. *Cognition, 95*(1), 1–30.

Sommerville, J. A., Woodward, A. L., & Needham, A. (2005). Action experience alters 3-month-old infants' perception of others' actions. *Cognition, 96*(1), B1–B11.

大腦處理場景的部位

Epstein, R. A. (2008). Parahippocampal and retrosplenial contributions to human spatial navigation. *Trends in Cognitive Sciences, 12*(10), 388–396.

Epstein, R., & Kanwisher, N. (1998). A cortical representation of the local visual environment. Nature, 392(6676), 598–601.

場景的分類

Tversky, B., & Hemenway, K. (1983). Categories of environmental scenes. *Cognitive Psychology, 15*(1), 121–149.

人分辨場景的能力極佳

Biederman, I. (1972). Perceiving real-world scenes. *Science, 177,* 77–80.

Epstein, R. A., & Higgins, J. S. (2007). Differential parahippocampal and retrosplenial involvement in three types of visual scene recognition. *Cerebral Cortex, 17,* 1680–1693.

Greene, M. R., & Fei-Fei, L. (2014). Visual categorization is automatic and obligatory: Evidence from Stroop-like paradigm. *Journal of Vision, 14*(1), 14.

Madigan, S. (2014). Picture memory. In J. C. Yuille (Ed.), *Imagery, memory and cognition* (pp. 65–89). New York, NY: Psychology Press.

Potter, M. C., & Levy, E. I. (1969). Recognition memory for a rapid sequence of pictures. *Journal of Experimental Psychology, 81,* 10–15.

Shepard, R. N. (1967). Recognition memory for words, sentences, and pictures. *Journal of Verbal Learning and Verbal Behavior, 6*(1), 156–163.

Standing, L. (1973). Learning 10000 pictures. *Quarterly Journal of Experimental Psychology, 25*(2), 207–222.

Walther, D. B., Chai, B., Caddigan, E., Beck, D. M., & Fei-Fei, L. (2011). Simple line drawings suffice for functional MRI decoding of natural scene categories. *Proceedings of the National Academy of Sciences, 108*(23), 9661–9666.

Zhou, B., Lapedriza, A., Xiao, J., Torralba, A., & Oliva, A. (2014). Learning deep features for scene recognition using places database. *Advances in Neural Information Processing Systems, 27,* 487–495.

改變視盲

Simons, D. J., & Rensink, R. A. (2005). Change blindness: Past, present and future. *Trends in Cognitive Science, 9,* 16–20.

分類與特徵

Malt, B. C., & Smith, E. E. (1984). Correlated properties in natural categories. *Journal of Memory and Language, 23*(2), 250.

Tversky, A. (1977). Features of similarity. *Psychological Review, 84*(4), 327.

生物演化

Pagel, M. (1999). Inferring the historical patterns of biological evolution. *Nature, 401*(6756), 877.

修正對世界的誤解

Rosling, H., Rönnlund, A. R., & Rosling, O. (2018). *Factfulness: Ten reasons we're wrong about the world—and why things are better than you think.* New York, NY: Flatiron Books.

場景、行動與事件

Hannigan, S. L., & Tippens Reinitz, M. (2001). A demonstration and comparison of two types of inference-based memory errors. *Journal of Experimental Psychology: Learning, Memory, and Cognition, 27*(4), 931.

Intraub, H. (1997). The representation of visual scenes. *Trends in Cognitive Sciences, 1*(6), 217–222.

Lampinen, J. M., Copeland, S. M., & Neuschatz, J. S. (2001). Recollections of things schematic: Room schemas revisited. *Journal of Experimental Psychology: Learning, Memory, and Cognition, 27*(5), 1211.

Owens, J., Bower, G. H., & Black, J. B. (1979). The "soap opera" effect in story recall. *Memory & Cognition, 7*(3), 185–191.

Tversky, B., & Marsh, E. J. (2000). Biased retellings of events yield biased memories. *Cognitive Psychology, 40*(1), 1–38.

假設凌駕感知

Bruner, J. S., & Potter, M. C. (1964). Interference in visual recognition. *Science, 144*(3617), 424–425.

感知偏誤

Hastorf, A. H., & Cantril, H. (1954). They saw a game; a case study. *Journal of Abnormal and Social Psychology, 49*(1), 129.

確認偏誤

Ross, L. (1977). The intuitive psychologist and his shortcomings: Distortions in the attribution process. *Advances in Experimental Social Psychology, 10*, 173–220.

Nisbett, R. E., & Ross, L. (1980). *Human inference: Strategies and shortcomings of social judgement.* Englewood Cliffs, NJ: Prentice Hall.

Wason, P. C, & Johnson-Laird, P. N. (1972). *Psychology of reasoning: Structure and content.* Cambridge, MA: Harvard University Press.

確認偏誤引文出處

Nickerson, R. S. (1998). Confirmation bias: A ubiquitous phenomenon in many guises. *Review of General Psychology, 2*(2), 211.

對感知為真，則對所有思考為真

Kahneman, D., & Tversky, A. (1996). On the reality of cognitive illusions. *Psychological Review, 103*, 582–591. http://dx.doi.org/10.1037/0033-295X.103.3.582

費曼論視覺思考

Feynman, R. (1988). *"What do you care what other people think?": Further adventures of a curious character.* New York, NY: W. W. Norton.

Chapter 3 ——此地，此時；那裡，那時：我們周遭的空間

空間框架

Franklin, N., & Tversky, B. (1990). Searching imagined environments. *Journal of Experimental Psychology: General, 119*(1), 63.

想像別人的觀點

Bryant, D. J., & Tversky, B. (1999). Mental representations of perspective and spatial relations from diagrams and models. *Journal of Experimental Psychology: Learning, Memory, and Cognition, 25*(1), 137.

Bryant, D. J., Tversky, B., & Franklin, N. (1992). Internal and external spatial frameworks for representing described scenes. *Journal of Memory and Language, 31*(1), 74–98.

Franklin, N., Tversky, B., & Coon, V. (1992). Switching points of view in spatial mental models. *Memory*

& *Cognition, 20*(5), 507–518.

Tversky, B. (1991). Spatial mental models. *Psychology of Learning and Motivation, 27*, 109–145.

Tversky, B., Kim, J., & Cohen, A. (1999). Mental models of spatial relations and transformations from language. *Advances in Psychology, 128*, 239–258.

記憶取代觀察

Bryant, D. J., Tversky, B., & Lanca, M. (2001). Retrieving spatial relations from observation and memory. In E. van der Zee & U. Nikanne (Eds.), *Conceptual structure and its interfaces with other modules of representation* (pp. 116–139). Oxford, England: Oxford University Press.

有時候，採取別人的觀點比採取自己的觀點容易

Cavallo, A., Ansuini, C., Capozzi, F., Tversky, B., & Becchio, C. (2017). When far becomes near: Perspective taking induces social remapping of spatial relations. *Psychological Science, 28*(1), 69–79. doi:10.1177/0956797616672464

Tversky, B., & Hard, B. M. (2009). Embodied and disembodied cognition: Spatial perspective-taking. *Cognition, 110*(1), 124–129.

（目前所知）最古老的地圖

Clarke, K. C. (2013). What is the world's oldest map? *Cartographic Journal, 50*(2), 136–143.

Utrilla, P., Mazo, C., Sopena, M. C., Martínez-Bea, M., & Domingo, R. (2009). A paleolithic map from 13,660 calBP: engraved stone blocks from the Late Magdalenian in Abauntz Cave (Navarra, Spain). *Journal of Human Evolution, 57*(2), 99–111.

位置細胞與網格細胞

Fyhn, M., Molden, S., Witter, M. P., Moser, E. I., & Moser, M. B. (2004). Spatial representation in the entorhinal cortex. *Science, 305*, 1258–1264.

Moser, E. I., Kropff, E., & Moser, M. B. (2008). Place cells, grid cells, and the brain's spatial representation system. *Annual Review of Neuroscience, 31*.

O'Keefe, J. (1976). Place units in the hippocampus of the freely moving rat. *Experimental Neurology, 51*, 78–109.

O'Keefe, J., & Nadel, L. (1978). *The hippocampus as a cognitive map*. Oxford, England: Clarendon Press.

空間的他中心表徵（從嬰兒期就有）

Burgess, N. (2006). Spatial memory: How egocentric and allocentric combine. *Trends in Cognitive Science, 10*(12), 551–557.

Doeller, C. F., Barry, C., & Burgess, N. (2010). Evidence for grid cells in a human memory network. *Nature, 463*(7281), 657–661.

Ekstrom A., Kahana M. J., Caplan, J. B., Fields, T. A., Isham, E. A., Newman, E. L., & Fried, I. (2003). Cellular networks underlying human spatial navigation. *Nature, 425*, 184–188.

Jacobs, J., Weidemann, C. T., Miller, J. F., Solway, A., Burke, J. F., Wei, X. X., Suthana, N., ... Kahan, M. J.

(2013). Direct recordings of grid-like neuronal activity in human spatial navigation. *Nature Neuroscience, 16,* 1188–1190.

Kaufman, J., & Needham, A. (1999). Objective spatial coding by 6.5-month-old infants in a visual dishabituation task. *Developmental Science, 2*(4), 432–441.

大腦辨識方向的基質

Epstein, R. A., Patai, E. Z., Julian, J. B., & Spiers, H. J. (2017). The cognitive map in humans: Spatial navigation and beyond. *Nature Neuroscience, 20*(11), 1504.

Marchette, S. A., Ryan, J., & Epstein, R. A. (2017). Schematic representations of local environmental space guide goal-directed navigation. *Cognition, 158*, 68–80.

倫敦計程車司機的測驗

Knowledge Taxi. (n.d.). London knowledge. Retrieved from https://www.theknowledgetaxi.co.uk/

倫敦計程車司機的海馬迴變大

Maguire, E. A., Gadian, D. G., Johnsrude, I. S., Good, C. D., Ashburner, J., Frackowiak, R. S., & Frith, C. D. (2000). Navigation-related structural change in the hippocampi of taxi drivers. *Proceedings of the National Academy of Sciences, 97*(8), 4398–4403.

神經的再利用

Anderson, M. L. (2010). Neural reuse: A fundamental organizational principle of the brain. *Behavioral and Brain Sciences, 33*(4), 245–266.

海馬迴的情節記憶

Eichenbaum, H., & Cohen, N. J. (2014). Can we reconcile the declarative memory and spatial navigation views on hippocampal function? *Neuron, 83*(4), 764–770.

Poppenk, J., Evensmoen, H. R., Moscovitch, M., & Nadel, L. (2013). Longaxis specialization of the human hippocampus. *Trends in Cognitive Sciences, 17*(5), 230–240.

（病人）H.M.

Corkin, S. (2002). What's new with the amnesic patient HM? *Nature Reviews Neuroscience, 3*(2), 153.

Milner, B., Corkin, S., & Teuber, H. L. (1968). Further analysis of the hippocampal amnesic syndrome: 14-year follow-up study of HM. *Neuropsychologia, 6*(3), 215–234.

Scoville, W. B., & Milner, B. (1957). Loss of recent memory after bilateral hippocampal lesions. *Journal of Neurology, Neurosurgery, and Psychiatry, 20*(1), 11.

海馬迴與計畫未來

Addis, D. R., & Schacter, D. (2012). The hippocampus and imagining the future: Where do we stand? *Frontiers in Human Neuroscience, 5*, 173.

Bellmund, J. L., Deuker, L., Schröder, T. N., & Doeller, C. F. (2016). Grid-cell representations in mental simulation. *Elife, 5,* e17089.

Benoit, R. G., & Schacter, D. L. (2015). Specifying the core network supporting episodic simulation and episodic memory by activation likelihood estimation. *Neuropsychologia, 75,* 450–457.

Hassabis, D., Kumaran, D., & Maguire, E. A. (2007). Using imagination to understand the neural basis of episodic memory. *Journal of Neuroscience, 27*(52), 14365–14374.

Hassabis, D., & Maguire, E. A. (2007). Deconstructing episodic memory with construction. *Trends in Cognitive Sciences, 11*(7), 299–306.

Mullally, S. L., & Maguire, E. A. (2014). Memory, imagination, and predicting the future: A common brain mechanism? *Neuroscientist, 20*(3), 220–234.

Schacter, D. L. (2012). Adaptive constructive processes and the future of memory. *American Psychologist, 67*(8), 603.

Schacter, D. L., Benoit, R. G., & Szpunar, K. K. (2017). Episodic future thinking: Mechanisms and functions. *Current Opinion in Behavioral Sciences, 17,* 41–50.

網格細胞對映空間、時間和抽象關係

謹在此向這些年來協助我了解海馬迴－內嗅皮質的角色，也幫助我做出這些推論的專家友人致謝，尤其是林恩‧納德爾、莫理斯‧莫斯可維奇、丹‧沙克特和安東尼‧瓦格納。最近幾年，約翰‧奧基夫、羅素‧愛普斯坦（Russell Epstein）、蘭迪‧葛利斯特爾和艾蓮諾‧馬圭爾（Eleanor Maguire）惠我良多。當然，我對自己過度簡化的推論負全責，我也希望這個推論不會嚇到他們。

Collin, S. H., Milivojevic, B., & Doeller, C. F. (2017). Hippocampal hierarchical networks for space, time, and memory. *Current Opinion in Behavioral Sciences, 17,* 71–76.

Constantinescu, A. O., O'Reilly, J. X., & Behrens, T. E. (2016). Organizing conceptual knowledge in humans with a gridlike code. *Science, 352*(6292), 1464–1468.

Deuker, L., Bellmund, J. L., Schröder, T. N., & Doeller, C. F. (2016). An event map of memory space in the hippocampus. *Elife, 5,* e16534.

Epstein, R. A., Patai, E. Z., Julian, J. B., & Spiers, H. J. (2017). The cognitive map in humans: Spatial navigation and beyond. *Nature Neuroscience, 20*(11), 1504.

Garvert, M. M., Dolan, R. J., & Behrens, T. E. (2017). A map of abstract relational knowledge in the human hippocampal-entorhinal cortex. *Elife, 6,* e17086.

Howard, M. W., & Eichenbaum, H. (2015). Time and space in the hippocampus. *Brain Research, 1621,* 345–354.

Stachenfeld, K. L., Botvinick, M. M., & Gershman, S. J. (2017). The hippocampus as a predictive map. *Nature Neuroscience, 20*(11), 1643.

Tavares, R. M., Mendelsohn, A., Grossman, Y., Williams, C. H., Shapiro, M., Trope, Y., & Schiller, D. (2015). A map for social navigation in the human brain. *Neuron, 87*(1), 231–243.

抽象思考中的空間簡圖

Gattis, M. (Ed.). (2003). *Spatial schemas and abstract thought.* Cambridge, MA: MIT Press.

Schubert, T. W., & Maass, A. (Eds.). (2011). *Spatial dimensions of social thought.* Berlin, Germany: Walter de Gruyter.

認知地圖中的系統性扭曲

Byrne, R. W. (1979). Memory for urban geography. *Quarterly Journal of Experimental Psychology, 31,* 147–154.

Hirtle, S. C., & Jonides, J. (1985). Evidence of hierarchies in cognitive maps. *Memory & Cognition, 13*(3), 208–217.

Hirtle, S. C., & Mascolo, M. F. (1986). The effect of semantic clustering on the memory of spatial locations. *Journal of Experimental Psychology: Learning, Memory and Cognition, 12,* 181–189.

Holyoak, K. J., & Mah, W. A. (1982). Cognitive reference points in judgments of symbolic magnitude. *Cognitive Psychology, 14*(3), 328–352.

Maki, R. H. (1981). Categorization and distance effects with spatial linear orders. *Journal of Experimental Psychology: Human Learning and Memory, 7,* 15–32.

McNamara, T. P., & Diwadkar, V. A. (1997). Symmetry and asymmetry of human spatial memory. *Cognitive Psychology, 34*(2), 160–190.

Milgram, S. (1976). Psychological maps of Paris. In H. M. Proshansky, W. Ittelson, & L. Rivlin (Eds.), *Environmental psychology: People and their physical settings* (pp. 104–124). New York, NY: Holt, Rinehart & Winston.

Portugali, Y. (1993). *Implicate relations: Society and space in the IsraeliPalestinian conflict.* The Netherlands: Kluwer.

Sadalla, E. K., Burroughs, W. J., & Staplin, L.J. (1980). Reference points in spatial cognition. *Journal of Experimental Psychology: Human Learning and Memory, 6*(5), 516.

Stevens, A., & Coupe, P. (1978). Distortions in judged spatial relations. *Cognitive Psychology, 10*(4), 422–437.

Tversky, B. (1981). Distortions in memory for maps. *Cognitive Psychology, 13*(3), 407–433.

Tversky, B. (1993). Cognitive maps, cognitive collages, and spatial mental models. In A. U. Frank & I. Compari (Eds.), *Conference on spatial information theory* (pp. 14–24). Berlin, Germany: Springer.

Tversky, B. (2000). Levels and structure of spatial knowledge. In R. Kitchin & S. Freundschuh (Eds.), *Cognitive mapping: Past, present and future* (pp. 24–43). New York, NY: Psychology Press.

Tversky, B. (2005). Functional significance of visuospatial representations. In P. Shah & A. Miyake (Eds.), *Cambridge Handbook of visuospatial thinking* (pp. 1–34). New York, NY: Cambridge University Press.

Tversky, B. (2018). Spatial biases in thought and judgment. In T. Hubbard (Ed.), *Spatial biases in perception and cognition.* Cambridge, England: Cambridge University Press.

Wilton, R. N. (1979). Knowledge of spatial relations: The specification of information used in making inferences. *Quarterly Journal of Experimental Psychology, 31,* 133–146.

分體

Miller, G. A., & Johnson-Laird, P. N. (1976). *Language and perception.* Cambridge, MA: Belknap Press.

Tversky, B., & Hemenway, K. (1984). Objects, parts, and categories. *Journal of Experimental Psychology: General,* 113(2), 169.

社會思考中的類似扭曲

Jones, E. E., Wood, G. C., & Quattrone, G. A. (1981). Perceived variability of personal characteristics in in-groups and out-groups: The role of knowledge and evaluation. *Personality and Social Psychology Bulletin, 7*(3), 523–528.

Park, B., & Rothbart, M. (1982). Perception of out-group homogeneity and levels of social categorization: Memory for the subordinate attributes of in-group and out-group members. *Journal of Personality and Social Psychology, 42*(6), 1051.

Quattrone, G. A. (1986). On the perception of a group's variability. In S. Worchel & W. Austin (Eds.), *The psychology of intergroup relations* (pp. 25–48). New York, NY: Nelson-Hall.

Rosch, E., Mervis, C. B., Gray, W. D., Johnson, D. M., & Boyes-Braem, P. (1978). Basic objects in natural categories. *Cognitive Psychology, 8*, 382–439.

Trope, Y., & Liberman, N. (2010). Construal-level theory of psychological distance. *Psychological Review, 117*, 440–463.

不對稱的相似性

Rosch, E. (1975). Cognitive reference points. *Cognitive Psychology, 7*(4), 532–547.

Tversky, A. (1977). Features of similarity. *Psychological Review, 84*(4), 327.

認知地圖

Baird, J. C. (1979). Studies of the cognitive representation of spatial relations: I. Overview. *Journal of Experimental Psychology: General, 108*, 90–91.

Landau, B., Spelke, E., & Gleitman, H. (1984). Spatial knowledge in a young blind child. *Cognition, 16*, 225–260.

Tolman, E. C. (1948). Cognitive maps in rats and men. *Psychological Review, 55*, 189–208.

世界能解決含糊不清的問題

Tversky, B. (2002). Navigating by mind and by body. In C. Freksa, W. Brauer, C. Habel, & K. F. Wender (Eds.), *Spatial cognition III* [Lecture Notes in Computer Science] (Vol. 2685). Berlin, Germany: Springer. https://doi .org/10.1007/3-540-45004-1_1

Chapter 4 —— 轉換思考

物體的心像旋轉

Shepard, R. N., & Cooper, L. A. (1986). *Mental images and their transformations*. Cambridge, MA: MIT Press.

Shepard, R. N., & Metzler, J. (1971). Mental rotation of three-dimensional objects. *Science, 171*, 701–703.

一部分一部分的心像旋轉

Just, M. A., & Carpenter, P. A. (1985). Cognitive coordinate systems: Accounts of mental rotation and individual differences in spatial ability. *Psychological Review, 92*(2), 137.

心像旋轉空間能力測驗

Vandenberg, S. G., & Kuse, A. R. (1978). Mental rotations, a group test of three-dimensional spatial visualization. *Perceptual and Motor Skills, 47*(2), 599–604.

轉動手掌有助於心像旋轉

Chu, M., & Kita, S. (2008). Spontaneous gestures during mental rotation tasks: Insights into the microdevelopment of the motor strategy. *Journal of Experimental Psychology: General, 137*(4), 706.

Wexler, M., Kosslyn, S. M., & Berthoz, A. (1998). Motor processes in mental rotation. *Cognition, 68*(1), 77–94.

心像旋轉活化運動皮質

Zacks, J. M. (2008). Neuroimaging studies of mental rotation: A meta-analysis and review. *Journal of Cognitive Neuroscience, 20*(1), 1–19.

身體的心像旋轉

Parsons, L. M. (1987). Imagined spatial transformation of one's body. *Journal of Experimental Psychology: General, 116*(2), 172.

Parsons, L. M. (1987). Imagined spatial transformations of one's hands and feet. *Cognitive Psychology, 19*(2), 178–241.

Zacks, J. M., Ollinger, J. M., Sheridan, M. A., & Tversky, B. (2002). A parametric study of mental spatial transformations of bodies. *Neuroimage, 16*(4), 857–872.

Zacks, J., Rypma, B., Gabrieli, J. D. E., Tversky, B., & Glover, G. H. (1999). Imagined transformations of bodies: An fMRI investigation. *Neuropsychologia, 37*(9), 1029–1040.

Zacks, J. M., & Tversky, B. (2005). Multiple systems for spatial imagery: Transformations of objects and bodies. *Spatial Cognition and Computation, 5*(4), 271–306.

少一隻手臂的人，手部心像旋轉較慢

Nico, D., Daprati, E., Rigal, F., Parsons, L., & Sirigu, A. (2004). Left and right hand recognition in upper limb amputees. *Brain, 127*(1), 120–132.

實際轉動身體有助於想像身體轉動

Klatzky, R. L., Loomis, J. M., Beall, A. C., Chance, S. S., & Golledge, R. G. (1998). Spatial updating of self-position and orientation during real, imagined, and virtual locomotion. *Psychological Science, 9*(4), 293–298.

實際前後移動無益於想像前後移動

Rieser, J. J. (1989). Access to knowledge of spatial structure at novel points of observation. *Journal of Experimental Psychology: Learning, Memory, and Cognition, 15*(6), 1157.

其他心像轉換：心像掃描、心像形狀比較、心像尺寸轉換

Bundesen, C., Larsen, A., & Farrell, J. E. (1981). Mental transformations of size and orientation. *Attention and Performance, 9,* 279–294.

Denis, M., & Kosslyn, S. M. (1999). Scanning visual mental images: A window on the mind. *Cahiers de Psychologie Cognitive/Current Psychology of Cognition, 18,* 409–465.

Shepard, R. N., & Chipman, S. (1970). Second-order isomorphism of internal representations: Shapes of states. *Cognitive Psychology, 1*(1), 1–17.

以部分建構心像

Finke, R. A., Pinker, S., & Farah, M. J. (1989). Reinterpreting visual patterns in mental imagery. *Cognitive Science, 13*(1), 51–78.

Kosslyn, S. M. (1980). *Image and mind.* Cambridge, MA: Harvard University Press.

心像繪圖是創造心像的基礎

Novick, L. R., & Tversky, B. (1987). Cognitive constraints on ordering operations: The case of geometric analogies. *Journal of Experimental Psychology: General, 116*(1), 50–67.

想像移動速度失敗：行人死傷統計

Guo, H., Wang, W., Guo, W., Jiang, X., & Bubb, H. (2012). Reliability analysis of pedestrian safety crossing in urban traffic environment. *Safety Science, 50*(4), 968–973.

Wierwille, W. W., Hanowski, R. J., Hankey, J. M., Kieliszewski, C. A., Lee, S. E., Medina, A., . . Dingus, T. A. (2002). *Identification and evaluation of driver* errors: Overview and recommendations (No. FHWA-RD-02-003). Washington, DC: National Academies of Sciences, Engineering, and Medicine.

人和狗都用捷思接球和飛盤

McBeath, M. K., Shaffer, D. M., & Kaiser, M. K. (1995). How baseball outfielders determine where to run to catch fly balls. *Science, 268*(5210), 569.

Shaffer, D. M., Krauchunas, S. M., Eddy, M., & McBeath, M. K. (2004). How dogs navigate to catch Frisbees. *Psychological Science, 15*(7), 437–441.

Shaffer, D. M., & McBeath, M. K. (2005). Naive beliefs in baseball: Systematic distortion in perceived time of apex for fly balls. Journal of Experimental Psychology: Learning, Memory, and Cognition, 31(6), 1492.

動態心像是一步一步完成的，不是連續的

Hegarty, M. (1992). Mental animation: Inferring motion from static displays of mechanical systems. *Journal of Experimental Psychology: Learning, Memory, and Cognition, 18*(5), 1084.

Hegarty, M., & Sims, V. K. (1994). Individual differences in mental animation during mechanical reasoning. *Memory & Cognition, 22*(4), 411–430.

空間能力是多面向的

Hegarty, M., & Waller, D. (2005). Individual differences in spatial abilities. In P. Shah & A. Miyake (Eds.), *The Cambridge handbook of visuospatial thinking* (pp. 121–169). New York, NY: Cambridge University Press.

遺傳和環境都影響空間能力

Tosto, M. G., Hanscombe, K. B., Haworth, C. M. A., Davis, O. S. P., Petrill, S. A., Dale, P. S., ... Kovas, Y. (2014). Why do spatial abilities predict mathematical performance? *Developmental Science, 17*, 462–470. doi:10.1111 /desc.12138

遺傳與運動員

Epstein, D. (2014). *The sports gene: Inside the science of extraordinary athletic performance*. New York, NY: Penguin.

幾個空間能力測驗

Wai, J., Lubinski, D., & Benbow, C. P. (2009). Spatial ability for STEM domains: Aligning over 50 years of cumulative psychological knowledge solidifies its importance. *Journal of Educational Psychology, 101*(4), 817.

性別與空間旋轉

Halpern, D. F. (2013). *Sex differences in cognitive abilities*. New York, NY: Psychology Press.

Linn, M. C., & Petersen, A. C. (1985). Emergence and characterization of sex differences in spatial ability: A meta-analysis. *Child Development, 56*(6), 1479–1498.

Voyer, D. (2011). Time limits and gender differences on paper-and-pencil tests of mental rotation: A meta-analysis. *Psychonomic Bulletin and Review, 18*(2), 267–277.

Voyer, D., Voyer, S., & Bryden, M. P. (1995). Magnitude of sex differences in spatial abilities: A meta-analysis and consideration of critical variables. *Psychological Bulletin, 117*, 250–270.

性別與物體辨識

Herlitz, A., & Lovén, J. (2013). Sex differences and the own-gender bias in face recognition: A meta-analytic review. *Visual Cognition, 21*(9–10), 1306–1336.

Lewin, C., & Herlitz, A. (2002). Sex differences in face recognition—women's faces make the difference. *Brain and Cognition, 50*(1), 121–128.

McClure, E. B. (2000). A meta-analytic review of sex differences in facial expression processing and their development in infants, children, and adolescents. *Psychological Bulletin, 126*(3), 424–453.

Voyer, D., Postma, A., Brake, B., & Imperato-McGinley, J. (2007). Gender differences in object location memory: A meta-analysis. *Psychonomic Bulletin & Review, 14*(1), 23–38.

空間能力對STEM領域很重要

Tosto, M. G., Hanscombe, K. B., Haworth, C. M. A., Davis, O. S. P., Petrill, S. A., Dale, P. S., ... Kovas, Y.

(2014). Why do spatial abilities predict mathematical performance? *Developmental Science, 17,* 462–470.

Wai, J., Lubinski, D., & Benbow, C. P. (2009). Spatial ability for STEM domains: Aligning over 50 years of cumulative psychological knowledge solidifies its importance. *Journal of Educational Psychology, 101*(4), 817.

空間技能與數學技能的大腦區域重疊

Dehaene, S., Bossini, S., & Giraux, P. (1993). The mental representation of parity and number magnitude. *Journal of Experimental Psychology: General, 122,* 371–396.

空間能力對解釋STEM概念很重要

Bobek, E., & Tversky, B. (2016). Creating visual explanations improves learning. *Cognitive Research: Principles and Implications, 1*(1), 27.

Daniel, M. P., & Tversky, B. (2012). How to put things together. *Cognitive Processing, 13*(4), 303–319.

Hegarty, M. (2004). Mechanical reasoning by mental simulation. *Trends in Cognitive Sciences, 8*(6), 280–285.

Hegarty, M., & Kozhevnikov, M. (1999). Types of visual-spatial representations and mathematical problem solving. *Journal of Educational Psychology, 91*(4), 684.

Tversky, B., Heiser, J., & Morrison, J. (2013). Space, time, and story. In B. H. Ross (Ed.), *The psychology of learning and motivation* (pp. 47–76). San Diego, CA: Elsevier Academic Press. https://doi.org/10.1016/B978-0-12-407237-4.12001-8

空間能力隨職業而異

Blazhenkova, O., & Kozhevnikov, M. (2009). The new object-spatial-verbal cognitive style model: Theory and measurement. *Applied Cognitive Psychology, 23*(5), 638–663.

Blajenkova, O., Kozhevnikov, M., & Motes, M. A. (2006). Object-spatial imagery: A new self-report imagery questionnaire. *Applied Cognitive Psychology, 20*(2), 239–263.

Kozhevnikov, M., Kosslyn, S., & Shephard, J. (2005). Spatial versus object visualizers: A new characterization of visual cognitive style. *Memory & Cognition, 33*(4), 710–726.

特定空間技能與辨識方位

Hegarty, M., Richardson, A. E., Montello, D. R., Lovelace, K., & Subbiah, I. (2002). Development of a self-report measure of environmental spatial ability. *Intelligence, 30*(5), 425–447.

性別與辨識方位

Dabbs, J. M., Chang, E. L., Strong, R. A., & Milun, R. (1998). Spatial ability, navigation strategy, and geographic knowledge among men and women. *Evolution and Human Behavior, 19*(2), 89–98.

Lawton, C. A. (1994). Gender differences in way-finding strategies: Relationship to spatial ability and spatial anxiety. *Sex Roles, 30*(11–12), 765–779.

國家科學院建議教授空間技能

Committee on Support for Thinking Spatially. (2006). *Learning to think spatially*. Washington, DC: National Academies Press.

很多活動有助於培養空間技能

Dye, M. W., Green, C. S., & Bavelier, D. (2009). The development of attention skills in action video game players. *Neuropsychologia, 47*(8), 1780–1789.

Dye, M. W. G., Green, C. S., & Bavelier, D. (2009). Increasing speed of processing with action video games. *Current Directions in Psychological Science, 18*(6), 321–326.

摔角能提升空間技能

Moreau, D., Clerc, J., Mansy-Dannay, A., & Guerrien, A. (2012). Enhancing spatial ability through sport practice. *Journal of Individual Differences, 33,* 83–88.

運動員與空間技能

Voyer, D., & Jansen, P. (2017). Motor expertise and performance in spatial tasks: A meta-analysis. *Human Movement Science, 54,* 110–124.

為孩子（和大人）培養空間技能

Ehrlich, S. B., Levine, S. C., & Goldin-Meadow, S. (2006). The importance of gesture in children's spatial reasoning. *Developmental Psychology, 42*(6), 1259–1268.

Ferrara, K., Golinkoff, R., Hirsh-Pasek, K., Lam, W., & Newcombe, N. (2011). Block talk: Spatial language during block play. *Mind, Brain and Education, 5*(3), 143–151.

Frick, A., & Wang, S. H. (2014). Mental spatial transformations in 14and 16-month-old infants: Effects of action and observational experience. *Child Development, 85*(1), 278–293.

Joh, A. S., Jaswal, V. K., & Keen, R. (2011). Imagining a way out of the gravity bias: Preschoolers can visualize the solution to a spatial problem. *Child Development, 82*(3), 744–745.

Kastens, K. A., & Liben, L. S. (2007). Eliciting self-explanations improves children's performance on a field-based map skills task. *Cognition and Instruction, 25,* 45–74.

Levine, S. C., Ratliff, K. R., Huttenlocher, J., & Cannon, J. (2011). Early puzzle play: A predictor of preschoolers' spatial transformation skill. *Developmental Psychology, 48,* 530–542.

Liben, L. S., & Downs, R. M. (1989). Understanding maps as symbols: The development of map concepts in children. In H. W. Reese (Ed.), *Advances in child development and behavior* (Vol. 22, pp. 145–201). New York, NY: Academic Press.

Newcombe, N. S. (2010). Picture this: Increasing math and science learning by improving spatial thinking. *American Educator, 34*(2), 29.

Newcombe, N. S., & Fricke, A. (2010). Early education for spatial intelligence: Why, what, and how. *Mind, Brain, and Education, 4*(3), 102–111.

Newman, S. D., Mitchell Hansen, T., & Gutierrez, A. (2016). An fMRI study of the impact of block building and board games on spatial ability. *Frontiers in Psychology, 7,* 1278. doi:10.3389/fpsyg.2016.01278

空間技能可以訓練

Uttal, D. H., Meadow, N. G., Tipton, E., Hand, L. L., Alden, A. R., Warren, C., & Newcombe, N. S. (2013). The malleability of spatial skills: A meta-analysis of training studies. *Psychological Bulletin, 139*, 352–402. doi:10.1037/a0028446

Chapter 5 ——身體說的是另一種語言

語言的姿勢基礎

Rizzolatti, G., & Arbib, M. A. (1998). Language within our grasp. *Trends in Neurosciences, 21*(5), 188–194.

猿類的姿勢

Genty, E., & Zuberbühler, K. (2014). Spatial reference in a bonobo gesture. *Current Biology, 24*(14), 1601–1605.

Genty, E., & Zuberbühler, K. (2015). Iconic gesturing in bonobos. *Communicative & Integrative Biology, 8*(1), e992742.

Graham, K. E., Furuichi, T., & Byrne, R. W. (2017). The gestural repertoire of the wild bonobo (*Pan paniscus*): A mutually understood communication system. *Animal Cognition, 20*(2), 171–177.

Hobaiter, C., & Byrne, R. W. (2014). The meanings of chimpanzee gestures. *Current Biology, 24*(14), 1596–1600.

Moore, R. (2014). Ape gestures: Interpreting chimpanzee and bonobo minds. *Current Biology, 24*(14), R645–R647.

Pika, S., Liebal, K., & Tomasello, M. (2005). Gestural communication in subadult bonobos (*Pan paniscus*): Repertoire and use. *American Journal of Primatology, 65*(1), 39–61.

猿類的文化傳遞

Horner, V., Whiten, A., Flynn, E., & de Waal, F. B. (2006). Faithful replication of foraging techniques along cultural transmission chains by chimpanzees and children. *Proceedings of the National Academy of Sciences, 103*(37), 13878–13883.

Tomasello, M. (1994). Cultural transmission in the tool use and communicatory signaling of chimpanzees? In S. T. Parker & K. R. Gibson (Eds.), *"Language" and intelligence in monkeys and apes: Comparative developmental perspectives* (pp. 274–311). New York, NY: Cambridge University Press. http://dx.doi.org/10.1017/CBO9780511665486.012

Whiten, A., Horner, V., & De Waal, F. B. (2005). Conformity to cultural norms of tool use in chimpanzees. *Nature, 437*(7059), 737.

同步

Brennan, S. E., & Clark, H. H. (1996). Conceptual pacts and lexical choice in conversation. *Journal of Experimental Psychology: Learning, Memory, and Cognition, 22*(6), 1482.

Holler, J., & Wilkin, K. (2011). Co-speech gesture mimicry in the process of collaborative referring during face-to-face dialogue. *Journal of Nonverbal Behavior, 35*(2), 133–153.

模仿是社會黏著

Chartrand, T. L., & Lakin, J. L. (2013). The antecedents and consequences of human behavioral mimicry. *Annual Review of Psychology, 64*, 285–308.

Chartrand, T. L., & Van Baaren, R. (2009). Human mimicry. *Advances in Experimental Social Psychology, 41*, 219–274

情緒、感覺、模仿與感染

Decety, J., & Jackson, P. L. (2004). The functional architecture of human empathy. *Behavioral and Cognitive Neuroscience Reviews, 3*(2), 71–100.

Gallese, V., Keysers, C., & Rizzolatti, G. (2004). A unifying view of the basis of social cognition. *Trends in Cognitive Sciences, 8,* 396–403.

Gergely, G., & Watson, J. S. (1999). Early socio-emotional development: Contingency perception and the social-biofeedback model. *Early Social Cognition: Understanding Others in the First Months of Life, 60*, 101–136.

Hatfield, E., & Rapson, R. L. (2010). Emotional contagion. In I. B. Weiner & W. E. Craighead (Eds.), *Encyclopedia of psychology* (4th ed.). Hoboken, NJ: Wiley.

Meltzoff, A. N., & Moore, M. K. (1992). Early imitation within a functional framework: The importance of person identity, movement, and development. *Infant Behavior and Development, 15*(4), 479–505.

Oatley, K., Keltner, D., & Jenkins, J. M. (2006). *Understanding emotions.* Hoboken, NJ: Blackwell.

較早開始用手勢溝通的孩子說話較早

Iverson, J. M., & Goldin-Meadow, S. (2005). Gesture paves the way for language development. *Psychological Science, 16*(5), 367–371.

Özçalıskan, S., & Goldin-Meadow, S. (2005). Gesture is at the cutting edge of early language development. *Cognition, 96*(3), B101–B113.

盲人比手勢

Goldin-Meadow, S. (2018, December 18). Harper lecture with Susan GoldinMeadow: Hearing gesture: How our hands help us think [YouTube video].
Retrieved from https://www.youtube.com/watch?v=LXaQAtGybFc

Iverson, J. M., & Goldin-Meadow, S. (1997). What's communication got to do with it? Gesture in children blind from birth. *Developmental Psychology, 33*(3), 453.

Iverson, J. M., & Goldin-Meadow, S. (1998). Why people gesture when they speak. *Nature, 396*(6708), 228–228.

Iverson, J. M., & Goldin-Meadow, S. (2001). The resilience of gesture in talk: Gesture in blind speakers and listeners. *Developmental Science, 4*(4), 416–422.

為什麼比手勢？

Cartmill, E. A., Goldin-Meadow, S., & Beilock, S. L. (2012). A word in the hand: Human gesture links representations to actions. *Philosophical Transactions of the Royal Society, 367*(1585), 129–143.

Goldin-Meadow, S., & Alibali, M. W. (2013). Gesture's role in speaking, learning, and creating language. *Annual Review of Psychology, 64*, 257.

Hostetter, A. B., & Alibali, M. W. (2008). Visible embodiment: Gestures as simulated action. *Psychonomic Bulletin & Review, 15*(3), 495–514.

手勢的種類

Goldin-Meadow, S. (2005). *Hearing gesture: How our hands help us think*. Cambridge, MA: Harvard University Press.

Kendon, A. (2004). *Gesture: Visible action as utterance*. Cambridge, England: Cambridge University Press.

McNeill, D. (1992). *Hand and mind: What gestures reveal about thought*. Chicago, IL: University of Chicago Press.

McNeill, D. (2006). Gesture: A psycholinguistic approach. In K. Brown (Ed.), *The encyclopedia of language and linguistics* (2nd ed., pp. 58–66). New York, NY: Elsevier Science.

指涉

Fillmore, C. J. (1982). Towards a descriptive framework for spatial deixis. In R. J. Jarvella & W. Klein (Eds.), *Speech, place and action: Studies in deixis and related topics* (pp. 31–59). London, England: Wiley.

用比畫溝通

Clark, H. H. (2016). Depicting as a method of communication. *Psychological Review, 123*(3), 324–347.

隱喻

Lakoff, G., & Johnson, M. (2008). *Metaphors we live by*. Chicago, IL: University of Chicago Press.

手勢說明常常先於言語

Alibali, M.W., & Goldin-Meadow, S. (1993). Gesture-speech mismatch and mechanisms of learning: What the hands reveal about a child's state of mind. *Cognitive Psychology, 25*, 468–523.

Goldin-Meadow, S., Alibali, M. W., & Church, R. B. (1993). Transitions in concept acquisition: Using the hand to read the mind. *Psychological Review, 100*(2), 279.

手勢透露孩子已經準備好向老師學東西

Goldin-Meadow, S., & Sandhofer, C. M. (1999). Gesture conveys substantive information about a child's thoughts to ordinary listeners. *Developmental Science, 2*, 67–74.

Goldin-Meadow, S., & Singer, M. A. (2003). From children's hands to adults' ears: Gesture's role in the learning process. *Developmental Psychology, 39*, 509–520.

手勢顯示沒說出口的策略

Broaders, S. C., Cook, S. W., Mitchell, Z., & Goldin-Meadow, S. (2007). Making children gesture brings out implicit knowledge and leads to learning. *Journal of Experimental Psychology: General, 136,* 539–550.

情緒

LeDoux, J. (1998). *The emotional brain: The mysterious underpinnings of emotional life.* New York, NY: Simon & Schuster.

Lewis, M., Haviland-Jones, J. M., & Barrett, L. F. (Eds.). (2010). *Handbook of emotions.* New York, NY: Guilford Press.

Oatley, K., Keltner, D., & Jenkins, J. M. (2006). *Understanding emotions.* Hoboken, NJ: Blackwell Publishing.

鏡映情緒

Gallese, V., Keysers, C., & Rizzolatti, G. (2004). A unifying view of the basis of social cognition. *Trends in Cognitive Science, 8*(9), 396–403.

以空間描述空間

Emmorey, K., Tversky, B., & Taylor, H. A. (2000). Using space to describe space: Perspective in speech, sign, and gesture. *Spatial Cognition and Computation, 2*(3), 157–180.

以空間排列時間順序

Bender, A., & Beller, S. (2014) Mapping spatial frames of reference onto time: A review of theoretical accounts and empirical findings. *Cognition, 132,* 342–382.

Boroditsky, L., Fuhrman, O., & McCormick, K. (2011). Do English and Mandarin speakers think about time differently? *Cognition, 118*(1), 123–129.

Marghetis, T., & Núñez, R. (2013). The motion behind the symbols: A vital role for dynamism in the conceptualization of limits and continuity in expert mathematics. *Topics in Cognitive Science, 5*(2), 299–316.

Núñez, R., & Cooperrider, K. (2013). The tangle of space and time in human cognition. *Trends in Cognitive Sciences, 17*(5), 220–229.

Tversky, B., Kugelmass, S., & Winter, A. (1991). Cross-cultural and developmental trends in graphic productions. *Cognitive Psychology, 23*(4), 515–557.

手勢有助於表達行動和因果

Engle, R. A. (1998). Not channels but composite signals: Speech, gesture, diagrams and object demonstrations are integrated in multimodal explanations. In *Proceedings of the Twentieth Annual Conference of the Cognitive Science Society* (pp. 321–326). New York, NY: Psychology Press.

Kang, S., Tversky, B., & Black, J. B. (2015). Coordinating gesture, word, and diagram: Explanations for experts and novices. *Spatial Cognition & Computation, 15*(1), 1–26.

坐在手上會阻礙說話

Krauss, R. M. (1998). Why do we gesture when we speak? *Current Directions in Psychological Science,* *7*(2), 54–60.

Krauss, R. M., Chen, Y., & Gottesman, R. F. (2000). Lexical gestures and lexical access: A process model. *Language and Gesture, 2,* 261.

手勢有助於思考

Carlson, R. A., Avraamides, M. N., Cary, M., & Strasberg, S. (2007). What do the hands externalize in simple arithmetic? *Journal of Experimental Psychology: Learning, Memory, and Cognition, 33*(4), 747.

Chu, M., & Kita, S. (2008). Spontaneous gestures during mental rotation tasks: Insights into the microdevelopment of the motor strategy. *Journal of Experimental Psychology: General, 137*(4), 706.

Schwartz, D. L. (1999). Physical imagery: Kinematic versus dynamic models. *Cognitive Psychology, 38*(3), 433–464.

Schwartz, D. L., & Black, J. B. (1996). Shuttling between depictive models and abstract rules: Induction and fallback. *Cognitive Science, 20*(4), 457–497.

為自己比手勢有助於解決空間問題

Jamalian, A., Giardino, V., & Tversky, B. (2013). Gestures for thinking. *Proceedings of the Annual Meeting of the Cognitive Science Society, 35.* Retrieved from https://escholarship.org/uc/item/0zk7z5h9

Tversky, B., & Kessell, A. (2014). Thinking in action. *Pragmatics & Cognition, 22*(2), 206–223.

手勢能減少認知負荷

Cook, S.W., Yip, T., & Goldin-Meadow, S. (2012). Gestures, but not meaningless movements, lighten working memory load when explaining math. *Language and Cognitive Processing, 27,* 594–610.

Goldin-Meadow, S., Nusbaum, H., Kelly, S. D., & Wagner, S. M. (2001). Explaining math: Gesturing lightens the load. *Psychological Science, 12,* 516–522.

Ping, R., & Goldin-Meadow, S. (2010). Gesturing saves cognitive resources when talking about nonpresent objects. *Cognitive Science, 34,* 602–619.

手勢有助於解決機械問題

Schwartz, D. L., & Black, J. B. (1996). Shuttling between depictive models and abstract rules: Induction and fallback. *Cognitive Science, 20*(4), 457–497.

手勢比想像更有助於解決動態問題

Schwartz, D. L. (1999). Physical imagery: Kinematic versus dynamic models. *Cognitive Psychology, 38*(3), 433–464.

手勢有助於心像旋轉

Chu, M., & Kita, S. (2008). Spontaneous gestures during mental rotation tasks: Insights into the microdevelopment of the motor strategy. *Journal of Experimental Psychology: General, 137*(4), 706.

Wexler, M., Kosslyn, S. M., & Berthoz, A. (1998). Motor processes in mental rotation. *Cognition, 68*(1), 77–94.

為自己比手勢有助於理解和記憶複雜系統

Liu, Y., Bradley, M., & Tversky, B. (2018). Gestures for self help learning complex systems. *Proceedings of Embodied and Situated Language Processing.*

為自己比手勢可能有助或有礙解決空間問題

Tversky, B., & Kessell, A. (2014). Thinking in action. *Pragmatics & Cognition, 22*(2), 206–223.

手勢有助於數學

Goldin-Meadow, S., Cook, S. W., & Mitchell, Z. A. (2009). Gesturing gives children new ideas about math. *Psychological Science, 20,* 267–272. doi:10.1111/j.1467-9280.2009.02297.x

平板電腦和手勢若搭配得當，有助於解決數學問題

Segal, A., Tversky, B., & Black, J. (2014). Conceptually congruent actions can promote thought. *Journal of Applied Research in Memory and Cognition, 3*(3), 124–130.

嬰兒能從手勢獲益

Acredolo, L. P., & Goodwyn, S. W. (2002). *Baby signs: How to talk with your baby before your baby can talk.* New York, NY: McGraw-Hill.

手勢能幫助孩子了解集合和基數

Alibali, M. W., & DiRusso, A. A. (1999). The function of gesture in learning to count: More than keeping track. *Cognitive Development, 14*(1), 37–56.

Gelman, R., & Gallistel, C. R. (1986). *The child's understanding of number.* Cambridge, MA: Harvard University Press.

Jamalian, A. (2014). *Grouping gestures promote children's effective counting strategies by adding a layer of meaning through action* (unpublished doctoral dissertation). Columbia University, New York, NY.

為別人比手勢時，動作會比為自己比手勢更大

Bavelas, J. B., Chovil, N., Coates, L., & Roe, L. (1995). Gestures specialized for dialogue. *Personality and Social Psychology Bulletin, 21*(4), 394–405.

Goldin-Meadow, S. (2005). *Hearing gesture: How our hands help us think.* Cambridge, MA: Harvard University Press.

McNeill, D. (1992). *Hand and mind: What gestures reveal about thought.* Chicago, IL: University of Chicago Press.

學複雜系統的行動比學結構難

Hmelo-Silver, C. E., & Pfeffer, M. G. (2004). Comparing expert and novice understanding of a complex system from the perspective of structures, behaviors, and functions. *Cognitive Science, 28*(1), 127–138.

Tversky, B., Heiser, J., & Morrison, J. (2013). Space, time, and story. In B. H. Ross (Ed.), *The psychology of learning and motivation* (pp. 47–76). San Diego, CA: Elsevier Academic Press. https://doi.org/10.1016/B978-0-12-407237-4.12001-8

教學者的手勢動作能讓學生更加了解複雜系統的動作

Kang, S., & Tversky, B. (2016). From hands to minds: Gestures promote understanding. *Cognitive Research: Principles and Implications, 1*(1), 4.

圖示有助於理解「同時性」（simultaneity）

Glenberg, A. M., & Langston, W. E. (1992). Comprehension of illustrated text: Pictures help to build mental models. *Journal of Memory and Language, 31,* 129–151.

手勢改變對同時性、循環和角度的思考

Jamalian, A., & Tversky, B. (2012). Gestures alter thinking about time. In N. Miyake, D. Peebles, & R. P. Cooper (Eds.), *Proceedings of the 34th annual conference of the Cognitive Science Society* (pp. 551–557). Austin, TX: Cognitive Science Society.

數學符號史

Ifrah, G., (2000). *The universal history of computing: From the abacus to quantum computing.* Translated by E. F. Harding, D. Bellos, & S. Wood. New York, NY: Wiley.

手勢有助於協調對話

Clark, H. H. (1992). *Arenas of language use.* Chicago, IL: University of Chicago Press.

Clark, H. H. (1996). *Using language.* Cambridge, England: Cambridge University Press.

Garrod, S., & Pickering, M. J. (2009). Joint action, interactive alignment and dialogue. *Topics in Cognitive Science, 1*(2), 292–304.

Goodwin, C. (1981). *Conversational organization: Interaction between speakers and hearers.* New York, NY: Academic Press.

McNeill, D. (1992). *Hand and mind: What gestures reveal about thought.* Chicago, IL: University of Chicago Press.

手勢可以配合圖示發揮作用

Engle, R. A. (1998). Not channels but composite signals: Speech, gesture, diagrams and object demonstrations are integrated in multimodal explanations. In *Proceedings of the Twentieth Annual Conference of the Cognitive Science Society* (pp. 321–326). New York, NY: Psychology Press.

Heiser, J., Tversky, B., & Silverman, M. (2004). Sketches for and from collaboration. *Visual and Spatial Reasoning in Design III, 3,* 69–78.

設計師產生新點子時，手勢跟著暴增

Edelman, J. A. (2011). *Understanding radical breaks: Media and behavior in small teams engaged in redesign scenarios* (Unpublished doctoral dissertation). Stanford University, Stanford, CA.

Edelman, J., Agarwal, A., Paterson, C., Mark, S., & Leifer, L. (2012). Understanding radical breaks. In H. Plattner, C. Meinel, & L. Leifer (Eds.), *Design Thinking Research* (pp. 31–51). Berlin, Germany: Springer, Berlin, Heidelberg.

Edelman, J. A., & Leifer, L. (2012). Qualitative methods and metrics for assessing wayfinding and navigation in engineering design. In H. Plattner, C. Meinel, & L. Leifer (Eds.), *Design Thinking Research* (pp. 151–181). Berlin, Germany: Springer, Berlin, Heidelberg.

手勢標示舞蹈

Kirsh, D. (2010). *Thinking with the body*. Paper presented at the 32nd Annual Conference of the Cognitive Science Society, Austin, TX.

Kirsh, D. (2011). How marking in dance constitutes thinking with the body. *Versus: Quaderni di Studi Semiotici,* 113–115, 179–210.

指揮音樂

Kumar, A. B., & Morrison, S. J. (2016). The conductor as visual guide: Gesture and perception of musical content. *Frontiers in Psychology, 7,* 1049.

在評判音樂時，視覺比聽覺更重要

Tsay, C. J. (2013). Sight over sound in the judgment of music performance. *Proceedings of the National Academy of Sciences, 110*(36), 14580–14585.

空間思考的創意成果

Biello, D. (2006, December 8). Fact or fiction?: Archimedes coined the term "Eureka!" in the bath. *Scientific American.* Retrieved from https://www.scientificamerican.com/article/fact-or-fiction-archimede/

Shepard, R. N. (1978). Externalization of mental images and the act of creation. *Visual Learning, Thinking, and Communication,* 133–189.

Chapter 6 ──點、線與觀點：言談和思考裡的空間

路線描述的結構

Denis, M. (1997). The description of routes: A cognitive approach to the production of spatial discourse. *Cahiers de psychologie cognitive, 16*(4), 409–458.

Levelt, W. J. M. (1989). *Speaking: From intention to articulation.* Cambridge, *MA: MIT Press.*

路線地圖的結構

Tversky, B., & Lee, P. (1999). Pictorial and verbal tools for conveying routes. In C. Freksa & D. M. Mark

(Eds.), *Spatial information theory. Cognitive and computational foundations of geographic information science. Lecture Notes in Computer Science* (Vol. 1661). Berlin, Germany: Springer, Berlin, Heidelberg.

採取對方的觀點

Mainwaring, S. D., Tversky, B., Ohgishi, M., & Schiano, D. J. (2003). Descriptions of simple spatial scenes in English and Japanese. *Spatial Cognition and Computation, 3*(1), 3–42.

Schober, M. F. (1993). Spatial perspective-taking in conversation. *Cognition, 47*(1), 1–24.

地址寫得怪，但成功寄達

Abed, F. (2017, August 11). Delivering a package in a city short on street names. *New York Times*.

人會自然而然地混和不同觀點

Taylor, H. A., & Tversky, B. (1992). Descriptions and depictions of environments. *Memory & Cognition, 20*(5), 483–496.

混和觀點雖會延遲理解，但延遲時間很短

Lee, P. U., & Tversky, B. (2005). Interplay between visual and spatial: The effect of landmark descriptions on comprehension of route/survey spatial descriptions. *Spatial Cognition & Computation, 5*(2–3), 163–185.

人在描述環境時會混和觀點

Taylor, H. A., & Tversky, B. (1992). Descriptions and depictions of environments. *Memory and Cognition, 20*(5), 483–496.

人能理解混和觀點的描述

Lee, P. U., & Tversky, B. (2005). Interplay between visual and spatial: The effect of landmark descriptions on comprehension of route/survey spatial descriptions. *Spatial Cognition & Computation, 5*(2–3), 163–185.

Taylor, H. A., & Tversky, B. (1992). Spatial mental models derived from survey and route descriptions. *Journal of Memory and Language, 31*(2), 261–292.

不同語言以不同方式描述空間

Levinson, S. C. (2003). *Space in language and cognition: Explorations in cognitive diversity* (Vol. 5). Cambridge, England: Cambridge University Press.

新幾內亞人的簡要地圖

Harley, J. B. and Woodward, D. (Eds.). (1992). *The history of cartography. Vol. 2. Book One: Cartography in the traditional Islamic and South Asian societies*. Chicago, IL: University of Chicago Press.

俯瞰的簡要地圖是網絡

Fontaine, S., Edwards, G., Tversky, B., & Denis, M. (2005). Expert and nonexpert knowledge of loosely structured environments. In D. Mark & T. Cohn (Eds.), *Spatial information theory: Cognitive and computational foundations*. Berlin, Germany: Springer.

Chapter 7 ——框、線和樹狀圖：對其他幾乎一切事物的談論和思考

蘇珊・桑塔格論中心與中間

Cott, J. (2013). *Susan Sontag: The complete* Rolling Stone *interview*. New Haven, CT: Yale University Press.

語言如何描述空間

Talmy, L. (1983). How language structures space. In H. L. Pick & L. P. Acredolo (Eds.), *Spatial orientation* (pp. 225–282). Boston, MA: Springer.

藝術和建築中的形式

Arnheim, R. (1969). *Visual thinking*. Berkeley: University of California Press.

Arnheim, R. (1982). *The Power of the center: A study of composition in the visual arts*. Berkeley: University of California Press.

Kandinsky, W. (1947). *Point and line to plane*. New York, NY: Guggenheim Foundation.

Klee, P. (1953). *Pedagogical Notebook*. New York, NY: Praeger.

樹狀圖是歷史悠久的知識呈現方式

Eco, U. (1984). Metaphor, dictionary, and encyclopedia. *New Literary History, 15*(2), 255–271.

Gontier, N. (2011). Depicting the Tree of Life: The philosophical and historical roots of evolutionary tree diagrams. *Evolution: Education and Outreach, 4*(3), 515–538.

Lima, M. (2014). *The book of trees: Visualizing branches of knowledge*. Princeton, NJ: Princeton Architectural Press.

神經元分支

Cajal, S. R. (1995). *Histology of the nervous system of man and vertebrates* (Vol. 1). Translated by N. Swanson & L. Swanson. New York, NY: Oxford University Press.

Galbis-Reig, D. (2004). Sigmund Freud, MD: Forgotten contributions to neurology, neuropathology, and anesthesia. *Internet Journal of Neurology, 3*, (1).

Triarhou, L. C. (2009). Exploring the mind with a microscope: Freud's beginnings in neurobiology. *Hellenic Journal of Psychology, 6*, 1–13.

樹狀圖作為視覺圖像

Lima, M. (2014). *The book of trees: Visualizing branches of knowledge*. Princeton, NJ: Princeton Architectural Press.

六度分隔

Dodds, P. S., Muhamad, R., & Watts, D. J. (2003). An experimental study of search in global social networks. *Science, 301*(5634), 827–829.

Travers, J., & Milgram, S. (1967). The small world problem. *Psychology Today, 1*(1), 61–67.

社會網絡

Henderson, M. D., Fujita, K., Trope, Y., & Liberman, N. (2006). Transcending the "here": The effect of spatial distance on social judgment. *Journal of Personality and Social Psychology, 91*(5), 845.

Yu, L., Nickerson, J. V., & Tversky, B. (2010, August 9–11). Discovering perceptions of personal social networks through diagrams. In A. K. Goel, M. Jamnik, & N. H. Narayanan (Eds.), *Diagrammatic representation and inference: 6th International Conference, Diagrams 2010, Portland, OR, USA, August 9-11, 2010, Proceedings* (pp. 352–354). Berlin, Germany: SpringerVerlag Berlin Heidelberg. doi:10.1007/978-3-642-14600-8

創造樹狀圖

Munzner, T. (2014). *Visualization analysis and design*. Boca Raton, FL: CRC Press.

Shneiderman, B. (1992). Tree visualization with tree-maps: 2-d space-filling approach. *ACM Transactions on Graphics (TOG), 11*(1), 92–99.

古人將時間描繪成線型

Hassig, R. (2001). *Time, history, and belief in Aztec and colonial Mexico*. Austin: University of Texas Press.

Sharer, R. J., & Traxler, L. P. (2006). *The ancient Maya*. Stanford, CA: Stanford University Press.

Smith, W. S., & Simpson, W. K. (1998). *The art and architecture of ancient Egypt*. New Haven, CT: Yale University Press.

混和的時間隱喻

New York Times. (2017, November 26). Weekend briefing newsletter.

自身動與時間動隱喻

Boroditsky, L. (2000). Metaphoric structuring: Understanding time through spatial metaphors. *Cognition, 75*(1), 1–28.

Clark, H. H. (1973). Time, space, semantics, and the child. In T. E. Moore (Ed.), *Cognitive development and the acquisition of language* (pp. 27–63). New York, NY: Academic Press.

McGlone, M. S., & Harding, J. L. (1998). Back (or forward?) to the future: The role of perspective in temporal language comprehension. *Journal of Experimental Psychology: Learning, Memory, and Cognition, 24*, 1211–1223.

空間賦予時間結構（反之則否）

Boroditsky, L. (2000). Metaphoric structuring: Understanding time through spatial metaphors.

Cognition, 75(1), 1–28.

語言與時間

Clark, H. H. (1973). Space, time, semantics, and the child. In T. E. Moore (Ed.), *Cognitive development and the acquisition of language* (pp. 27–63). New York, NY: Academic Press.

Talmy, L. (1983). How language structures space. In H. L. Pick Jr. & L. P. Acredolo (Eds.), *Spatial orientation: Theory, research and application* (pp. 225–282). New York, NY: Plenum.

手勢改變對時間的思考

Jamalian, A., & Tversky, B. (2012). Gestures alter thinking about time. In N. Miyake, D. Peebles, & R. P. Cooper (Eds.), *Proceedings of the Cognitive Science Society, 34,* 551–557.

時間事件的記憶扭曲

Huttenlocher, J., Hedges, L. V., & Prohaska, V. (1988). Hierarchical organization in ordered domains: Estimating the dates of events. *Psychological Review, 95,* 471–484.

Loftus, E. F., & Marburger, W. (1983). Since the eruption of Mt. St. Helens, has anyone beaten you up? Improving the accuracy of retrospective reports with landmark events. *Memory and Cognition, 11,* 114–120.

體內恆定

Bernard, C. (1927). *An introduction to the study of experimental medicine.* Translated by H. C. Greene. New York, NY: Macmillan. (Original work published 1865)

Cannon, W. B. (1963). *The wisdom of the body.* New York, NY: Norton Library. (Original work published 1932)

電腦的回饋

Wiener, N. (1961). *Cybernetics or control and communication in the animal and the machine* (Vol. 25). Cambridge, MA: MIT Press.

在艾馬拉語裡，過去在前

Núñez, R., & Cooperrider, K. (2013). The tangle of space and time in human cognition. *Trends in Cognitive Sciences, 17*(5), 220–229.

Núñez, R. E., & Sweetser, E. (2006). With the future behind them: Convergent evidence from Aymara language and gesture in the crosslinguistic comparison of spatial construals of time. *Cognitive Science, 30*(3), 401–450.

在中文（和月曆）裡，未來有時在下

Boroditsky, L. (2001). Does language shape thought? Mandarin and English speakers' conceptions of time. *Cognitive Psychology, 43*(1), 1–22.

Fuhrman, O., McCormick, K., Chen, E., Jiang, H., Shu, D., Mao, S., & Boroditsky, L. (2011).

How linguistic and cultural forces shape conceptions of time: English and Mandarin time in 3D. *Cognitive Science, 35*(7), 1305–1328.

時間的方向是書寫方向

Tversky, B., Kugelmass, S., & Winter, A. (1991). Cross-cultural and developmental trends in graphic productions. *Cognitive Psychology, 23*(4), 515–557.

從左到右比時間

Santiago, J., Lupáñez, J., Pérez, E., & Funes, M. J. (2007). Time (also) flies from left to right. *Psychonomic Bulletin & Review, 14*(3), 512–516.

手語和一般說話的視角

Emmorey, K., Tversky, B., & Taylor, H. A. (2000). Using space to describe space: Perspective in speech, sign, and gesture. *Spatial Cognition and Computation, 2*(3), 157–180.

象徵距離

Banks, W. P., & Flora, J. (1977). Semantic and perceptual processes in symbolic comparisons. *Journal of Experimental Psychology: Human Perception and Performance, 3,* 278–290.

Holyoak, K. J., & Mah, W. A. (1981). Semantic congruity in symbolic comparisons: Evidence against an expectancy hypothesis. *Memory and Cognition, 9,* 197–204.

Moyer, R. S. (1973). Comparing objects in memory: Evidence suggesting an internal psychophysics. *Perception and Psychophysics, 1,* 180–184.

Paivio, A. (1978). Mental comparisons involving abstract attributes. *Memory and Cognition, 6,* 199–208.

其他物種的象徵距離

D'Amato, M. R., & Colombo, M. (1990). The symbolic distance effect in monkeys (*Cebus paella*). *Animal Learning & Behavior, 18,* 133–140.

Gelman, R., & Gallistel, C. R. (2004). Language and the origin of numerical concepts. *Science, 306*(5695), 441–443.

其他物種的遞移推論

Bond, A. B, Kamil, A. C, & Balda, R. P. (2003). Social complexity and transitive inference in corvids. *Animal Behavior, 65,* 479–487.

Byrne, R. W., & Bates, L. A. (2007). Sociality, evolution and cognition. *Current Biology, 17,* 714–723.

Byrne, R. W. & Whiten, A. (1988). *Machiavellian intelligence: Social expertise and the evolution of intellect in monkeys, apes, and humans.* Oxford, England: Clarendon Press.

Davis, H. (1992). Transitive inference in rats (*Rattus norvegicus*). *Journal of Comparative Psychology, 106,* 342–349.

Grosenick, L., Clement, T. S., & Fernald, R. D. (2007). Fish can infer social rank by observation alone. *Nature, 445,* 429–432.

MacLean, E. L., Merritt, D. J., & Brannon, E. M. (2008). Social complexity predicts transitive reasoning in Prosimian primates. *Animal Behavior, 76,* 479–486.

Von Fersen, L., Wynee, C. D. L., Delius, J. D., & Staddon, J. E. R. (1991). Transitive inference formation in pigeons. *Journal of Experimental Psychology: Animal Behavior Processes, 17,* 334–341.

孩童和其他物種中的概數系統

Brannon, E. M., & Terrace, H. S. (1998). Ordering of the numerosities 1 to 9 by monkeys. *Science, 282*(5389), 746–749.

Brannon, E. M., Wusthoff, C. J., Gallistel, C. R., & Gibbon, J. (2001). Numerical subtraction in the pigeon: Evidence for a linear subjective number scale. *Psychological Science, 12*(3), 238–243.

Cantlon, J. F., Platt, M. L., & Brannon, E. M. (2009). Beyond the number domain. *Trends in Cognitive Sciences, 13*(2), 83–91.

Gallistel, C. R., Gelman, R., & Cordes, S. (2006). The cultural and evolutionary history of the real numbers. *Evolution and Culture,* 247.

Henik, A., Leibovich, T., Naparstek, S., Diesendruck, L., & Rubinsten, O. (2012). Quantities, amounts, and the numerical core system. *Frontiers in Human Neuroscience, 5,* 186.

McCrink, K., & Spelke, E. S. (2010). Core multiplication in childhood. *Cognition, 116*(2), 204–216.

McCrink, K., & Spelke, E. S. (2016). Non-symbolic division in childhood. *Journal of Experimental Child Psychology, 142,* 66–82.

McCrink, K., Spelke, E. S., Dehaene, S., & Pica, P. (2013). Non-symbolic halving in an Amazonian indigene group. *Developmental Science, 16*(3), 451–462.

Scarf, D., Hayne, H., & Colombo, M. (2011). Pigeons on par with primates in numerical competence. *Science, 334*(6063), 1664–1664.

概數系統和確切數字系統的大腦基質

Cohen Kadosh, R., Henik, A., Rubinsten, O., Mohr, H., Dori, H., van de ven, V., … Linden, D. E. J. (2005). Are numbers special? The comparison systems of the human brain investigated by fMRI. *Neuropsychologia, 43,* 1238–1248.

空間－數字反應編碼連結效應（SNARC）

Dehaene, S., Bossini, S., & Giraux, P. (1993). The mental representation of parity and number magnitude. *Journal of Experimental Psychology: General, 122*(3), 371–396.

Tversky, B., Kugelmass, S., & Winter, A. (1991). Cross-cultural and developmental trends in graphic productions. *Cognitive Psychology, 23*(4), 515–557.

對價值較小者敏感度較大（韋伯－費希納定律）

Cantlon, J. F., Platt, M. L., & Brannon, E. M. (2009). Beyond the number domain. *Trends in Cognitive Sciences, 13*(2), 83–91.

語言中「對價值較小者敏感度較大」的現象

Talmy, L. (1983). How language structures space. In *Spatial orientation* (pp. 225–282). Boston, MA: Springer.

缺乏三以上的數字名稱的文化的數字推理

Frank, M. C., Everett, D. L., Fedorenko, E., & Gibson, E. (2008). Number as a cognitive technology: Evidence from Pirahã language and cognition. *Cognition, 108*(3), 819–824.

Gordon, P. (2004). Numerical cognition without words: Evidence from Amazonia. *Science, 306*(5695), 496–499.

Pica, P., Lemer, C., Izard, V., & Dehaene, S. (2004). Exact and approximate arithmetic in an Amazonian indigene group. *Science, 306*(5695), 499–503.

腦部創傷可能選擇性阻礙確切數字系統和概數系統

Dehaene, S. (2011). *The number sense: How the mind creates mathematics.* New York, NY: Oxford University Press.

Lemer, C., Dehaene, S., Spelke, E., & Cohen, L. (2003). Approximate quantities and exact number words: Dissociable systems. *Neuropsychologia, 41*(14), 1942–1958.

確切數字系統和概數系統在健全大腦中的互動

Gallistel, C. R., & Gelman, R. (1992). Preverbal and verbal counting and computation. *Cognition, 44,* 43–74.

Holloway, I. D., & Ansari, D. (2009). Mapping numerical magnitudes onto symbols: The numerical distance effect and individual differences in children's mathematics achievement. *Journal of Experimental Child Psychology, 103*(1), 17–29.

Lonnemann, J., Linkersdörfer, J., Hasselhorn, M., & Lindberg, S. (2011). Symbolic and non-symbolic distance effects in children and their connection with arithmetic skills. *Journal of Neurolinguistics, 24*(5), 583–591.

Mazzocco, M. M., Feigenson, L., & Halberda, J. (2011). Preschoolers' precision of the approximate number system predicts later school mathematics performance. *PLoS One, 6*(9), e23749.

訓練概數系統有益於確切數字系統

Libertus, M. E., Feigenson, L., & Halberda, J. (2013). Is approximate number precision a stable predictor of math ability? *Learning and Individual Differences, 25,* 126–133.

Lyons, I. M., & Beilock, S. L. (2011). Numerical ordering ability mediates the relation between number-sense and arithmetic competence. *Cognition, 121*(2), 256–261.

Park, J., Bermudez, V., Roberts, R. C., & Brannon, E. M. (2016). Non-symbolic approximate arithmetic training improves math performance in preschoolers. *Journal of Experimental Child Psychology, 152,* 278–293.

Wang, J. J., Odic, D., Halberda, J., & Feigenson, L. (2016). Changing the precision of preschoolers' approximate number system representations changes their symbolic math performance.

Journal of Experimental Child Psychology, 147, 82–99.

記數的歷史

Aczel, A. D. (2016) *Finding zero.* New York, NY: St. Martin's Griffin.

Cajori, F. (1928). *A history of mathematical notations. Vol. I, Notations in elementary mathematics.* North Chelmsford, MA: Courier Corporation.

Cajori, F. (1928). *A history of mathematical notations. Vol. II, Notations mainly in higher mathematics.* Chicago, IL: Open Court Publishing.

Ifrah, G. (2000). *The universal history of numbers: From prehistory to the invention of the computer.* Translated by D. Vellos, E. F. Harding, S. Wood, & I. Monk. Toronto, Canada: Wiley.

Mazur, J. (2014). *Enlightening symbols: A short history of mathematical notation and its hidden powers.* Princeton, NJ: Princeton University Press.

在西方，記數和書寫與會計一起出現

Schmandt-Besserat, D. (1992). *Before writing, Vol. I: From counting to cuneiform.* Austin: University of Texas Press.

空間對記數系統很重要

Dehaene, S. (2011). *The number sense: How the mind creates mathematics.* New York, NY: Oxford University Press.

Gelman, R., & Gallistel, C. R. (1978). *The child's understanding of number.* Cambridge, MA: Harvard University Press.

Lakoff, G., & Núñez, R. (2000). *Where mathematics comes from: How the embodied mind brings mathematics into being.* New York, NY: Basic Books.

視線追蹤已經不在的東西

Kahneman, D. (1973). *Attention and effort.* Englewood Cliffs, NJ: Prentice Hall.

想像的空間距離影響閱讀時間

Bar-Anan, Y., Liberman, N., Trope, Y., & Algom, D. (2007). Automatic processing of psychological distance: Evidence from a Stroop task. *Journal of Experimental Psychology: General, 136*(4), 610.

想像的空間距離影響對人的判斷

Liberman, N., Trope, Y., & Stephan, E. (2007). Psychological distance. In A. W. Kruglanski & E. T. Higgins (Eds.), *Social psychology: Handbook of basic principles* (2nd ed., pp. 353–383). New York, NY: Guilford Press.

Ross, L. (1977). The intuitive psychologist and his shortcomings: Distortions in the attribution process. In L. Berkowitz (Ed.), *Advances in experimental social psychology* (Vol. 10, pp. 173–220). New York, NY: Academic Press.

Trope, Y., & Liberman, N. (2010). Construal-level theory of psychological distance.

Psychological Review, 117(2), 440.

距離越遠，語言越抽象，思考也越抽象

Förster, J., Friedman, R. S., & Liberman, N. (2004). Temporal construal effects on abstract and concrete thinking: consequences for insight and creative cognition. *Journal of Personality and Social Psychology, 87*(2), 177.

Jia, L., Hirt, E. R., & Karpen, S. C. (2009). Lessons from a faraway land: The effect of spatial distance on creative cognition. *Journal of Experimental Social Psychology, 45*(5), 1127–1131.

Liberman, N., Polack, O., Hameiri, B., & Blumenfeld, M. (2012). Priming of spatial distance enhances children's creative performance. *Journal of Experimental Child Psychology, 111*(4), 663–670.

Semin, G. R., & Smith, E. R. (1999). Revisiting the past and back to the future: Memory systems and the linguistic representation of social events. *Journal of Personality and Social Psychology, 76*(6), 877.

認知參照點放大近的東西之間的距離，縮小遠的東西之間的距離（韋伯－費希納定律）

Holyoak, K. J., & Mah, W. A. (1982). Cognitive reference points in judgements of symbolic magnitude. *Cognitive Psychology, 14*, 328–352.

社會視角：從上往下和由內朝外

Keltner, D., Gruenfeld, D. H., & Anderson, C. (2003). Power, approach, and inhibition. *Psychological Review, 110*(2), 265.

Keltner, D., Van Kleef, G. A., Chen, S., & Kraus, M. W. (2008). A reciprocal influence model of social power: Emerging principles and lines of inquiry. *Advances in Experimental Social Psychology, 40*, 151–192.

Van Kleef, G. A., Oveis, C., Van Der Löwe, I., Luo Kogan, A., Goetz, J., & Keltner, D. (2008). Power, distress, and compassion: Turning a blind eye to the suffering of others. *Psychological Science, 19*(12), 1315–1322.

言詞透露感覺

Arnheim, R. (1974). *Art and visual perception.* Berkeley: University of California Press.

失明兒童的空間語言

Landau, B., Gleitman, L. R., & Landau, B. (2009). *Language and experience: Evidence from the blind child* (Vol. 8). Cambridge, MA: Harvard University Press.

Landau, B., Spelke, E., & Gleitman, H. (1984). Spatial knowledge in a young blind child. *Cognition, 16*(3), 225–260.

命題作為思考的最小單位

Anderson, J. R. (2013). *The architecture of cognition.* New York, NY: Psychology Press.

Pylyshyn, Z. W. (1973). What the mind's eye tells the mind's brain: A critique of mental imagery.

Psychological Bulletin, 80(1), 1.

空間思考作為語言的基礎

Fauconnier, G. (1994). *Mental spaces: Aspects of meaning construction in natural language*. Cambridge, England: Cambridge University Press.

Fauconnier, G., & Sweetser, E. (Eds.). (1996). *Spaces, worlds, and grammar*. Chicago, IL: University of Chicago Press.

Lakoff, G., & Johnson, M. (2008). *Metaphors we live by*. Chicago, IL: University of Chicago Press.

Talmy, L. (1983). How language structures space. In H. L. Pick & L. P. Acredolo (Eds.), *Spatial orientation* (pp. 225–282). Boston, MA: Springer.

Chapter 8 ──我們創造的空間：地圖、圖示、簡圖、說明書、漫畫

費爾南多・佩索亞引文

Art proves that life is not enough. (n.d.). AZ Quotes. Retrieved from https://www.azquotes.com/author/11564-Fernando_Pessoa?p=3

西班牙洞穴裡的尼安德塔人岩畫

Hoffmann, D. L., Standish, C. D., García-Diez, M., Pettitt, P. B., Milton, J. A., Zilhão, J., ... Lorblanchet, M. (2018). U-Th dating of carbonate crusts reveals Neanderthal origin of Iberian cave art. *Science, 359*(6378), 912–915.

認知設計原則

Adapted from Tversky, B., Morrison, J. B., & Betrancourt, M. (2002). Animation: Can it facilitate? *International Journal of Human-Computer Studies, 57*(4), 247–262.

Also see Norman, D. (2013). *The design of everyday things: Revised and expanded edition*. New York, NY: Basic Books.

書寫的歷史

Gelb, I. J. (1952). *A study of writing*. Chicago, IL: University of Chicago Press.

（目前所知）最古老的地圖

Utrilla, P., Mazo, C., Sopena, M. C., Martínez-Bea, M., & Domingo, R. (2009). A Paleolithic map from 13,660 calBP: Engraved stone blocks from the Late Magdalenian in Abauntz Cave (Navarra, Spain). *Journal of Human Evolution*, 57(2), 99–111.

曆法的歷史

Boorstin, D. J. (1985). *The discoverers: A history of man's search to know his world and himself*. New York, NY: Vintage.

古代洞窟裡的星圖

Rappenglück, M. (1997). The Pleiades in the "Salle des Taureaux," grotte de Lascaux. Does a rock picture in the cave of Lascaux show the open star cluster of the Pleiades at the Magdalénien era (ca 15.300 BC)? In C. Jaschek & F. Atrio Barendela (Eds.), *Proceedings of the IVth SEAC Meeting "Astronomy and Culture"* (pp. 217–225). Salamanca, Spain: University of Salamanca.

Wikipedia. (n.d.). Star chart. Retrieved from https://en.wikipedia.org/wiki /Star_chart

北美原住民以手為地圖，用手勢說明

Finney, B. (1998). Nautical cartography and traditional navigation in Oceania. In D. Woodward & G. M. Lewis (Eds.), *The history of cartography. Vol. 2, Book Three: Cartography in the traditional African, American, Arctic, Australian, and Pacific societies* (pp. 443–492). Chicago, IL: University of Chicago Press.

Lewis, G. M. (1998). Maps, mapmaking, and map use by native North Americans. In D. Woodward & G. M. Lewis (Eds.), *The history of cartography. Vol. 2, Book Three: Cartography in the traditional African, American, Arctic, Australian, and Pacific societies* (pp. 51–182). Chicago, IL: University of Chicago Press.

Smethurst, G. (1905). *A narrative of an extraordinary escape out of the hands of the Indians, in the gulph of St. Lawrence.* Edited by W. F. Ganong. Whitefish, MT: Kessinger Publishing. (Original work published London, 1774).

阿茲特克古卷裡描繪歷史的地圖

Boone, E. H. (2010). *Stories in red and black: Pictorial histories of the Aztecs and Mixtecs.* Austin: University of Texas Press.

簡要地圖的句法和語意

Denis, M. (1997). The description of routes: A cognitive approach to the production of spatial discourse. *Cahiers de Psychologie, 16,* 409–458.

Tversky, B., & Lee, P. U. (1998). How space structures language. In C. Freksa, W. Brauer, C. Habel, & K. F. Wender (Eds.), *Spatial cognition III* [Lecture Notes in Computer Science] (Vol. 1404, pp. 157–175). Berlin, Germany: Springer, Berlin, Heidelberg.

Tversky, B., & Lee, P. U. (1999). Pictorial and verbal tools for conveying routes. In *International Conference on Spatial Information Theory* (pp. 51–64). Berlin, Germany: Springer, Berlin, Heidelberg.

以經驗方法為地圖設計建立認知指引

Agrawala, M., & Stolte, C. (2001, August). Rendering effective route maps: Improving usability through generalization. *Proceedings of the 28th Annual Conference on Computer Graphics and Interactive Techniques,* 241–249.

Tversky, B., Agrawala, M., Heiser, J., Lee, P., Hanrahan, P., Phan, D., ... Daniel, M.-P. (2006). Cognitive design principles for automated generation of visualizations. In G. L. Allen (Ed.), *Applied spatial cognition: From research to cognitive technology* (pp. 53–75). New York, NY: Psychology Press.

設計三P（製作、偏好和表現）

Kessell, A., & Tversky, B. (2011). Visualizing space, time, and agents: Production, performance, and preference. *Cognitive Processing, 12*(1), 43–52.

解讀伊尚戈骨

Pletser, V., & Huylebrouck, D. (1999). The Ishango artefact: The missing base 12 link. *FORMA-TOKYO, 14*(4), 339–346.

Pletser, V., & Huylebrouck, D. (2008, January). An interpretation of the Ishango rods. In *Proceedings of the Conference Ishango, 22000 and 50 Years Later: The Cradle of Mathematics* (pp. 139–170). Brussels, Belgium: Royal Flemish Academy of Belgium, KVAB.

數字理解的發展

Gelman, R., & Gallistel, C. R. (1986). *The child's understanding of number*. Cambridge, MA: Harvard University Press.

形式符號是圖

Landy, D., & Goldstone, R. L. (2007). Formal notations are diagrams: Evidence from a production task. *Memory & Cognition, 35*(8), 2033–2040.

人用空間解決數學問題；數學證明是說故事

Landy, D., & Goldstone, R. L. (2007). How abstract is symbolic thought? *Journal of Experimental Psychology: Learning, Memory, and Cognition, 33*(4), 720.

不論東方人或西方人，都認為東方社會比西方社會複雜

Miyamoto, Y., Nisbett, R. E., & Masuda, T. (2006). Culture and the physical environment: Holistic versus analytic perceptual affordances. *Psychological Science, 17*(2), 113–119.

中國算術圖獲評比美國算術圖複雜

Wang, E. (2011). *Culture and math visualization: Comparing American and Chinese math images* (Unpublished master's thesis). Columbia Teachers College, New York, NY.

Zheng, F. (2015). *Math visualizations across cultures: Comparing Chinese and American math images.* (Unpublished master's thesis). Columbia Teachers College, New York, NY.

測量和計算能減少部分偏見和錯誤

Kahneman, D., & Tversky, A. (2013). Choices, values, and frames. In W. Ziemba & L. C. MacLean (Eds.), *Handbook of the fundamentals of financial decision making: Part I* (pp. 269–278). Hackensack, NJ: World Scientific Publishing Co.

Tversky, A., & Kahneman, D. (1974). Judgment under uncertainty: Heuristics and biases. *Science, 185*(4157), 1124–1131.

Tversky, A., & Kahneman, D. (1981). The framing of decisions and the psychology of choice.

Science, 211(4481), 453–458.

Tversky, A., & Kahneman, D. (1983). Extensional versus intuitive reasoning: The conjunction fallacy in probability judgment. *Psychological Review, 90*(4), 293.

在古代幾何學裡，文字只是為圖註解，而非反過來

Netz, R. (2003). *The shaping of deduction in Greek mathematics: A study in cognitive history* (Vol. 51). Cambridge, England: Cambridge University Press.

空間心理模型

Johnson-Laird, P. N. (1980). Mental models in cognitive science. *Cognitive Science, 4*(1), 71–115.

Tversky, B. (1991). Spatial mental models. *Psychology of Learning and Motivation, 27,* 109–145. https://doi.org/10.1016/S0079-7421(08)60122-X

以歐拉圖推理

Chapman, P., Stapleton, G., Rodgers, P., Micallef, L., & Blake, A. (2014). Visualizing sets: An empirical comparison of diagram types. In T. Dwyer, H. Purchase, & A. Delaney (Eds.), *Diagrammatic representation and inference. Diagrams 2014, Lecture Notes in Computer Science* (Vol. 8578, pp. 146–160). Berlin, Germany: Springer, Berlin, Heidelberg.

Sato, Y., Mineshima, K., & Takemura, R. (2010). The efficacy of Euler and Venn diagrams in deductive reasoning: Empirical findings. In A. K. Goel, M. Jamnik, & N. H. Narayanan (Eds.), *Diagrammatic representation and inference: 6th International Conference, Diagrams 2010, Portland, OR, USA, August 9–11, 2010, Proceedings* (pp. 6–22). Berlin, Germany: Springer-Verlag Berlin Heidelberg. doi:10.1007/978-3-642-14600-8

用圖做三段論推理

Barwise, J., & Etchemendy, J. (1994). *Hyperproof: For Macintosh.* Center for the Study of Language and Inf.

Giardino, V. (2017). Diagrammatic reasoning in mathematics. In L. Magnani & T. Bertolotti (Eds.), *Springer handbook of model-based science* (pp. 499–522). New York, NY: Springer.

Green, T. R. G., & Petre, M. (1996). Usability analysis of visual programming environments: A "cognitive dimensions" framework. *Journal of Visual Languages & Computing, 7*(2), 131–174.

Shin, S. J. (1994). *The logical status of diagrams.* Cambridge, England: Cambridge University Press.

Stenning, K., & Lemon, O. (2001). Aligning logical and psychological perspectives on diagrammatic reasoning. *Artificial Intelligence Review, 15*(1–2), 29–62.

Wexler, M. (1993). Matrix models on large graphs. *Nuclear Physics, B410,* 377–394.

音樂符號

Wikipedia. (n.d.). Musical notation. Retrieved from https://en.wikipedia.org /wiki/Musical_notation

舞蹈符號

Encyclopaedia Britannica. (n.d.). Dance notation. Retrieved from https://www .britannica.com/art/
dance-notation

計時裝置史

Bruxton, E. (1979). *The history of clocks and watches.* New York, NY: Crescent.

中國古代曆算

Calendars Through the Ages. (n.d.). The Chinese calendar. Retrieved from http://www.webexhibits.
org/calendars/calendar-chinese.html

超新星岩畫

Sule, A., Bandey, A., Vahia, M., Iqbal, N., & Tabasum, M. (2011). Indian record for Kepler's supernova:
Evidence from Kashmir Valley. *Astronomische Nachrichten, 332*(6), 655—657.

古典藝術裡對事件的描繪

Small, J. P. (1999). Time in space: Narrative in classical art. *Art Bulletin, 81*(4), 562–575.

Small, J. P. (2003). *Wax tablets of the mind: Cognitive studies of memory and literacy in classical antiquity.*
New York, NY: Routledge.

事件感知與認知

Daniel, M. P., & Tversky, B. (2012). How to put things together. *Cognitive Processing, 13*(4), 303–319.

Hard, B. M., Recchia, G., & Tversky, B. (2011). The shape of action. *Journal of Experimental Psychology:
General, 140*(4), 586.

Tversky, B., & Zacks, J. M. (2013). Event perception. In D. Riesberg (Ed.), *Oxford handbook of cognitive
psychology* (pp. 83–94). Oxford, England: Oxford University Press.

Zacks, J. M., & Radvansky, G. A. (2014). *Event cognition.* Oxford, England: Oxford University Press.

Zacks, J. M., & Swallow, K. M. (2007). Event segmentation. *Current Directions in Psychological Science,
16*(2), 80–84.

Zacks, J. M., & Tversky, B. (2001). Event structure in perception and conception. *Psychological Bulletin,
127*(1), 3.

以經驗研究建立行動順序的認知設計原則

Agrawala, M., Phan, D., Heiser, J., Haymaker, J., Klingner, J., Hanrahan, P., & Tversky, B. (2003, July).
Designing effective step-by-step assembly instructions. *ACM Transactions on Graphics (TOG),
22*(3), 828–837.

Daniel, M. P., & Tversky, B. (2012). How to put things together. *Cognitive Processing, 13*(4), 303–319.

Tversky, B., Agrawala, M., Heiser, J., Lee, P., Hanrahan, P., Phan, D., ... Daniel, M. P. (2006). Cognitive
design principles for automated generation of visualizations. In G. L. Allen (Ed.), *Applied spatial
cognition: From research to cognitive technology* (pp. 53–75). Mahwah, NJ: Erlbaum.

用IKEA說明書組裝椅子的機器人

Suárez-Ruiz, F., Zhou, X., & Pham, Q. C. (2018). Can robots assemble an IKEA chair? *Science Robotics,* *3*(17), eaat6385.

Warren, M. (2018, April 18). Can this robot build an IKEA chair faster than you? *Science.* Retrieved from http://www.sciencemag.org/news/2018/04/can-robot-build-ikea-chair-faster-you

資訊圖的古典作品

Bertin, J. (1983). *Semiology of graphics: Diagrams, networks, maps.* Madison: University of Wisconsin.

Card, S. K., Mackinlay, J. D., & Shneiderman, B. (1999). *Readings in information visualization: Using vision to think.* San Francisco, CA: Morgan Kaufman.

啟蒙價值

Pinker, S. (2018). *Enlightenment now: The case for reason, science, humanism, and progress.* New York, NY: Penguin.

圖示和圖示學的歷史

Bender, J., & Marrinan, M. (2010). *The culture of diagram.* Stanford, CA: Stanford University Press.

Stjernfelt, F. (2007). *Diagrammatology: An investigation on the borderlines of phenomenology, ontology, and semiotics* (Vol. 336). New York, NY: Springer Science & Business Media.

人自然而然會以空間表達時間、數量和偏好，不分孩童或大人，也不分文化

Tversky, B., Kugelmass, S., & Winter, A. (1991). Cross-cultural and developmental trends in graphic productions. *Cognitive Psychology, 23*(4), 515–557.

語言裡隱喻使用的「上－下」

Clark, H. H. (1973). Space, time, semantics, and the child. In T. E. Moore (Ed.), *Cognitive development and acquisition of language* (pp. 27–63). New York, NY: Academic Press.

Lakoff, G., & Johnson, M. (2008). *Metaphors we live by.* Chicago, IL: University of Chicago Press.

Talmy, L. (2000). *Toward a cognitive semantics.* Cambridge, MA: MIT Press.

你是你的人際網絡的中心

Yu, L., Nickerson, J. V., & Tversky, B. (2010). Discovering perceptions of personal social networks through diagrams. In A. K. Goel, M. Jamnik, & N. H. Narayanan (Eds.), *Diagrammatic representation and inference: 6th International Conference, Diagrams 2010, Portland, OR, USA, August 9-11, 2010, Proceedings* (pp. 352–354). Berlin, Germany: Springer-Verlag Berlin Heidelberg. doi:10.1007/978-3-642-14600-8

在沒有線的地方看出線：卡尼札圖形

Kanizsa, G. (1976). Subjective contours. *Scientific American, 234*(4), 48–53.

為線著迷

Tversky, B. (2011). Obsessed by lines. In A. Kantrowitz, A. Brew, & M. Fava (Eds.), *Thinking through Drawing: Practice into Knowledge: Proceedings of an Interdisciplinary Symposium on Drawing, Cognition and Education* (p. 15). New York, NY: Teachers College Columbia University Art and Art Education.

Tversky, B. (2013). Lines of thought. In H. D. Christensen, T. Kristensen, & A. Michelsen (Eds.), *Transvisuality: The cultural dimension of visuality: Vol. 1: Boundaries and creative openings* (pp. 142–156). Liverpool, England: Liverpool University Press.

Tversky, B. (2016). Lines: Orderly and messy. In Y. Portugali & E. Stolk (Eds.), *Complexity, cognition, urban planning and design* (pp. 237–250). Dordrecht, the Netherlands: Springer.

克利：線是外出散步的點

Klee, P. (n.d.). A line is a dot that went for a walk. Paul Klee: Paintings, Biography and Quotes. Retrieved from http://www.paulklee.net/paul-klee-quotes.jsp

點、線、面

Kandinsky, W. (1947). *Point and line to plane*. Translated by H. Dearstyne & H. Rebay. New York, NY: Guggenheim. (Original work published 1926)

Klee, P., & Moholy-Nagy, S. (1953). *Pedagogical sketchbook*. New York, NY: Praeger.

解讀和製作線形圖和長條圖

Zacks, J., & Tversky, B. (1999). Bars and lines: A study of graphic communication. *Memory & Cognition, 27*(6), 1073–1079.

不同的數據圖示形式帶出不同的推論

Kessell, A., & Tversky, B. (2011). Visualizing space, time, and agents: Production, performance, and preference. *Cognitive Processing, 12*(1), 43–52.

Nickerson, J. V., Corter, J. E., Tversky, B., Rho, Y. J., Zahner, D., & Yu, L. (2013). Cognitive tools shape thought: Diagrams in design. *Cognitive Processing, 14*(3), 255–272.

Nickerson, J. V., Tversky, B., Corter, J. E., Yu, L., Rho, Y. J., & Mason, D. (2010). Thinking with networks. In Proceedings of the Annual Meeting of *the Cognitive Science Society, 32*(32).

Tversky, B. (2011). Visualizing thought. *Topics in Cognitive Science, 3*(3), 499–535.

Tversky, B., Corter, J. E., Yu, L., Mason, D. L., & Nickerson, J. V. (2012, July). Representing category and continuum: Visualizing thought. In *International Conference on Theory and Application of Diagrams* (pp. 23–34). Berlin, Germany: Springer, Berlin, Heidelberg.

Tversky, B., Gao, J., Corter, J. E., Tanaka, Y., & Nickerson, J. V. (2016). People, place, and time: Inferences from diagrams. In M. Jamnik, Y. Uesaka, & S. Elzer Schwartz (Eds.), *Diagrammatic representation and inference. Diagrams 2016. Lecture Notes in Computer Science* (Vol. 9781, pp. 258–264). Switzerland: Springer, Cham.

箭號

Denis, M. (2018). Arrow in diagrammatic and navigational spaces. In J. M. Zacks & H. A. Taylor (Eds.), *Representations in mind and world: Essays inspired by Barbara Tversky* (pp. 63–84). New York, NY: Routledge.

Heiser, J., & Tversky, B. (2006). Arrows in comprehending and producing mechanical diagrams. *Cognitive Science, 30*(3), 581–592.

Horn, R. E. (1998). Visual language. Bainbridge Island, WA: Macrovu.

MacKenzie, R. (n.d.). *Diagrammatic narratives: Telling scientific stories effectively with diagrams* (Honors thesis in psychology). Stanford University, Stanford, CA.

Mayon, C. (2010). A child's conception of the multiple meanings of arrow. (Unpublished master's thesis). Columbia Teachers College, New York, NY.

Tversky, B., Heiser, J., MacKenzie, R., Lozano, S., & Morrison, J. B. (2007). Enriching animations. In R. Lowe & W. Schnotz (Eds.), *Learning with animation: Research implications for design* (pp. 263–285). New York, NY: Cambridge University Press.

Tversky, B., Zacks, J., Lee, P., & Heiser, J. (2000). Lines, blobs, crosses and arrows: Diagrammatic communication with schematic figures. In M. Anderson, P. Cheng, & V. Haarslev (Eds.), *Theory and application of diagrams. Diagrams 2000. Lecture notes in computer science* (Vol. 1889, pp. 221–230). Berlin, Germany: Springer, Berlin, Heidelberg.

動畫

Mayer, R. E., & Anderson, R. B. (1991). Animations need narrations: An experimental test of a dual-coding hypothesis. *Journal of Educational Psychology, 83*(4), 484.

Mayer, R. E., & Moreno, R. (2002). Animation as an aid to multimedia learning. *Educational Psychology Review, 14*(1), 87–99.

Tversky, B., Heiser, J., Mackenzie, R., Lozano, S., & Morrison, J. (2008). Enriching animations. In R. Lowe & W. Schnotz (Eds.), *Learning with animation: Research implications for design* (pp. 263–285). New York, NY: Cambridge University Press.

Tversky, B., Heiser, J., & Morrison, J. (2013). Space, time, and story. In B. H. Ross (Ed.), *The psychology of learning and motivation* (pp. 47–76). San Diego, CA: Elsevier Academic Press. https://doi.org/10.1016/B978-0-12-407237-4.12001-8.

Tversky, B., Morrison, J. B., & Betrancourt, M. (2002). Animation: Can it facilitate? *International Journal of Human-Computer Studies, 57*(4), 247–262.

Zacks, J. M., & Tversky, B. (2003). Structuring information interfaces for procedural learning. *Journal of Experimental Psychology*: Applied, 9(2), 88.

平板電腦和手勢若搭配得當，有助於思考和計算

Segal, A., Tversky, B., & Black, J. (2014). Conceptually congruent actions can promote thought. *Journal of Applied Research in Memory and Cognition, 3*(3), 124–130.

Isotype 與普世圖像語言

Neurath, O. (1936). *International Picture Language. The first rules of Isotype*. London, England: Kegan Paul.

Neurath, O., & Ogden, C. K. (1937). *BASIC by Isotype*. London, England: K. Paul, Trench, Trubner.

圖有助於協調意見

Horn, R. E. (1999). Information design: Emergence of a new profession. In R. E. Jacobson (Ed.), *Information design* (pp. 15–33). Cambridge, MA: MIT Press.

圖有助於學習

Carney, R. N., & Levin, J. R. (2002). Pictorial illustrations still improve students' learning from text. *Educational Psychology Review, 14*(1), 5–26.

Levie, W. H., & Lentz, R. (1982). Effects of text illustrations: A review of research. *ECTJ, 30*(4), 195–232.

Mayer, R. E. (2002). Multimedia learning. In B. H. Ross (Ed.), *The Psychology of learning and motivation* (Vol. 41, pp. 85–139). New York, NY: Academic Press.

Mayer, R. E., & Gallini, J. K. (1990). When is an illustration worth ten thousand words? *Journal of Educational Psychology, 82*(4), 715.

Tversky, B., Heiser, J., & Morrison, J. (2013). Space, time, and story. In B. H. Ross (Ed.), *The psychology of learning and motivation* (pp. 47–76). San Diego, CA: Elsevier Academic Press. https://doi.org/10.1016/B978-0-12-407237-4.12001-8.

讓比爾‧蓋茲將基金會投入促進全球健康的簡單圖示
感謝艾蓮諾‧福克斯（Eleanor Fox）提供這個例子。

Duenes, S. (2008, February 25). Talk to the newsroom: Graphics director Steve Duenes. *New York Times*. Retrieved from https://www.nytimes.com/2008/02/25/business/media/25asktheeditors.html

Kristof, N. D. (1997, January 9). For third world, water is still a deadly drink. *New York Times*. Retrieved from http://www.nytimes.com/1997/01/09 /world/for-third-world-water-is-still-a-deadly-drink.html

說故事
對論述形式（尤其是故事）的精妙闡述很多，以下只是其中一小部分

Bordwell, D. (1985). *Narration in the fiction film*. Madison: University of Wisconsin Press.

Bordwell, D., & Thompson, K. (2003). *Film art: An introduction*. New York, NY: McGraw-Hill.

Branigan, E. (1992). *Narrative comprehension and film*. New York, NY: Routledge.

Bruner, J. (1987). *Actual minds, possible worlds*. Cambridge, MA: Harvard University Press.

Bruner, J. (2004). Life as narrative. *Social Research, 71,* 691–710.

Gee, J. P. (2014). *An introduction to discourse analysis: Theory and method*. New York, NY: Routledge.

Lupton, E. (2017). Design is story-telling. New York, NY: Cooper Hewitt Design Museum.

McPhee, J. (2013, January 14). Structure. *The New Yorker*, pp. 46–55.

McPhee, J. (2015, September 14). Omission. *The New Yorker*.

Prince, G. (2003). *A dictionary of narratology* (Rev. ed.). Lincoln: University of Nebraska Press.

Rumelhart, D. E. (1975). Notes on a schema for stories. In D. G. Bobrow & A. Collins (Eds.), *Representation and understanding: Studies in cognitive science* (pp. 211–237). New York, NY: Academic Press.

Schiffrin, D., Tannen, D., & Hamilton, H. E. (Eds.). (2008). *The handbook of discourse analysis*. New York, NY: Wiley.

Tversky, B. (2018). Story-telling in the wild: Implications for data storytelling. In S. Carpendale, N. Diakopoulos, N. Henri-Riche, & C. Hurter (Eds.), *Data-driven storytelling*. New York, NY: CRC Press.

Tversky, B., Heiser, J., & Morrison, J. (2013). Space, time, and story. In B. H. Ross (Ed.), *The psychology of learning and motivation* (pp. 47–76). San Diego, CA: Elsevier Academic Press. https://doi.org/10.1016/B978-0-12-407237-4.12001-8

漫畫對學習可以有助益

Aleixo, P. A., & Sumner, K. (2017). Memory for biopsychology material presented in comic book format. *Journal of Graphic Novels and Comics, 8*(1), 79–88.

Caldwell, J. (2012, October). Information comics: An overview. *2012 IEEE International Professional Communication Conference* (pp. 1–7). doi:10.1109/IPCC.2012.6408645

Short, J. C., Randolph-Seng, B., & McKenny, A. F. (2013). Graphic presentation: An empirical examination of the graphic novel approach to communicate business concepts. *Business Communication Quarterly, 76*(3), 273–303.

漫畫媒介的理論與分析

我深深感謝強納森・布瑞斯曼在這個主題上的慷慨相助。他對漫畫既有百科全書般的記性，又有學者般的知性。每次我問「有⋯⋯的漫畫嗎？」他總能回我好幾個例子，並講出更多我沒想到的細膩現象。他讓我看到漫畫這個媒介多麼豐富、有趣、慧點又優美。

Cartoon guides: Larry Gonick: http://www.larrygonick.com

Comics for kids: Toon Books: http://www.toon-books.com

Journalism: Archcomix: http://www.archcomix.com; Palestine (comics) in Wikipedia: https://en.wikipedia.org/wiki/Palestine_(comics); *The Influencing Machine: Brooke Gladstone on the Media:* https://en.wikipedia.org/wiki/Influencing_Machine_(book)

Compendium of excellent examples of comics art: Carlin, J., Karasik, P., & Walker, B. (2005). *Masters of American comics*. Los Angeles, CA: Hammer Museum and the Museum of Contemporary Art, Los Angeles, in association with Yale University Press.

在尼克・索薩尼斯（Nick Sousanis）的《非平面》（*Unflattening*）裡，可以找到幾首表達這些概念的視覺詩（Cambridge, MA: Harvard University Press，2005）。我有幸在他創作這本書之前教過他。我在那門課上講了很多這幾頁提到的概念。

Cohn, N. (2013). *The visual language of comics*. London, England: Bloomsbury.

Eisner, W. (2008). *Graphic storytelling and visual narrative*. New York, NY: W. W. Norton.

Eisner, W. (2008). Comics and sequential art: Principles and practices from the *legendary cartoonist*.

New York, NY: W. W. Norton.

Groensteen, T. (2007). *The system of comics*. Translated by B. Beaty & N. Nguyen. Jackson: University Press of Mississippi.

McCloud, S. (1993). *Understanding comics*. New York, NY: William Morrow Paperbacks.

Spiegelman, A. (2011). MetaMaus. New York, NY: Pantheon.

Spiegelman, A. (2013). *Co-Mix: A retrospective of comics, graphics, and scraps*. Montreal, Canada: Drawn and Quarterly.

圖比文字好記

Paivio, A. (1991). Dual coding theory: Retrospect and current status. *Canadian Journal of Psychology/ Revue canadienne de psychologie, 45*(3), 255.

表情符號和GIF檔暴增

感謝歐仁・特沃斯基（Oren Tversky）提供這個例子。

Clarke, T. (2018, October 5). 24+ Instagram statistics that matter to marketers in 2019. Hootsuite. Retrieved from https://blog.hootsuite.com /instagram-statistics/

Dua, T. (2015). Emojis by the numbers: A Digiday data dump. Retrieved from https://digiday.com/ marketing/digiday-guide-things-emoji/

Konrad, A. (2016). Giphy passes 100 million daily users who send 1 billion GIFs each day, reveals GV as investor. *Forbes*. Retrieved from https://www.forbes.com/sites/alexkonrad/2016/10/26/giphy-passes-100-million-users-reveals-gv-as-investor/#2273a37f4d64

弗瑞塔格－亞里斯多德敘事弧

Freytag, G. (1863). *Die Technik des Dramas*.

漫畫裡框的結構和對話框

Groensteen, T. (2007). *The system of comics*. Translated by B. Beaty & N. Nguyen. Jackson: University Press of Mississippi.

為文字和圖添加資訊

Clark, H. H. (1975). Bridging. In *Proceedings of the 1975 Workshop on Theoretical Issues in Natural Language Processing* (pp. 169–174). Cambridge, MA: Association for Computational Linguistics.

Intraub, H., Bender, R. S., & Mangels, J. A. (1992). Looking at pictures but remembering scenes. *Journal of Experimental Psychology: Learning, Memory, and Cognition, 18*(1), 180.

分割事件和故事

McCloud, S. (1993). *Understanding comics*. New York, NY: William Morrow Paperbacks.

Tversky, B. and Zacks, J. M. (2013). Event perception. In D. Riesberg (Ed.), *Oxford handbook of cognitive psychology* (pp. 83–94). Oxford, England: Oxford University Press.

Zacks, J. M. (2014). *Flicker: Your brain on movies*. New York, NY: Oxford University Press.

文化和語言影響漫畫創作

Tversky, B. & Chow, T. (2017). Language and culture in visual narratives. *Cognitive Semiotics, 10*(2), 77–89.

Chapter 9 ──以頁面對話：設計、科學與藝術

畢卡索和布拉克的引文

Georges Braque. (n.d.). Retrieved from https://en.wikiquote.org/wiki/Georges_Braque

Interview with Gaston Diehl. (1945). Les Problèmes de la Peinture. Paris, France.

Picasso, P., & Fraisse, G. (1999). *Conversations with Picasso*. Chicago, IL: University of Chicago Press.

達文西的人生和作品

Kemp, M. (2005). *Leonardo*. Oxford, England: Oxford University Press.

抽象的優點

Tversky, B. (2015). On abstraction and ambiguity. In J. Gero (Ed.), *Studying visual and spatial reasoning for design* (pp. 215–223). New York, NY: Springer.

達文西的設計

Gopnik, A. (2005, January 17). Renaissance man: The life of Leonardo. *The New Yorker*.

Isaacson, W. (2017). *Leonardo da Vinci*. New York, NY: Simon & Schuster.

Kemp, M. (2005). *Leonardo*. Oxford, England: Oxford University Press.

Kemp, M. (2006). *Seen/unseen: Art, science, and intuition from Leonardo to the Hubble telescope*. Oxford, England: Oxford University Press.

Rosand, D. (2002). *Drawing acts: Studies in graphic expression and representation*. Cambridge, England: Cambridge University Press.

Wikipedia. (n.d.). Vebjørn Sand Da Vinci Project. Retrieved from https://en.wikipedia.org/wiki/Vebj%C3%B8rn_Sand_Da_Vinci_Project

潔瑪‧安德森與科學家的合作

Anderson, G. (2017). *Drawing as a way of knowing in art and science*. Bristol, England: Intellect Limited.

創作視覺說明有助於理解 STEM

Bobek, E., & Tversky, B. (2016). Creating visual explanations improves learning. *Cognitive Research: Principles and Implications, 1*(1), 27.

在 STEM 實驗室裡運用圖示

Burnston, D. C., Sheredos, B., Abrahamsen, A., & Bechtel, W. (2014). Scientists' use of diagrams in developing mechanistic explanations: A case study from chronobiology. *Pragmatics & Cognition*,

22(2), 224–243.

WORGODS: WORking Group on Diagrams in Science. (n.d.). Diagrams in science. Retrieved from http://mechanism.ucsd.edu/WORGODS/index.html

建築師從自己的草圖裡得到新發現

Goldschmidt, G. (1991). The dialectics of sketching. *Creativity Research Journal, 4*(2), 123–143.

Goldschmidt, G. (2014). *Linkography: Unfolding the design process*. Cambridge, MA: MIT Press.

Schön, D. A. (1987). *Educating the reflective practitioner: Toward a new design for teaching and learning in the professions*. San Francisco, CA: Jossey-Bass.

Suwa, M., & Tversky, B. (1997). What do architects and students perceive in their design sketches? A protocol analysis. *Design Studies*, 18(4), 385–403.

從草圖裡得到新點子是一種專業

Ericsson, K. A., Hoffman, R. R., Kozbelt, A., & Williams, A. M. (Eds.). (2018). *The Cambridge handbook of expertise and expert performance*. Cambridge, England: Cambridge University Press.

Ericsson, K. A., & Smith, J. (Eds.). (1991). *Toward a general theory of expertise: Prospects and limits*. Cambridge, England: Cambridge University Press.

Suwa, M., & Tversky, B. (1997). What do architects and students perceive in their design sketches? A protocol analysis. *Design Studies*, 18(4), 385–403.

設計師和一般人如何在簡圖裡想出新點子

Suwa, M., & Tversky, B. (1996). What architects see in their sketches: Implications for design tools. *Conference Companion on Human Factors in Computing Systems* (pp. 191–192). Vancouver, BC, Canada: ACM. doi:10.1145/257089.257255

Suwa, M., & Tversky, B. (1997). What do architects and students perceive in their sketches? A protocol analysis. *Design Studies, 18*(4), 385–403.

Suwa, M., & Tversky, B. (2002). How do designers shift their focus of attention in their own sketches? In M. Anderson, B. Meyer, & P. Olivier (Eds.), *Diagrammatic representation and reasoning* (pp. 241–254). London, England: Springer.

Tversky, B., & Suwa, M. (2009). Thinking with sketches. In A. B. Markman & K. L. Wood (Eds.), *Tools for innovation: The science behind the practical methods that drive new ideas*. New York, NY: Oxford University Press.

有效策略：重組部分

Suwa, M., Tversky, B., Gero, J., & Purcell, T. (2001). Seeing into sketches: Regrouping parts encourages new interpretations. In J. S. Gero, B. Tversky, & T. Purcell (Eds.), *Visual and spatial reasoning in design* (pp. 207–219). Sydney, Australia: Key Centre of Design Computing and Cognition.

建構性知覺

Suwa, M., & Tversky, B. (2003). Constructive perception: A metacognitive skill for coordinating perception and conception. *Proceedings of the Annual Meeting of the Cognitive Science Society, 25*(25).

Tversky, B., & Suwa, M. (2009). Thinking with sketches. In A. B. Markman & K. L. Wood (Eds.), *Tools for innovation: The science behind the practical methods that drive new ideas*. New York, NY: Oxford University Press.

創意：找新點子

Chou, J. Y., & Tversky, B. (n.d.). *Top-down strategies outperform bottom-up strategies for finding new interpretations*. Unpublished manuscript.

Tversky, B. (2015). On abstraction and ambiguity. In J. Gero (Ed.), *Studying Visual and Spatial Reasoning for Design Creativity* (pp. 215–223). Dordrecht, the Netherlands: Springer.

Tversky, B., & Chou, J. Y. (2011). Creativity: Depth and breadth. In T. Taura & Y. Nagai (Eds.), *Design Creativity 2010* (pp. 209–214). London, England: Springer.

Zahner, D., Nickerson, J. V., Tversky, B., Corter, J. E., & Ma, J. (2010). A fix for fixation? Rerepresenting and abstracting as creative processes in the design of information systems. *AI EDAM, 24*(2), 231–244.

心神漫遊

Baird, B., Smallwood, J., Mrazek, M. D., Kam, J. W., Franklin, M. S., & Schooler, J. W. (2012). Inspired by distraction: Mind wandering facilitates creative incubation. *Psychological Science, 23*(10), 1117–1122.

Christoff, K., Gordon, A. M., Smallwood, J., Smith, R., & Schooler, J. W. (2009). Experience sampling during fMRI reveals default network and executive system contributions to mind wandering. *Proceedings of the National Academy of Sciences, 106*(21), 8719–8724.

Mrazek, M. D., Smallwood, J., & Schooler, J. W. (2012). Mindfulness and mind-wandering: Finding convergence through opposing constructs. *Emotion, 12*(3), 442.

建築師變成糕點師

A new school of pastry chefs got its start in architecture. (2018, January 24). *New York Times*. Retrieved from https://www.nytimes.com/2018/01/23/dining/pastry-chefs-architecture.html

典範轉移

Kuhn, T. S. (2012). *The structure of scientific revolutions*. Chicago, IL: University of Chicago Press.

切換觀點帶來新發現

Mukherjee, S. (2017, September 11). Cancer's invasion equation. *The New Yorker*. Retrieved from https://www.newyorker.com/magazine/2017/09/11/cancers-invasion-equation

切換觀點增進預測能力

Mellers, B., Stone, E., Murray, T., Minster, A., Rohrbaugh, N., Bishop, M., … Ungar, L. (2015). Identifying and cultivating superforecasters as a method of improving probabilistic predictions.

Perspectives on Psychological Science, 10(3), 267–281.

Tetlock, P. E. (2017). *Expert political judgment: How good is it? How can we know?* Princeton, NJ: Princeton University Press.

Tetlock, P. E., & Gardner, D. (2016). *Superforecasting: The art and science of prediction.* New York, NY: Random House.

提高預測力

Schwartz, T. (2018, May 9). What it takes to think deeply about complex problems. *Harvard Business Review.* Retrieved from https://hbr.org/2018/05/what-it-takes-to-think-deeply-about-complex-problems

經驗豐富的藝術家如何創作

Kantrowitz, A. (2018). What artists do (and say) when they draw. In J. M. Zacks & H. A. Taylor (Eds.), *Representations in mind and world: Essays inspired by Barbara Tversky* (pp. 209–220). New York, NY: Routledge.

Chapter 10 ──世界是圖示

在空間中移動得更遠能提升經濟環境

Rosling, H., Rönnlund, A. R., & Rosling, O. (2018). *Factfulness: Ten reasons we're wrong about the world—and why things are better than you think.* New York, NY: Flatiron Books.

猿類的文化傳遞靠的是模仿，而非教學

Whiten, A., Horner, V., & De Waal, F. B. (2005). Conformity to cultural norms of tool use in chimpanzees. *Nature, 437*(7059), 737.

手勢對人類文化傳遞很重要

Legare, C. H. (2017). Cumulative cultural learning: Development and diversity. *Proceedings of the National Academy of Sciences, 114*(30), 7877–7883.

Little, E. E., Carver, L. J., & Legare, C. H. (2016). Cultural variation in triadic infant–caregiver object exploration. *Child Development, 87*(4), 1130–1145.

法律（規範）就在街道上

Moroni, S., & Lorini, G. (2017). Graphic rules in planning: A critical exploration of normative drawings starting from zoning maps and form-based codes. *Planning Theory, 16*(3), 318–338.

Focus 20

行動改造大腦
行為如何形塑我們的思考
MIND IN MOTION
How Action Shapes Thought

作　　者	芭芭拉·特沃斯基（Barbara Tversky）
譯　　者	朱怡康
責任編輯	林慧雯
封面設計	蔡佳豪

編輯出版	行路／遠足文化事業股份有限公司
總編輯	林慧雯
社　　長	郭重興
發行人兼 出版總監	曾大福
發　　行	遠足文化事業股份有限公司　代表號：（02）2218-1417 23141新北市新店區民權路108之4號8樓 客服專線：0800-221-029　傳真：（02）8667-1065 郵政劃撥帳號：19504465　戶名：遠足文化事業股份有限公司 歡迎團體訂購，另有優惠，請洽業務部（02）2218-1417分機1124、1135
法律顧問	華洋法律事務所　蘇文生律師
特別聲明	本書中的言論內容不代表本公司／出版集團的立場及意見，由作者自行承擔文責。

印　　製	韋懋實業有限公司
初版一刷	2020年9月
定　　價	480元

有著作權·翻印必究　　缺頁或破損請寄回更換

國家圖書館預行編目資料

行動改造大腦：行為如何形塑我們的思考／
芭芭拉·特沃斯基（Barbara Tversky）著；朱怡康譯
—初版—新北市　行路出版：遠足文化發行，2020.09
面；公分　（Focus 20；1WFO0020）
譯自：Mind in Motion: How Action Shapes Thought
ISBN　978-986-98913-3-2（平裝）
1.思考　2.智力
176.4　　　　　　　　　　　　　　10900994